文化视角下的数学教学研究

王 芳 著

科学出版社

北 京

内 容 简 介

本书紧扣中学数学教学实际,既从中观层面探讨数学文化与教育过程的衔接问题,又从微观层面研究数学文化进入高中课堂的具体实施过程,为中学数学教育界同仁开展数学文化教育提供参考。全书共7章,内容包括数学文化之不容或缺、数学文化与数学学习的融合、数学文化的课堂诠释、数学思维的人文意蕴、数学思想的智慧启迪、数学概念的HPM重构、数学史料的理性体验。

本书可作为师范院校教师、学生的参考教材,也可供中学教师及数学爱好者参考使用。

图书在版编目(CIP)数据

文化视角下的数学教学研究/王芳著. —北京:科学出版社,2018.6
ISBN 978-7-03-058074-0

Ⅰ.①文… Ⅱ.①王… Ⅲ.①中学数学课-教学研究-高中
Ⅳ.①G633.602

中国版本图书馆 CIP 数据核字(2018)第 132884 号

责任编辑:胡海霞 / 责任校对:张凤琴
责任印制:吴兆东 / 封面设计:迷底书装

科 学 出 版 社 出版
北京东黄城根北街16号
邮政编码:100717
http://www.sciencep.com
北京虎彩文化传播有限公司 印刷
科学出版社发行 各地新华书店经销
*
2018年6月第 一 版 开本:720×1000 B5
2019年6月第三次印刷 印张:13 7/8
字数:264 000
定价:52.00元
(如有印装质量问题,我社负责调换)

序

　　"体现数学的文化价值"是2003版《普通高中数学课程标准》的课程理念之一。在新课程实施的十五年间，中学数学教育界有关数学文化的研究可谓如火如荼：数学文化校本课程不断涌现，数学文化专题会议屡见不鲜，数学文化融入数学教学的实践成了数学教育的热门课题。教育部考试中心在"2017年普通高考考试大纲修订内容"中提出增加数学文化内容，助推了数学文化热。在2017版《普通高中数学课程标准》将"认识数学的数学价值、应用价值、文化价值和审美价值"作为课程目标之一，将"重视数学实践和数学文化"作为"课程结构"的四个设计依据之一。我们有理由相信，数学文化全面融入数学课程的新时代已经来临。在这样一个新旧交替的特殊历史时期，中学数学教育界有必要总结过去十五年的数学文化研究和实践经验，为修订后的新课程实施提供借鉴。

　　本书作者、浙江省义乌中学王芳老师对于数学教育和数学文化有着深切的热爱。她长期潜心于数学文化与数学教学之间关系的研究，二十年如一日，不忘初心，兢兢业业，成就斐然。她不仅从教育学、心理学、现代课程论的角度研究数学文化，还采用了人类学、社会学的若干观点，这使她的研究达到了相当高的学术水平。本书从一线教师的现实需求出发，据理力证，得出数学文化融入数学学习的三种表现形态，实际上建立了判断一节数学课是否真正实施数学文化教育的标准，既有理论价值，又有实践指导意义。值得关注的是，本书采用了中学教师熟稔的数学思维、数学思想、数学概念的研究体式，将数学文化融入数学解题甚至数学计算的教学，为数学文化融入数学教学开辟了一条途径，是作者的一大创新。

　　数学史是数学文化的代言。将数学史融入课堂教学，是推进数学文化教育的有效策略之一。自2010年开始至今，王芳数学教育工作室开发了数十个数学史融入高中数学教学的课例（通常简称为HPM课例），这些课例大多已经发表，在国内产生了深远的影响。丽娃河畔，白彦山下，我和我的研究生与工作室的教师们常常相聚在一起，讨论有关主题的教学目标，解读有关主题的历史素材，研究历史素材的裁剪加工，一份份精彩的教学设计就在大家的思想碰撞之中产生。经历一次次的相聚和研讨，我们早已形成了一个学习共同体。王芳老师对于数学教学独到的见解，对数学史教育价值的深刻思考，让共同体的每一位成员都受益良多；而她的那份"课不惊人誓不休"的执着，深深地感染了每一位成员。在这个特殊的共同体中，我们收获了HPM的实践知识，一起快速成长。

本书所选取的四个课例，既有再现当时上课场景的"教学实录""课后调查反馈"，还有王芳老师在指导这些课例开发过程中的台前幕后、所思所行，这些难能可贵的第一手材料将是不少读者感兴趣的内容。作者从教材出发，始终关注学生的认知困难，然后从数学史中寻找教学的指南，把历史序、逻辑序整合为教学序，经过多次试教才最终形成这些课例。这些课例为更多HPM课例的开发提供了重要参考。同时，作者通过剖析这四个课例，有力地驳斥了那种数学史只是课堂教学的点缀、不过是看看图片听听故事的错误认识，阐明数学史在数学本质、数学探究、数学创造等方面所具有的深刻而独特的功能，使我们对HPM的未来充满信心和期待，也为中学教师不易驾驭的概念教学探寻了一种方向。另外，作者还调查访谈了这些HPM课例的执教者，总结出了三个阶段特征。当然，世上并没有终极完美的课例，每次试教付出代价的，不只是执教者，还有试教班级的学生。唯有最大限度地减少后来者的徒劳，才能更大力度地促进HPM教育的发展。

一位沉醉于数学文化二十年的教师，她的思想、她的行动、她的感悟、她的心路历程和她的丰硕成果，通过充满人文色彩的文字，展现在读者面前，诗意而动人。我深信，本书必将激活读者心中潜在的文化认知，吸引更多的数学教师抛开功利，去研究数学文化和数学教学之间的关系，营造充满文化芬芳的数学课堂，追求心中美好的数学教育理想。

汪晓勤

2018年3月26日于华东师范大学

前　言

随着课程改革的持续推进与教育理念的不断更新,"数学文化"的教育价值正越来越多地得到公众的认可。尤其在2017年国务院印发的《国家教育事业发展"十三五"规划》中把"立德树人"确立为教育的根本任务之后,形势所趋,急需使其更好地融入中学数学教育实践之中。

为此,本书按照先理论后实践、先课程后课堂的顺序展开论述。

第1~3章,立足教育学、心理学与社会文化学,借助现代课程论、系统论及意会认知理论,在数学文化与教育过程之间的衔接问题上进行中观层面的研究。

第1章,从新课程理念与教育现实的冲突出发,阐明开展数学文化教育的重要性与必要性,综述我国有关"数学文化"的研究,指出我国的数学文化教育,既有实施基础也面临挑战,尤其是理论、理念与现实的脱节问题。

第2章,着重探讨数学文化与教育过程的衔接问题。在剖析高中学生的文化认知具有同喻性和不均衡性的基础上,探寻与数学文化教育相关的三个核心对象——文化、数学、学习之间的内在联系,从而得到数学文化在数学学习中必须同时具备的三个表现形态:数学学习的"文化"特征表现为群体的活动性,文化学习的"数学"课程表现为系统的开放性,数学文化的"学习"过程表现为知识的默会性。由此推演出一个开展数学文化教育的"可视"框架,以突破数学文化的"隐性"特征。

第3章,从教材、教室、教师三个维度,探寻数学文化进入课堂的实施路径。对数学文本采取以数学应用为链、以数学语言为渠、以数学家为鉴、以数学史为辅等方式,通过教师的"传",扩大学生的文化感知面。在数学知识、数学思想及数学交流等方面,通过学生的"做"数学,激活学习共同体的非线性交互,以创设一个具有文化特色并符合学生认知规律的"场"。并探究了教师在文化向度上应具有的数学教学观。

第4章与第5章,从文化的视角探讨高中数学课程与数学解题,借鉴了科普书籍的行文风格,以轻松活泼的表现方式,带领读者品味数学文化。

第4章,以高中数学课程为研究对象,精选六个专题板块,从人文的视角透视该板块中的一种基本方法。如不等式之"数据与结构",三角之"角与名",立体几何之"垂线与垂面"等。这六种基本方法不仅常用,也涉及该专题的整个知识体系及常用方法,管窥其间蕴含的人文意蕴,旨在以点带面、以法导教,既可提高教学的有效性，有助于教师从数学文化的角度把握整个板块的教学。

第5章，以高中数学解题为研究对象，重点考察与解题密切相关的基本技能，探寻其间蕴含的数学智慧。既有必须掌握的基本技能如绘制图象、数形结合、分类讨论等，也有教师难"教"、学生易错的"运算求解"技能，以及如牛顿插值法之类的高等数学内容在高中数学解题中的运用。探寻其中的数学智慧，旨在改进学生的解题观与数学观，有助于提高学生的数学素质和文化素养。

第6章与第7章，从教材教法的维度探讨数学史融入数学教育的问题，侧重于教学设计、模式构建及其课堂实施。

第6章，探讨以HPM（其为International Study Group on the Relations Between the History & Pedagogy of Mathematics的简称，即数学史与数学教学关系国际研究小组，现在也指数学史与数学教育关系这一学术领域）为指导的数学概念教学。选择中学教师较为喜欢但在实施中颇具挑战性的HPM "重构式"进行课例研究。通过分析教材、学情、借鉴数学史进行某一课例的概念重构，阐述数学史对于概念教学的重要作用。对这些课例开发者进行了调查研究，探寻其共性或规律。本章所用的课例均经过高校数学史专家与中学一线教师的多次试教、评议与磨合，期望能为同仁提供借鉴。

第7章，主要研究中学阶段数学史课程的建设问题。良好的数学史教育无疑有助于提高学生的数学文化素养。本书从高中教学实际出发，既探讨了数学史的教学，还尝试将其融入"双基教学"之中。首先研究数学史的问题设计，与中学数学解题相结合；然后研究数学史的教学设计，从中概括出数学史教学模式。

身为一线教师，笔者努力在数学文化与教师的教学实践结合、与学生的解题经历结合方面做了一些尝试和探索，期待数学文化更多地融入数学教育的常态之中，更好、更大地发挥数学的教育价值。

王 芳

2017年9月

目　　录

第1章 数学文化之不容或缺

在我国优良教育传统的基础上，把数学认识为一种文化现象，就能进一步延伸到思想方法、精神等文化的层次，那么我国数学教育的发展潜力将是巨大的。

——数学课程标准研制组[1]

教育关注的是如何把文化中最有价值的方面传授给下一代。现代科学技术的迅猛发展极大地拓宽了数学的应用领域，相应地，社会对于人的数学基本知识和素养的要求越来越高。人们普遍意识到：数学素养是一种基本的文化素养，没有现代数学就不会有现代文化。诚如齐民友先生所言："一种没有相当发达的数学的文化是注定要衰落的，一个不掌握数学作为一种文化的民族也是注定要衰落的"[2]。

1990 年，孙小礼和邓东皋的《数学与文化》向国内读者首次介绍数学文化；

1991 年，齐民友的《数学与文化》出版；

1999 年，张维忠的《数学文化与数学课程》、黄秦安的《数学哲学与数学文化》出版；

2000 年，张楚廷的《数学文化》出版；

2001 年，郑毓信、王宪昌和蔡仲合著的《数学文化学》出版；

2002 年，直接研究数学文化的文章频频见之于各教研杂志；

……

数学作为一种文化现象，久已成为共识。而数学文化作为一个明确的研究对象，从引起人们的关注到走向中学数学课堂，却用了较短的时间。2003 年 4 月"数学文化"首次以单独板块同时出现于《普通高中数学课程标准》与《全日制义务教育数学课程标准》，将数学文化与数学探究、数学建模并列为贯穿整个中学数学课程的重要内容，把"体现数学的文化价值"作为基本理念之一。2007 年浙江省把《数学史选讲》(人教版)作为模块之一直接纳入到高中新课程体系中。2017 年国务院印发的《国家教育事业发展"十三五"规划》把"立德树人"作为教育的根本任务。在"全面落实立德树人根本任务"中提出必须"提高学生文化修养"。这表明，在高中阶段开展数学文化教育是时代发展的必然趋势，更是每一位中学数学教师必须承担的教育使命。

那么，数学文化之风从何处来？数学文化对于我国中学数学教育的作用何在？

1.1 对于数学教育传统的反思

1.1.1 数学双基教学需要文化的润泽

我国数学教学素来注重"双基"，教师的任务之一就是使学生拥有扎实的基础知识。在双基应用中，教师较为注重数学思想方法的渗透，借助数学问题的解决来激活学生的思维。这种教学优势明显表现在学生基础知识扎实、数学能力强、考试成绩好。然而大量的解题训练中出现了这样一些现象：不少学生把数学等同于"解题"，题目做得越多，认为学校中学到的数学在现实生活中具有的应用价值反而越少；学生习惯了接受现成的知识，教师教得越多，数学培养人的智力优势越弱；部分学生一边在努力地学习数学，一边却逐渐地对数学厌烦、冷漠，甚至以远离数学为择业标准……这些"二律背反"的现象，很大程度上与教师的数学教育价值取向有关。对此，李士锜指出"如果教学中不能把握数学过程与数学对象之间的平衡，过度的常规练习会影响到学生的理解力和创造力的发展"[3]，"常规训练强调到不适当的地步，可能使学生形成不良信念、态度、情绪，对他们今后学习产生负面影响。"[4]教师向学生展示更多的是科学的数学、思维操练的数学，而非作为文化的数学。

科学和人文是一个硬币的两面，对人文精神的忽视，限制了数学文化内涵的理解和传播。形式化数学知识与文化因素的彼此剥离，掩盖了数学学科本来的面貌。实际上，数学拥有超越自身意义的因素，且这些因素对人类影响巨大。诚如M. 克莱因(M. Kline)所说："在最广泛的意义上说，数学是一种精神。正是这种精神，激发、促进、鼓舞和驱使人类的思维得以运用到最完善的程度，亦正是这种精神，……尽力去探求和确立已经获得知识的最深刻的和最完美的内涵。"[5]从这个角度而言，数学教育就是数学精神的教育。教师有责任向学生展示数学文化的各个侧面，在社会文化的大背景下去看待和理解数学，让他们领略数学审美，透过数学的规则体会理智与自律，经历数学的严谨学会敬业与求真，通过科学与人文相济，发挥数学教育应有的育人功能。

1.1.2 数学交流需要开放的文化氛围

数学教学过程必然伴随着数学交流过程。荷兰教育家弗赖登塔尔(Freudenthal)认为："数学学习就是要通过数学语言，用它特定的符号、词汇、句法和成语去交流，去认识世界。"许多发达的国家都已把数学交流能力的培养作为新的数学教育目标之一。如《美国学校数学课程与评价标准》强调"为数学交流而学习"，把学生培养成为有数学素养的社会成员的一条重要标准就是他们会进行数学交流。

通过交流，师生之间存在的知识差异在逐步消失，学生之间的认知差异在不断磨合。一个认真的、热切的求知与讨论数学的画面，一个共同扶持、合作的学习社群，构成了一种具有教化功能的文化氛围。社会性建构思想的创建者、苏联教育家维果茨基高度重视文化对心理发展的作用，他认为"文化创造着行为的特殊方式"，"改变着心理机能的活动"，"并使其天生的素质和机能发生变化，形成和创造出新的行为方式——特殊的文化方式"。[6]

我国的数学课堂教学强调以教师为中心，突出教师的主导地位，讲究组织严密的教学秩序、整齐划一的教学进程和管理严明的课堂纪律，在一定程度上有助于学生快速地掌握大量知识，但它也遏制了学生参与数学学习的程度。学生之间的交流往往通过教师进行传递，信息通道狭窄，交互方式缺乏弹性，不易形成热烈的讨论氛围。我们有必要创设民主、平等的课堂文化，通过交流，让学生广泛地吸纳数学知识，多角度地思考数学问题，获得进一步学习数学的动力。

1.1.3　数学知识需要丰富的文化素材

数学的表现形式比较枯燥，给人一种冰冷的感觉，这些"现成的数学"容易让学生认为，数学就是绝对的和由一些必须记住的规则所构成的真理的集合，很难将数学看成是人类的活动。缩小数学的学术形态与教育形态间的分离，需要凸现数学知识背后蕴涵着的文化底蕴。

数学起源于现实世界，数学的每一步都离不开人们对客观世界的认识以及社会生产实践这一大背景。现实世界中人与自然之间的诸多问题，就是数学对象的现实原型。人们通过对现实原型的大量观察和了解，借助经验的发展和逻辑的或非逻辑的手段抽象出数学概念，建立数学模型。例如概率的发展史就生动地说明了人类对现实原型进行数学化的过程。对于这些历史素材的挖掘，不仅可以激发学生的兴趣，还可以让他们感觉到数学就在身边，并非遥不可及。

在纯数学的世界里，我们依然可以看到思维在激荡。非欧几何和虚数最初源于数学知识内部的发展要求，波利亚的"怎样解题表"通过对问题的剖析、质疑和探寻表现出矛盾、解决与反思的思维过程和情感经历，这样的材料在中学数学中不胜枚举。学生通过数学学习，得到一种思维层面上的文化陶冶，提高了他们的数学抽象能力、逻辑推理能力和辩证思维能力，极大地增长他们的智慧，享受到其他学科无法替代的文化魅力。

张乃达曾提出数学文化教育的核心观念是："让学生用数学(家)的眼光看世界。"[7]教师可以适当地还原数学家"做数学"的历程，释放学生对于数学现象的最初认识，通过生活、活动、实践获取经验与知识并发展自己。

1.2　来自新课程的教育新诉求

1.2.1　显化数学课程体系的文化特质

数学知识与数学文化之间密切的联系，正有力地彰显在新课程体系中，不仅包括文化色彩比较浓厚的"数学史"，还在高中数学课程必修部分新增了"函数建模"(必修 1)、"算法"(必修 3)等。中国古代数学具有明显的实用性与计算性倾向，在计算机技术快速发展的今天，算法是中国数学文化传统的当代延伸。通过算法和建模不仅可以培养学生的构造性思维，还有利于开展我国数学文化传统的教育。高中数学中诸如以数列、解析几何为背景的不少内容也与算法的多样化和优化有关，而数学建模是"数学化"思想的深刻体现，其问题源于生活又应用于生活，反映了数学与社会文化的广泛联系。

探寻这些常见载体的文化价值，既表明了数学文化在中学数学课程中强大的渗透作用，也显示着以文化视角开展数学教学设计有巨大潜力可挖掘。

1.2.2　拓宽数学文化进入课堂的途径

数学文化一旦进入到数学学习的过程，必将受到多种因素的作用，会出现各种各样的教学形态。"文化是个筐，什么都可以装"的说法虽有偏颇，但从一定程度上说明了数学文化有多种途径进入数学课堂。问题的关键是如何充分体现数学文化的特性，发挥它的内在魅力。

事实上，数学的教学设计只是"数学文化"与"数学学习"发生联系的一个维度，我们可以继续将之延伸到教学方法、课堂组织形式等方面，建立起多通道但又反映"数学文化"特定内涵的联系，使学生深刻理解多元数学以及多元数学文化，并且可以开展学习共同体内部的数学交流，通过研究性学习、合作学习等多种学习方式的整合，体现"文化"概念中"人"的重要地位，这与当前数学新课程改革提倡的"改变学生的学习方式"可谓异曲同工。

换言之，中学数学教师在以数学新课程理念为指导的数学教学实践的同时，也在进行着数学文化的教育。这样一来，可以大大减弱"数学文化"这一单独板块带给中学数学教师的陌生感，也为更好地开展数学文化教育找到了推陈出新的生长点。

1.2.3 树立正确的数学文化教育理念

毋庸讳言，高考压力是阻碍数学文化进入中学数学课堂的因素之一。为了追求短期效果，不少教师对数学文化抱着观望的态度。在一些公开课上，"数学文化"仅仅是教案的装饰、教学的点缀。要化解数学文化与数学成绩之间这种取舍的"矛盾"，必须端正教师的数学文化教育观。

数学文化不只是一些数学典故，更不是看上去热热闹闹"假合作"、耗时费力的"假探究"。数学文化既蕴涵于历史和知识之中，更能够在观念层面、精神层面上有效改进学生的数学观。由于数学观涉及数学文化隐藏在活动个体头脑中的观念和价值判断，所以它对数学教学的成败有着重要的影响。研究表明，学习成绩较好的学生与学习成绩较差的学生的数学观存在着很大的差异，正确的数学观有助于激发学生的学习兴趣，增强内驱力，提高数学学习水平。

当然，数学观的改进需要教师长期重视。教师只有让数学文化从可有可无的边缘地位上升到指导数学教学行动的高度，经常给学生以数学文化的强烈感觉与精神表现，才能发挥它对于"人"的深刻的教育功效，使数学文化与教学目标的达成相得益彰。

1.3 实施数学文化教育的现实基础

1.3.1 已有的理论成果

与国外相比，我国关于"数学文化"的研究起步较晚。最早见于孙小礼和邓东皋的《数学与文化》(1990)。次年，齐民友的《数学与文化》出版。2001 年，《数学文化学》的出版，标志着我国数学文化进入全面研究阶段。

随着研究数学文化的专著相继出版，促进了数学教育界对数学文化的认识，引起了人们在各报刊杂志上的广泛讨论，其观点主要集中在以下方面。

1. 论述数学与人类文化的关系

数学文化是人类文化的一个重要组成部分。从文化的角度来看，数学具有"大文化" 概念上的"真、善、美"，比数学知识有着更为丰富的文化内涵；数学是传播人类思想的基本方式，联系自然与社会的一个尺度，打开科学大门的钥匙，它处于人类智能研究的中心[8]，数学中充满着理性精神和广泛的应用价值。数学文化是一种理性化的思维范式和认识模式，又是一种具有新的美学维度的精神空间。它表现在独一无二的语言系统、独特的价值判断标准与独特的发展模式，其主要特征可概括为思维性、数量化、发展性和实用性[9]。

2. 阐明数学与教育的关系

数学文化教育是数学教育的灵魂。贺承业、朱梧贾先生早于 1994 年即提出数学教育的文化观，指出数学教育的三个层次：实用观、育人观和文化观[10]，教师可以用直接传授或潜移默化的方式来培养学生的数学素质[11]。此后，张楚廷、黄秦安先生进一步阐述了作为文化的数学对人的发展起着多方面的作用[12]，实现数学素质教育目标的关键在于充分体现数学文化的本质[13]。李善良、单墫在《数学通讯》连续刊出的三篇文章，对数学的文化内涵、教育价值等各方面进行了比较系统的论述[14]。

3. 倡导在中学数学教学中发挥数学文化的教育价值

就数学文化在中学层面的渗透，一些专家开展了积极的研究。如张维忠教授研究的"数学文化与数学课程"[15]。郑毓信教授的"数学教育的微观文化——数学教室文化"[16]。桥本吉彦、贝克尔(J. Becker)提出的"以开放式教学来创造一种课堂数学文化"[17]。张奠宙把数学文化教育作为数学双基教学进一步发展的方向之一[18]。这些研究为体现数学文化的教育价值提供了不同的视角。

1.3.2 多元的实践支持

1. 一线的名师启示

部分一线的教师也投身到这股热潮中。马明老师较早以"文化过程"透视数学教育[19]，孙维刚老师要求学生"站在系统的高度学习"[20]，张乃达老师比较了教师的三种教学类型——知识型、能力型与文化型在教学中的不同表现及对学生的影响[21]，瞿高海老师提出课堂教学应"以人为本，文化关怀"[22]，夏炎老师主持了国家重点研究课题"作为文化的数学及其教学"[23]。在这些中学教师中，特级教师占据了很大的比例，这一现象绝非偶然。他们之所以成为一线教师的先进代表，不仅仅由于教学经验丰富，还在于他们时时关注学生的发展，以先进的教学理念为指导，在反思自身实践的基础上做出的一致选择。此外，国内颇具影响的由中国数学教育学会组织的全国高中青年数学教师优质课评比活动中，涌现了众多具有鲜明的数学文化教育取向的优秀课例。这些来自一线的教师以实际行动表明：数学文化的教育对学生的发展正起着越来越大的作用。

2. 丰富的课程资源

近年来，国内涌现了大批具有浓郁数学文化色彩的书籍、影像资料或网络专题。出版的书籍有不少以丛书的形式发行，如 1998 年史树中、李文林主编的《通俗数学名著译丛》引进了国外优秀数学科普读物，徐利治、丁石孙主编的两辑《数学科学文化理念传播丛书》，张景中主编的《好玩的数学》，谈祥柏等著的《中国科普名家名作》等。也有针对某一专题的著作，如沈康身的《历史数学名题赏析》，张顺燕的《数学的美与理》，汪晓勤、韩祥临的《中学数学中的数学史》等。这些资源"试图为人们提供全新的观察视角，以窥探现代数学的发展概貌，领略数学文化的丰富多采"[24]，表明"数学自身发展的水平也在影响着人们的思维方式，影响着人文科学的进步"[25]，使读者认识到数学不仅有工具性，而且具有文化的品格，为教师开展数学文化教育提供了丰富的课程资源。

3. 专业的行动引领

为了进一步推进数学文化的实施，高校学者做出了艰辛且卓有成效的努力。数学文化与数学教育的大量与数学文化相关的知识、理念等通过教师培训渠道广为传播。面对面的交流方式、生动活泼的数学文化激起了一线教师的极大兴趣，进而促成了高校学者引领下、以中学教师为实践主体的行动研究。如张维忠主持的全国教育科学规划教育部重点课题《文化传统与数学教育现代化》"把文献研究与行动研究和谐地统合在课题的研究过程中"[26]。汪晓勤主持的人民教育出版社课程与教材研究所十二五规划课题"数学史融入高中数学教材研究"及开展的HPM 研究"促进数学史与数学文化在数学教育界的传播""为中学数学教师在教学中运用数学史提供素材、案例和理论指导"[27]，在数学史与数学教育研究上取得了稳健、快速的发展。张奠宙在 2002 年时认为"数学史正在把数学教育引向'数学文化'的轨道"[28]，至 2014 年为《HPM：数学史与数学教育》(汪晓勤，2017，科学出版社)一书作序时指出该书标志着"我国数学史全面融入数学教育"。

1.3.3 研究评述

1. 开展数学文化教育是当前教育改革的一项重要任务

二十世纪九十年代，我国高中的数学教育已从注重"数学知识"的掌握转向"数学思想"的渗透。正当"数学思想"在各中学风行之际，"数学文化"的理论研究也在高等院校进行。

进入新世纪，有关"数学文化"教育价值的认定已成共识，把它作为一个单独的版块同时列入《普通高中数学课程标准》（简称《标准》）与《全日制义务教育数学课程标准》也水到渠成，将数学文化与数学探究、数学建模并列为贯穿整个高中数学课程的重要内容，把"体现数学的文化价值"作为《标准》的基本理念之一，正是顺应了时势之需。

自 1990 年从国外引入"数学文化"一词至今，当前我国有关"数学文化"的研究已经从价值认定走向较为成熟的理论探索，从专注"数学思想"继续迈向弘扬"数学文化"，并在高中数学课堂教学中得到火热的体现。可以预见，"数学文化"已成为体现新课程理念的一个特殊亮点，践行新课程改革的一个必要印记，实现高中数学课堂教学方式转型的一个重要途径。

2. 实施数学文化教育的障碍

"数学文化"以单独板块列入《普通高中数学课程标准(实验)》已近十五年。毋庸讳言，相对于《标准》中的其他模块，数学文化教育的实施状况仍然喜忧并存。"喜"的是宏观成果日趋成熟，"忧"的是中观研究还需探寻；"喜"的是价值认定已成共识，"忧"的是课堂实践不容乐观；"喜"的是各种观点纷纷涌现，"忧"的是系统总结尚需时日。出现原因虽有多个方面，但作为课程的最终执行者，教师是不可回避的关键因素。

由于我国前期研究"数学文化"的多数成果集中在价值认定上，数学作为"看不见的文化"又往往是以潜移默化的方式发生作用，增加了教学难度。加之各种期刊或杂志的案例大都针对某个具体教学内容而言，缺乏系统性。这些因素使得大多数中学数学教师至今仍对"数学文化"心存疑惑：中学数学课程与数学文化之间能产生确切的联系吗？这些联系能否进入数学课堂？文化视角下的数学会否削弱它理性的一面？它与教学任务的达成有无矛盾？会不会影响学生的数学考试成绩？……如果这些问题没有妥善解决，开展数学文化教育将仅仅是一句美丽的口号。因而，对于"数学文化"的教育，中学数学教师迫切希望得到事实的明证，而不仅仅是理论上的断言。当然，在这种挑战与机遇并存的状况下，开展数学文化教育的研究，也必将成为教师贡献才华、挥洒激情、突破发展瓶颈、走向专业成熟的一个宝贵契机。

必须指出，并非贴上了"数学文化"的标签，就算实施了"数学文化教育"。同样，并非没有"数学文化"的明示，就不属于"数学文化"的范畴。"数学文化"更不是狭隘地等同于"数学史"。事实上，"数学文化"具有着丰富的内涵和广阔的外延：作为一种现象，它与数学相伴相生，渗透于数学教学的全程，成为数学教育研究的长青之树；作为一种理念，它统领于教学实践之上，关联到课堂组织、教学设计、问题解决等各个方面；作为一种思想，它镶嵌在教育观念之内，对学生的数学理解、数学学习、数学能力等产生着潜移默化的影响；作为一种精神，它蕴涵于教师素养之中，对教师的教学风格、个人魅力、教育见识等起着关键的奠基作用。

　　综上所述，无论是数学的教育价值，还是已有的理论成果以及中学数学名师的经验，都表明了数学文化是现实数学教学中不可或缺的内容。宏观的理论成果固然可以引导我们从文化的角度看待数学，名师的经验亦能提供实践的借鉴，但理念与现实之间尚存在着距离，中学数学教师迫切需要中观层面的理论探索和实践层面的行动研究。

第 2 章　数学文化与数学学习的融合

数学中最活跃时期出现的充要条件是存在有合适的文化气候，包括机会、刺激和材料。

——怀尔德[29]

为使数学文化有机地融入到学生的数学学习之中，本部分将立足于教育学基本理论，首先从社会学、心理学角度考察高中学生的文化认知特点，围绕文化、数学、学习三者之间的内在联系，进一步探讨数学文化在高中数学学习中的表现形态，目的在于阐明从文化的意义上开展数学教育是符合数学文化内涵和学生学习实际的一种重要方式，并以此为基础推演出一个以课堂教学为中心、课程设计为构件、数学交流为动力的"可视"框架，以突破数学文化的"隐性"特征，让数学文化走进数学课堂。

2.1　高中学生的文化认知特点

正如数学教学必须遵循学生的认知规律一样，数学文化的教育也应当符合学生的文化认知特点。维果茨基在"文化发展的一般发生学原理"中指出："儿童的文化发展所有机能出现两次或两个层面。首先它出现在社会层面，接着是心理层面。首先它作为心理间的范畴出现在人们之间，然后作为心理内的范畴进入儿童中。"[30]可见，从文化的视角剖析数学学习，至少要采用社会学和心理学的观点。

2.1.1　同喻性

一个时代文化环境的形成离不开文化的传递机制。美国人类学家玛格丽特·米德在她的《文化与承诺》中，从研究人类社会文化传递的差异出发，将人类的文化变迁划分为三个部分：前喻文化、同喻文化(或并喻文化)和后喻文化，其中前喻文化指晚辈向前辈学习，在这种文化中过去影响着未来；同喻文化是指学习主要发生在同辈人之间,其基本特点是以当代流行的行为模式作为自己的行为准则；而后喻文化指长辈反过来向晚辈学习，在这种文化中青年成了未来的象征。今天的中学学习带有同喻文化的明显特征。

1. 高中学生的同伴影响逐步扩大

目前，我国绝大部分高中学生是独生子女。三口之家中，学生是"小皇帝"或"小公主"，缺乏可以沟通的兄弟姐妹。在二胎政策放开后，部分学生虽然有了弟弟或妹妹，但年龄的巨大差异成为他们彼此沟通的客观障碍。学校一个班级通常有四五十人之多，他们一起生活在相同的校园环境，彼此"性相近，习相随"。家庭和学校之间存在着的差异使他们更多地倾向于在学校群体生活中表达和交流自己的思想，同龄人的观念、行为对他们产生较大的影响。日益兴旺的社团组织、选课走班背景下的学科学习小组、班级特色体育运动小组等等，往往可以形成较为稳定的小群体。富有个性的学生常常成为同学效仿的榜样。一些流行文化可以迅速地进入校园，并在短时间内集结一批拥趸。如某少年组合自 2013 年出道便迅速走红，截止 2017 年 2 月该组合的官方微博粉丝数达 988万，其粉丝群具有较高的忠诚度，组合中的某成员随意发表一篇微博，就能带来十几万的回复。

2. 中学教师的长辈角色正在淡化

社会的迅猛发展，使教师再也无法通过施加压力来传播旧的文化观念，原来的自上而下的教育模式已失去了部分魅力，社会的文化传递机制正发生着明显的变化。一个新热点的兴起不再被操纵在长辈手中而是决定于青年，许多青年人通过自己的摸索和感受萌生了前人未曾有过的想法和期望。特别是高中学生，由于知识的增长及心理的逐渐成熟，开始比较多地从个体存在与发展的角度来思考社会与人生，他们已经不可能也不用完全照搬前辈足迹去刻画自己的人生轨迹。那种前喻文化中说教式的思想教育方式，比以往任何时候更不容易为学生所接受。还需注意的是，现今我国高中学生的家长大多为改革开放后成长起来的一代，他们比父辈拥有更高的文化素养，愿意探索更科学合理的教育方法，乐于平等地与子女进行交流，鼓励孩子以积极主动的方式去获取知识，培养独立自主的人格，这在一定程度上淡化了学生对于长辈角色的传统认知。

3. 作为文化的数学正以学生乐于认同的方式被传播

数学具备文化独有的特性：它是延续人类思想的一种工具，是描述世界图式的有力助手，精确的形式化、简洁的符号表征常常被成功地运用到其他科学领域。科学技术的发展，使学生有更多的机会联系到数学。在课程改革的形势下，一些密切联系学生生活的数学知识如概率统计、导数和微积分等进入高中教材。网络技术的普及使学生得以快速了解大量知识，在相关网站，只要点击"数学文化"就能方便地搜索各种讯息。随着自媒体技术的快速发展，QQ、微信以及各种

APP(应用程序，即 application 的缩写)等信息传播通道在不断地拓宽，电子书、微课、动漫等知识的呈现方式日益丰富，微博、弹幕等即时性交互手段快速得到年轻人的青睐……现代科学技术正越来越紧密地融入到人们的日常生活之中，数学也得以有更多的机会贴近学生，展示它人文的一面。

2.1.2　不均衡性

人的认知源于人与大自然、与社会和文化之间的相互作用，其发展又与个体内部的认知因素密切相关。心理学认为，学生个体的认知因素包括认知结构、认知发展准备和认知风格，其中认知结构是学生已经具备的知识及其组织结构。由于学生的大量知识通过学校习得，他们的认知结构在相当程度上取决于学校所传授的知识内容及其形成过程。联系我国高中教育的实际情况，学生对"数学文化"的认知存在如下问题。

1. 知识结构的不均衡造成学生对"数学"的文化感知产生偏差

学校的学科设置总是力求体现当代人类知识的主要特征。在 17 世纪以前，人类知识在整体上是属于人文的，无论儒家学说还是佛家学说以及基督教条，都是关于人类自身命运、生存与发展状态的宗教、道德、哲学等方面的知识，而关于自然、生产的知识很少。到 18 世纪后，这种情形开始逐渐发生转变，随着近代自然科学的进步及其不断向生产领域的渗透和应用，自然科学与技术科学的地位不断上升。现代人类知识总体结构中，关于自然科学与技术科学的知识部分已大大超过了人文社会科学。人类知识的性质与结构出现了根本性的变化，人类进入了技术化、理性化和技术知识统治的时代。

与之相应，我国普通高中课程虽然设置了政治、历史和地理，但在学校的地位却难以与数学、物理和化学等相比。从课时上看，数学、语文开设约 12 年，历史、地理、化学、物理只有 5 年左右。十几年前中国民间有一句流行的话："学好数理化，走遍天下都不怕"，多少描述了当时人们的这种心态。如果高一阶段有若干可以机动安排的课时，学校更愿意把它留给数理化等理科学科。由此造成的一个突出现象是偏文科与偏理科学生人数的巨大差异，尤其是经济较为发达的地区。人文知识与科学知识的不均衡，使学生文化素养不够全面，对待事物容易就事论事。例如绝大部分学生认为数学是确定的，数学问题有且只有一个答案，学校中学到的数学在现实生活中很少有价值[31]。学生常常站在某个侧面认识数学，对数学的文化特性感觉迟钝。

2. 组织结构的不均衡导致学生对"数学"的文化认同出现逆差

人们重视科技教育而忽视人文教育的倾向，"不只表现在教育规模、教育结构方面，更表现在课程与教学内容和教学方式方法方面，换句话说，科技文化统治着学校教育，科技知识、理性思维广泛而深入地影响和左右着学校教育教学过程。"[32]造成学生知识结构的组成方式不均衡。

在中学，几乎所有的老师和学生都相当重视数学，但他们对待数学的动机不同，其中不乏出于高考的原因。由此带来的负面影响：教学中存在着重结果、重应用的现象，忽略数学知识形成和发展的过程，知识的生成是快速的，知识之间连接的链条被机械地焊接，知识的运用中充斥着大量的习题。在"现成的数学与做出来的数学"之间，很难将数学看成是人类的活动，致使"数学家火热的思考被淹没在形式化的海洋里。"[33]使学生数学"学"得越多，对文化的认同反而越少。

苏州中学夏炎老师认为："不同岗位、不同层次的人对数学的感悟和应用是千差万别的，那么其中是不是有一个共同的东西可以让每一个人都能够终身受益呢？那就是数学的文化内涵。"诚然，具体的数学定理、公式本身并无人文精神可言，但是数学科学是人去创建和发现的，因而在数学的发展过程中凝聚着人的求真精神，人的勇敢乃至献身精神，人的审美追求，人对人类的关爱与善良，这些珍贵的人文精神在数学发展史上闪耀着光芒。

2.2　数学文化在高中数学学习中的表现形态

数学文化与数学学习相融的过程中，文化、数学、学习三者之间的内在关系必以一定的形态表现出来，而这些表现形态又将决定我们采取相应的方式。在分析高中学生文化认知特点的基础上，我们从数学学习的"文化"特征、文化学习的"数学"课程以及数学文化的"学习"过程三个方面进行探讨。

2.2.1　群体的活动性

群体与活动是数学文化进入数学教育过程的直接表现。一旦我们以文化的理念开展数学教育，这种表现形态便应运而生。

1. 数学教育的文化观强调学生以活动的方式进行数学学习

数学作为人们描述客观世界的一种量化模式，它当然是人类文化的一个组成部分。在承认这一"客观性"的基础上，相对于认识主体而言，"我们确认，数学对象终究不是物质世界中的真实存在，而是抽象思维的产物，它是一种人为约定的规则系统。"[34]可见，数学的文化观念不仅承认数学在科学技术方面的应用，还强调"人"在数学文化体系形成过程中的能动作用。美国文化学家克罗伯(A. Kroeber)

和克拉克洪(C. Kluhohn)在文化的界定中指出："文化体系一方面可以看作是活动的产物，另一方面是进一步活动的决定因素。"这说明人的主观能动性主要表现在活动的参与中，通过活动，使知识学习与精神教化自然地结合起来。并且，张维忠先生认为它具有高度的渗透性，"数学文化的渗透性具有内在和外显两种方式，其内在方式表现在数学的理性精神对人类思维的深刻渗透力。"因而，在数学教育中，教师应当尊重学生的主体地位，通过学生的主动参与，发挥数学在精神领域上的教育功效。

2. 文化意义上的数学教育提倡群体的交流与合作

文化的概念始终与群体、传统等密切相关。在现代人类文化学的研究中，关于文化的一个较为流行的定义是："由某种因素(居住地域、民族性、职业等)联系起来的各个群体所特有的行为、观念和态度等。"在现代社会中，数学家显然构成了一个特殊群体——数学共同体，在数学共同体内，每个数学家都必然地作为其中的一员从事自己的研究活动，从而也就必然地处在一定的数学传统之中，个人的数学创造最终必须接受社会的裁决。"只有为相应的社会共同体(即数学共同体)一致接受的数学概念才能真正成为数学的成分。"[35]文化意义上的数学正是关注到了数学与整体性文化环境的关系，数学"不应被等同于知识的简单汇集，而应主要地被看成人类的一种创造性活动，一种以'数学共同体'为主体、并在一定环境中所从事的活动。"[36]

可见，一个富有生命力的数学知识，承载着一定的"社会性"。教科书上貌似明了的叙述，其实是经过历史荡涤的精华，承载着复杂的文化背景，带有丰富的文化色彩。在学校教育的条件下，教师与学生自然构成了一个"数学学习共同体"，虽然他们未必能发明或创造出新的理论，但面对同一个数学问题，各成员有着不同的行为、观念和态度，这些差异常常在相同的时间聚集于同一个环境。鉴于高中学生文化认知的同喻性，某位学生的见解需要接受共同体的评价才能被承认，教师的教学内容同样需要经过共同体的认同才有可能真正被学生内化。因此，从文化的角度来看，学校中的数学学习实质上是一种微观的数学文化。

在这一微观的文化场景中，虽然任何知识的学习"由学生自己建构"，但建构的过程却是多元的：它在社会互动的解释中进行，与认知过程中学习者所处社会文化历史背景密切相关。学习者的心理技能就其本质而言是镶嵌在文化、历史和制度的情境脉络之中的。由于课堂内的群体互动与一个逼真的文化十分相似，应该把课堂过程理解为"一种"文化，这种文化由教师和学生在课堂中所做的一切共同构成，参与者通过社会实践和交流，不断反思各种分歧，使意义逐渐分化明确，形成一些共同规则和准则，最终达到对知识的理解。

由于学生主要通过在教室中获得数学知识，因此，数学文化教育的中心场所应是教室。

社会学家对于教室文化的描述是"教师和学生共同形成的社会亚群里具体主题的、与物质有关的社会性规范"[37]。对数学教室文化的研究，美国 M. 尼克森(M. Nickson)先生着重以数学教师和学生作为直接的考察对象，南京大学郑毓信教授又进一步阐述了教师和学生们所具有的各种与数学教学直接相关的观点、信念等，指出："学生的观念主要是通过学校中的数学教学活动得以形成的。"[38]另外，台湾柯启瑶先生也强调数学学习不要落入个人主义的活动，提倡应构建具有"由物和他者所媒介的活动，和同学互相交流想法的合作性活动，透过发表和共有过程，反省自己所知活动"的教室文化。

重要的是，这些研究一致认为数学的合作交流是构建教室文化的主体部分。为此，"近几年来，新的教育学将这种相互交换想法的学习即互惠性学习(reciprocal learning)当作未来学习的模式，也是建构新的教室文化的指标"[39]。

教室文化中最重要的因素是"人"，对于活动中的群体——教师与学生，前者无疑是凸显数学学习之"文化"特征的关键一方。基于以上认识，教师在此的身份是复合且多变的：他是学术的引领者，他比学生拥有更高的数学水平，但这种先导优势不能成为他主宰学生学习的理由，在他放下身段、置自己与学生以同等的地位之时，便是数学贴近学生、文化氛围形成之始；他是课程的设计者，但教学过程的推进需要征得学习共同体的认可，唯此才能使知识得到更好地建构，才能使这种建构普惠众生；他是活动的协调者，教师应当把教学置于知识建构、数学交流与规则协商等各个因素融合而成的生态系统之中，发展学习共同体，强调活动与合作，形成一种促进学习的气氛，通过共同体的多元建构，实现文化共享。

2.2.2 系统的开放性

群体的活动显然可以贴切地表现数学学习的"文化"特性，但这些活动始终是在"数学"范畴内展开的，因此有必要探究高中数学课程的特点。

1. 从文化传承上看，高中数学课程具有组织构成的开放性，主要表现为它与社会生活及现代数学的动态联系

作为人类文化的一个子系统，"我们不应把数学看成一个完全封闭的系统，而应清楚地看到外部力量对于数学发展的决定性作用，也即应当明确肯定数学系统在总体上的开放性。"[40]例如，第二次世界大战就曾直接促进了系统分析、博弈论、运筹学和信息论等学科的研究。虽然高中数学课程有别于一般意义上的数学，出于教育的目的对数学知识进行了重新整合，但这种"教育加工"仍然尽量地展示数学科学的原貌，以达到文化传承的目的。例如，我们可以看到现代数学的一

些分支如统计、导数等正逐步地进入高中教材，当前教育界对"分形"是否进入高中课程的讨论等等。虽然外部力量对基础教育阶段的中学数学课程没有如此巨大的影响，但它们表明了数学的广泛应用价值，从而为高中数学课程结构的开放性给出了有力的证明。例如教材中的有限与无限、随机与确定、结构与算法等都和现代科学技术有着联系，而数列、线性规划等又直接地涉及了学生的社会生活。

2. 从文化传播上看，高中数学课程具有观念整合的开放性，通过课程的活化促进文化增殖

数学课程中内容的选择、编写乃至实践，不可避免地受到各种社会、文化与观念等要素的影响，从而在传播的过程中产生文化的扩展和延伸。张维忠先生在《数学文化与数学课程》中指出："课程作为文化传播的一种手段，并不是简单地复制，而更主要的是通过文化增殖起到一种强烈的活化作用。"在中学阶段，虽然各位教师面对的是同一本教材，但"教师总是要根据具体教学过程的需要进行具体的再加工，而这种加工的过程又必然会溶进每个教师特有的个性因素，渗透着教师本人的世界观，体现他的精神面貌并以此对学习者发生影响。" 同时，由于学生个体素质的多样性，"即使是由同一位教师传递而且所传递的文化实质是完全相同的，但对每个学习者来说，文化信息的接受也存在着差异。"[41]

3. 从文化传递上看，高中数学课程具有整体效能的开放性，通过系统属性的联合作用，发挥出"整体大于部分和"的功效

在高中数学课程内部，各子系统既保持着纵向的知识序，又维系着横向的方法序。例如，从指数函数到对数函数，三角函数到反三角函数，这些知识被有序地排列着，它们之间借助反函数融为一体，利用数形结合的方法，生动地刻画出函数的性质。在高中数学课程外部，以工具性学科的地位与其他"友邻"课程形成协同关系。在中学诸课程中，张永春先生认为"数学课程向'友邻'课程提供知识和智能方面的储备工具，又从'友邻'课程那里获得需求信息、实证材料、强化运用数学智能的场所。"[42]例如函数与物理的势能，立体几何与化学的分子结构，排列组合与生物的基因分析，对称与语文中的对偶等。

文化与课程的关系表明，高中数学课程是一个开放的文化体系。作为中学教师，要在教学中体现数学的文化价值，应该对"数学"有着正确的认识，那就是：作为整体的数学，而不是分散、孤立的各个分支；广泛应用的数学，而不仅是象牙塔里的严密体系；与其他科学密切联系的数学，而不是纯而又纯的抽象理念。

2.2.3　知识的默会性

对群体活动与数学课程的考察，有助于我们把握数学文化表现形态的总体脉

络，但数学文化毕竟通过学习才能被学生领悟。由于文化由外显的和内隐的行为模式构成，作为文化的数学与作为科学的数学在学习过程中也有所不同。

科学的数学追求完全确定的知识、精确的运算与严密的推理，追求用最简单、最深层次的语言来描述客观世界的规律。在客观主义知识观、科学观的支配下，人们过多地强调知识的客观性、非个体性、完全的明确性等等，出现了"人的隐退"的现象。

其实，知识并不是孤立的、静态的、纯形式逻辑的，而是常常与人休戚相关的。"自然科学与人文科学一样，充满着人性因素，科学实质上是一种人性化的科学。"[43]在国际哲学界以创立意会认知(Tacit Knowing)理论而闻名的英国物理化学家和哲学家波兰尼(Michale Polaniy)从"我们所知道的要比我们所能言传的多"出发，把人类的知识分为明言知识与默会知识。明言知识指以书面、图表和数学公式加以表述的，默会知识是指未被表述的、我们知道但难以言传的知识，例如我们在做某事的行动中所拥有的知识。波兰尼认为："在非言传的'意会'认知层面，科学与人文是相通的。"[44]

既然这种默会知识藏于内心，无法用明确的规则来表达，该怎样学习传授呢？波兰尼指出："通过了解同样活动的全过程，我们才能了解另一个人的内心的东西"[45]。基于高中学生的文化认知特点和数学学习的实际情况，我们可以从以下三个方面突出数学知识中的"人性"。①

(1) 客观现象"数学化"。还原数学家的思维过程，给学生机会，进行"再创造"，让他们重新经历数学知识形成中的思考。为什么书本选择这些知识，而非其他？其间必有一个评价标准。怀尔德在《数学概念的进化》中指出："概念的可接受性取决于它富有成果的程度"，对成果的评价总是通过一些基本理论或信念体现出来，这些理论或信念以未必成文的方式存在于"数学传统"之中。通过学生的协商与合作，让他们明悟：即使是正确的数学知识，还需服从于对"数学传统"的理性遵循，从而体验"数学共同体"的价值判断标准和理性精神。

(2) 数学知识"人文化"。鉴于高中学生对文化感知的迟钝和文理分科的教学现状，教师可以在教学的同时，充实一些文化底蕴比较丰厚的材料，如数学史、语文、地理、政治等，增强"人文"刺激。

(3) 数学解题"拟人化"。学数学需要"做数学"，自然离不开解数学题。习题是知识的载体，优秀学生对解题感兴趣，更多时候像在做游戏，说明数学习题中蕴涵着很多人性化的品质——题中寻趣，在于换个角度看问题。

---

① 《现代汉语词典》中"人性"是在一定的社会制度和一定的历史条件下形成的人所具有的正常的感情和理性。

2.3　开展实践的"可视"框架

通过以上论述，可以达成这样一个认识：高中阶段的数学文化教育，教室是中心场所，但不能局限于教室；高中数学是文化教育的主要载体，也需引入有利于体现数学文化内涵的各种外围知识。考虑到我国学校学习的实际情况，以下四个方面尤需关注：一是与教师和学生均密切相关的社会生活，能较好地引发师生对话与数学交流；二是学生在学校日常接触的友邻学科，能深度激发学生主动积极地参与；三是教师所具备的高等数学知识，可以为学生打开一扇通向现代数学的窗户；四是数学史，当前的科技发展已经为师生双方学习数学史提供了便利条件。这四个方面可以大大拓宽高中数学的课程平台，为开展数学文化教育获取重要的外部支撑。

基于此，并综合上述认识，我们即可推演出一个以课堂教学为中心、课程设计为构件、数学交流为动力的"可视"框架(图 2.1)，以突破数学文化的"隐性"特征。

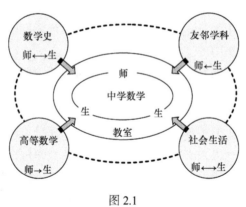

图 2.1

在该框架中，教室和知识构成了"物"的成分，而"人"则起着关键作用。在外部的四个子系统中，师生的交互不必依赖传统的教师传授模式，而是依据双方的学识水平来开展。例如，在"友邻学科"方面学生显然具有较大的优势，而在"高等数学"范畴教师更有决定权。这样一来，通过导入外部子系统，对话的双方便可以从单一指向的"师→生"进一步扩大到"生→师""生←→生"，形成非线性的多向交互模式。这种交互模式能有效激活并迁移到"中学数学"的学习过程中，进而创设出一个以中学数学为核心的学习场所。在这个"学术场所"，对同一问题的关注，促使学生发现不同于自己的声音并进行反思。

成员间的交流必须建立在民主平等的基础上，但是教师与学生毕竟承担着不同的任务。罗杰斯的人本主义学习理论认为："教师是学习的促进者(facilitator)，教师的任务是提供各种学习资源，提供一种促进学习的气氛，使学生知道如何学习。"[46]同样，在数学文化教育的过程中，教师的任务不是把其他的知识牵强附会到数学中，也不是让学生远离数学走出教室，而应利用学校教育的特殊情境，着力营造出浓厚的学习氛围，通过群体的活动，借助开放的知识载体，使"数学学习共同体"所持有的行为、观念和态度等尽可能地展现出来，激活学生的文化感知，全方位涉及学生的情感与理智，给学生以数学文化的强烈感觉与精神表现。

　　通过对话与共享，从混沌到有序，个见到共识，数学知识的可靠性终于建立在"学习共同体"的公共信念上。学生"可以吸收该共同体整体文化的一部分，同样，共同体的文化也会受到其每个成员的影响。"[47]通过人的活动，各个子系统内部充满着勃勃生机，且彼此之间形成动态的联系。高中数学文化教育正是由这些因素兼容并蓄而成的系统工程。

第3章 数学文化的课堂诠释

多数场景中的学习是一种共同活动，一种对文化的共享……正是这一点使我不仅强调发明和发现，也强调协商与合作的重要性。概括而言是强调合作性文化创造的重要性。

——布鲁纳[48]

让数学文化走进课堂，是进行数学文化教育的关键所在。当前出现在中学数学教研杂志中的诸多课例，基本上以离散的状态存在，案例的系统性与可迁移性较弱。这一部分将以上述开展数学文化教育的"可视"框架出发，以数学教育理论、社会建构主义及人本主义学习理论为指导，结合具体案例，从与数学教学密切相关的教材、教室、教师三个维度继续探讨让数学文化走进课堂的实践过程。

3.1 数学文本的文化解读

学生学习新知识时，最早接触的是教材。数学教科书中的知识大都形式化地摆在那里，不像语文、英语之类让学生感兴趣。要让数学文化走进课堂，首先要让数学贴近学生，扩大学生的文化感知面。从文化的角度来解释文本，赋数学以生动的面孔。

苏联学者洛特曼认为"文本是具有意义的符号集，通常它可以分为口头的和非口头的两类。"[49]具体到数学教学，我们可以把非口头的文本理解为既定的表述，如概念、定理、公式、问题等。把口头文本理解为教师的教学或师生对话的用语。

3.1.1 以应用为链，延伸数学触角

作为人类文化的一个有机组成部分，数学与文化息息相通。它牵涉到人类生活的各个方面。宇宙之大、粒子之微、火箭之速、地球之变、生物之谜等，都有数学的重要贡献，数学的触角几乎伸向了一切领域，它同样地存在于学生的学习和生活之中。

尽管如此，很多学生对此并不苟同。在数学学科之外，他们没有认识到数学

拥有如此广泛的作用——也许他们正在运用数学，但不认为这属于数学的范畴。

针对这种情形，一些教师开始注重数学和生活的联系，如贷款问题、方案的最优化设计、洗衣问题等，让学生了解数学的应用价值。另外，在学校学习的特殊条件下，我们也不能忽视数学与其他学科间的关系。由于数学的工具性作用，高中课程中的"友邻"学科在课程编制时常常会参考数学学科的编写顺序，因此数学与这些学科之间必然存在着联系。例如，化学分子结构的学习就需要学生拥有一定的立体几何知识。

"一旦我们使学生们对图画和情境的解释局限在一个明确的数学抽象含义上，我们就失去了为以后解决问题提前做好准备的许多机会。解决任何问题的关键在于建立各种事物和情境之间的数学模型。"[49]这要求教师挣脱学科局限，不能"就数论数"，及时捕捉数学与其他学科之间的联系，使两者之间形成自然的联结。由于学科内部知识的决定性作用，数学与"友邻"学科在课程设置上存在着同步与异步的关系。相应地，数学教师可以采取"自内而外"与"自外而内"两种方式。对于其他学科编排滞后的情形，教师不妨从数学知识内部出发，延伸到"友邻"学科的应用中去。在同步学习中，教师可以从"友邻"学科的知识需求出发，引导入数学学科之内。以下案例只是沧海一粟，只要教师善于发现，数学与中学化学、生物、地理等科目都有着千丝万缕的联系。

物理课后的悬念

这是上午的第四节课，我刚进教室就看到李方同学急匆匆地跑到讲台前擦黑板。黑板上的两幅图(图 3.1，图 3.2)引起了我的注意。

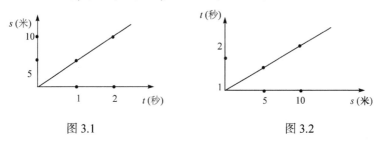

图 3.1　　　　　　　　　　　　　　　图 3.2

我让李方留下了它们。上课铃响了，学生们莫名其妙地看着黑板，难道不上数学课啦？我问他们这两幅图中的位移 s 和时间 t 是否都满足函数关系，他们顿了顿表示同意。图 3.1 是在单位时间内测量出物体所经过的位移，来求出速度。在此，以 t 为自变量，以 s 为应变量；图 3.2 中以 5 米为一单位，测得相应的时间，也可求出速度。在此，以 s 为自变量，以 t 为应变量。看来，在客观世界里，x

并不是"天生"的自变量，它只是一个通用的符号而已，是人们用它指代自变量的一种"约定"；在研究两个变量的相互关系时，也并不一定要固定某一类才能作为自变量。当这两个变量的角色互换时，会产生怎样的联系呢？我们知道，指数函数 $y = a^x$ 与对数函数 $y = \log_a x \,(a > 0$，$a \neq 1)$ 也具有变量互换的关系，那么它们的关系如何呢？这就是本节课将要探讨的问题之一。

3.1.2　以语言为渠，品尝文化韵味

科学的语言，数学力求以简洁、严谨的方式描述客观事物的发展规律，为科学的发展提供精确的工具。但学生也因此对数学概念、定理和公式望而生畏，觉得它冷冰冰的，不近人情。实际上，数学语言是一个持续完善的过程，教科书中的知识虽经形式化改造，但它仍然源于日常语言。教师在教学过程中，既要遵循数学语言的科学性，还要予以适当的加工，使之符合实际的教学情境。苏联教育家道洛费耶夫认为："数学教学语言中使用着不属于纯数学语言的术语和语句，它们往往不具备数学语言所要求的确定程序和精确程度。"[50]由于语言是教师向学生传递信息的主要工具，因而合理的语言加工对学生的文化感知起着重要的作用。教师需要在教学用语中体现数学的真、善、美，让学生在愉悦中感受数学文化的魅力。

1. 知识描述，适合为善

《礼记·学记》云："道而弗牵则和；强而弗抑则易；开而弗达则思。和易以思，可谓善喻矣。"所以，教学用语既要学术化，又要口诀化。如：$\angle AOB$ 是二面角 $A\text{-}OC\text{-}B$ 的平面角，"平面角"绝对不能省略，否则会产生概念性错误。周期概念中的"存在一个正的常数""任一""都"属关键词，教师应让学生准确地理解，但也不妨把它形象地比喻成"克隆"。二项式系数满足 $C_n^{m-1} + C_n^m = C_{n+1}^m$，我请学生想个容易记住的方法，居然有一个数学学习素来不理想的同学，想出了一句口诀："上取大，下加一"。六个字，妙哉！干脆用她的名字命名为"某某公式"。后来，这位同学兴趣陡增，学习进步很快。有趣的是，当他们看到 $C_{n-1}^{k-1} = \dfrac{k}{n} C_n^k$ 时竟像见到了老朋友，异口同声地说"上加一，下加一"，并不感到晦涩难懂。

2. 内外相济，重复也美

数学之美，一旦被学生感受，将产生巨大的作用。北京市特级教师孙维刚曾说："如果拼命去学的动力，是发现了数学的美，为数学本身的魅力所吸引，则将如美味佳肴，凭它的色香味，使人油然升起强烈的向往。这才是数学学习的沧桑

正道。"[51]但 "不可否认的问题是这种美不是表面的、直觉的美，它蕴藏得比较深，领会的难度也很高……中学生通过中学数学的基本内容能否感受到这种美是尚有怀疑的"[52]，为此，教师既需要宣扬美，提高学生审美水平，更需要强化美，加深学生的美感体验。如三角函数的图象之美、未知角与已知角的分合之妙。它有两个要素：角与名，何者为先？千变万化，先看角的变化！让学生身临其境，反复揣摩，必能回味悠远、沁人心脾——真正的美在重复之中更加动人。国歌的一次次聆听，不会削弱她的震撼力，甚至只听到几个音符，就能感受她那催人奋进的旋律。唱响主旋律，可 "知一斑而窥全豹"，迸发数学的内在之美。同时，语调的抑扬顿挫，语速的轻重缓急，时而如山高水长，时而如浪遏飞舟，可谓 "余音绕梁，三日不绝于耳"，展现数学的外在之美。

3. 思维点拨，感悟为真

教师要准确把握教学时机。学生信息反馈不多时不讲，就题论题不讲。让学生充分思考，感悟解题契机，师生共同探索陷入困境的解脱之路，时机成熟，一语中的。没有 "置之死地" 之痛，何来 "起死回生" 之乐？曾在教育部考试中心主抓高考数学命题工作、被誉为高考数学掌舵人的任子朝先生曾谈到高考压轴题要 "让学生做完一个考题后大汗淋漓"，即同此意。有时一个姿势或表情也会对学生产生强大的心理认同。罗曼·罗兰曾言："面部表情是多少世纪培养成功的语言，它比嘴里讲的更复杂到千百倍。"唯有真情面对，才能心灵交汇。

3.1.3 以人为鉴，体验解题韵律

问题是数学的心脏。数学教育过程中，"解题" 是最基本的活动形式。在中学阶段，学生遇到最多的数学问题是习题。余元庆先生说过："习题是中学课本中的重要组成部分。"数学习题不仅运用了数学知识，也承载着数学思想和数学方法。从文化的角度审视数学解题过程，它是策略创造与逻辑材料、技巧性与程式化的有机结合，是一个有序结构的统一体，它与数学的特征相一致，隐含着数学家的思维方式，从而使解题超越了数学思维活动本身的范围，进一步延伸到文化道德、思想修养的素质范畴。

然而，"数学家的真实的思维过程，常常被最终的简洁成果覆盖着，我们虽然不知道，但是可以模拟、仿真，从而做出示范。"[53]教师可以采取 "出声思维" 的方式，通过解题示范把它们显露出来。

在这方面做出重大贡献的当推著名数学教育家 G. 波利亚(G. Polya)，他的《怎样解题》是 "出声思维" 的典范。"怎样解题" 表中包含了程序化的解题系统、启发式的过程分析、开放型的念头诱发及探索性的问题转换。字里行间不时地涌现出诸如 "如果你有一个念头，你是够幸运的了""好的题目和某种蘑菇有点相似，它

们都成串生长""呆头呆脑地干等着某个念头的降临",这些亲切的话语,让读者如临其境,如沐春风。当教师用言语表达自己的解题过程时,将使学生不知不觉间置身其中,一些难以言传的感受油然而生。在此,教师还需着重突出以下两点。

1. 暴露数学家的理性思维

英国数学教育家舍费尔德在《数学解题》中,曾对两位学生和一位数学家的"出声思维"进行了记录。比较发现,数学家的思维要复杂得多,主要表现在解题过程的自我调控上。"在具体地采用某一方法或解题途径前对各种可能性进行过仔细地考虑,而不是一个劲地往前走;他非常清楚地知道自己在干什么和为什么要这样干;他能对目前的处境做出清醒的评估,从而做出必要的调整;如果出现了错误或曲折,并非简单地抛弃已有的工作,而是从中汲取有益的成分;最后,在成功地解决了问题后,又能自觉地反思和回顾,并寻找更为有效的途径。"[54]

2. 展现数学家的情感历程

数学问题的条件与结论、归纳与联想、结构与模式、逻辑与直觉之间的联结并不是一帆风顺的,其间存在着模式的识别、方法的抉择及困难的解脱等各种矛盾,掺杂着解题者的心理活动。这种情感经历,王国维先生深有感触,他在《人间词话》说:"古今之成大事业、大学问者,必经过三种之境界:'昨夜西风凋碧树,独上高楼,望尽天涯路'。此第一境也。'衣带渐宽终不悔,为伊消得人憔悴。'此第二境也。'众里寻他千百度,蓦然回首,那人却在灯火阑珊处。'此第三境也。"这三重境界也同样体现在解题过程中。教师表露这种心情,会对学生产生深刻的影响。杨振宁先生回忆他的大学时代时提到,有位教授经常不备课,老在黑板上涂改,有时一个问题到下课还没解决,但正是这样,使杨振宁认识到困难是难免的,即使是数学大师也毫不例外。因此,当教师"出声思维"时,会让学生随着解题的推进,感受到解题智慧的萌动、联翩念头的浮想、战胜困难的坚韧等。体验理智与情感交织的韵律,获得解题外的感受。正如波利亚所说的:"如果学生在学校里没有机会尝尽为求解而奋斗的喜怒哀乐,那么他的数学教育就在最重要的地方失败了。"[55]

以下是笔者借鉴"怎样解题"表的解题程式,以旁白的方式穿插自身感受所做的一次课堂尝试。

数学家思维过程的仿真模拟

问题:已知 $\dfrac{\cos^4\alpha}{\cos^2\beta}+\dfrac{\sin^4\alpha}{\sin^2\beta}=1$,求证: $\dfrac{\cos^4\beta}{\cos^2\alpha}+\dfrac{\sin^4\beta}{\sin^2\alpha}=1$。

下文为思考及证明过程，虚框内为出声思维时穿插的旁白。

思考1：

由条件和结论的差异联想到 α ， β 之间可能有 $\cos\alpha = \pm\cos\beta$ 或 $\alpha \pm \beta = k\pi$ 等关系，但结构优美舍不得破坏，不裂项拆分又不知如何解决问题，权衡再三，舍美求真。从而开展如下证明。

> 浪漫的诗人气质，矛盾的心理

证明： $\dfrac{\cos^4\alpha}{\cos^2\beta} = 1 - \dfrac{\sin^4\alpha}{\sin^2\beta}$

$\Rightarrow \sin^2\beta \cdot \cos^4\alpha = \cos^2\beta \cdot \sin^2\beta - \cos^2\beta \cdot \sin^4\alpha$

> 锲而不舍的精神

$\Rightarrow \sin^2\beta \cdot \cos^4\alpha = \cos^2\beta \cdot \sin^2\beta - (1 - \sin^2\beta) \cdot \sin^4\alpha$

$\Rightarrow \sin^2\beta \cdot (\cos^4\alpha - \sin^4\alpha) = \cos^2\beta \cdot \sin^2\beta - \sin^4\alpha$

> 看到了一线光明，现在需要匀称一下指数

$\Rightarrow \sin^2\beta \cdot (\cos^2\alpha - \sin^2\alpha) = \cos^2\beta \cdot \sin^2\beta - \sin^4\alpha$

$\Rightarrow \sin^2\beta \cdot (\cos^2\alpha - \cos^2\beta) = \sin^2\alpha \cdot (\sin^2\beta - \sin^2\alpha)$

$\Rightarrow \sin^2\beta \cdot (\cos^2\alpha - \cos^2\beta) = \sin^2\alpha \cdot (1 - \cos^2\beta - 1 + \cos^2\alpha)$

> 化简为繁，需要破釜沉舟的勇气

$\Rightarrow \sin^2\beta = \sin^2\alpha$ ，

则 $\cos^2\beta = \cos^2\alpha$ 。

代入已知条件 $\dfrac{\cos^4\alpha}{\cos^2\beta} + \dfrac{\sin^4\alpha}{\sin^2\beta} = 1$ 即得 $\dfrac{\cos^4\beta}{\cos^2\alpha} + \dfrac{\sin^4\beta}{\sin^2\alpha} = 1$ 。

思考2：

结构优美，能否不破坏？这些平方关系还能想到什么？由已知得点

$A(\dfrac{\cos^2\alpha}{\cos\beta}, \dfrac{\sin^2\alpha}{\sin\beta})$ 在圆 $x^2 + y^2 = 1$ 上，只须求证点

$B(\dfrac{\cos^2\beta}{\cos\alpha}, \dfrac{\sin^2\beta}{\sin\alpha})$ 也在单位圆上即可。

> 数形结合千般好，数形分家万事休。
> ——华罗庚

证明：根据已知条件，由 $\dfrac{\cos^2\alpha}{\cos\beta} \cdot \cos\beta + \dfrac{\sin^2\alpha}{\sin\beta} \cdot \sin\beta = 1$ ，得

点 A 在单位圆过点 $C(\cos\beta, \sin\beta)$ 的切线 $x \cdot \cos\beta + y \cdot \sin\beta = 1$ 上，故 A ， C 重合！

> 众里寻他千百度，蓦然回首，那人却在灯火阑珊处。——辛弃疾《青玉案·元夕》

即 $\dfrac{\sin^2\alpha}{\sin\beta} = \sin\beta$ ，所以 $\sin^2\beta = \sin^2\alpha$ 。

思考3：

想到了另一个问题：

已知 $a\sqrt{1-b^2}+b\sqrt{1-a^2}=1$，

求证：$a^2+b^2=1$。

> 无可奈何花落去，似曾相识燕归来。
> ——晏殊

证明：显然点 $M(a,\sqrt{1-a^2})$ 在单位圆 $x^2+y^2=1$ 上，过该点的切线方程为 $ax+\sqrt{1-a^2}\cdot y=1$。由已知得点 $N(\sqrt{1-b^2},b)$ 在该切线上，而 $N(\sqrt{1-b^2},b)$ 也在该单位圆上，故点 M，N 重合。

即 $\begin{cases}a=\sqrt{1-b^2}\\ \sqrt{1-a^2}=b,\end{cases}$ 故有 $a^2+b^2=1$。

> 发现可行，惊喜之后又产生了下一个奇妙的猜想

思考 4：

回想刚做过的问题，常见的证明思路是利用基本不等式。其解题思路是：

因为 $a\sqrt{1-b^2}\leqslant\dfrac{a^2+(1-b^2)}{2}$，当且仅当 $a=\sqrt{1-b^2}$ 时取到等号。

同理 $b\sqrt{1-a^2}\leqslant\dfrac{b^2+(1-a^2)}{2}$，当且仅当 $b=\sqrt{1-a^2}$ 时取到等号。

则 $a\sqrt{1-b^2}+b\sqrt{1-a^2}\leqslant\dfrac{b^2+(1-a^2)}{2}+\dfrac{a^2+(1-b^2)}{2}=1$。

根据已知条件，上述等号能够取到，需满足 $\begin{cases}a=\sqrt{1-b^2},\\ b=\sqrt{1-a^2},\end{cases}$ 故有 $a^2+b^2=1$。

那么原问题也可以用这个方法吗？

> 好的念头往往像蘑菇一样生长。
> ——波利亚

思考 5：

二维基本不等式 $a+b\geqslant 2\sqrt{ab}(a>0,b>0)$ 可以推广成 n 维形式

$$\frac{a_1+a_2+\cdots+a_n}{n}\geqslant\sqrt[n]{a_1a_2\cdots a_n}(a_i>0，1\leqslant i\leqslant n),$$

可否借鉴基本不等式的推广形式来推广原命题呢？即：

已知 $\dfrac{\cos^{n+2}\alpha}{\cos^n\beta}+\dfrac{\sin^{n+2}\alpha}{\sin^n\beta}=1$，且 α，β 为第一象限角。

可否证明 $\dfrac{\cos^{n+2}\beta}{\cos^n\alpha}+\dfrac{\sin^{n+2}\beta}{\sin^n\alpha}=1$？

> 大胆假设，小心求证。
> ——胡适

> 遇到了困难，这说明了什么？障碍产生的关键在哪里？

若用 $\dfrac{\cos^{n+2}\alpha}{\cos^n\beta}+\cos^n\beta\geqslant 2\sqrt{\cos^{n+2}\alpha}$ 不好……

究其缘由，是难以让 $\cos^2\alpha$ 从根号里"逃"出来。换个思路试试。

$$\underbrace{\frac{\cos^{n+2}\alpha}{\cos^n\beta}+\frac{\cos^{n+2}\alpha}{\cos^n\beta}+\cos^2\beta+\cdots+\cos^2\beta}_{n}\geqslant(n+2)\sqrt[n+2]{(\cos^{n+2}\alpha)^2},$$

即

$$\frac{\cos^{n+2}\alpha}{\cos^{n}\beta} + \frac{\cos^{n+2}\alpha}{\cos^{n}\beta} + \underbrace{\cos^{2}\beta + \cdots + \cos^{2}\beta}_{n} \geqslant (n+2)\cos^{2}\alpha, \tag{3.1}$$

当且仅当 $\dfrac{\cos^{n+2}\alpha}{\cos^{n}\beta} = \cos^{2}\beta$ 即 $\cos^{n+2}\alpha = \cos^{n+2}\beta$ 时取到等号。

同理

$$\frac{\sin^{n+2}\alpha}{\sin^{n}\beta} + \frac{\sin^{n+2}\alpha}{\sin^{n}\beta} + \underbrace{\sin^{2}\beta + \cdots + \sin^{2}\beta}_{n} \geqslant (n+2)\sin^{2}\alpha, \tag{3.2}$$

当且仅当 $\dfrac{\sin^{n+2}\alpha}{\sin^{n}\beta} = \sin^{2}\beta$ 即 $\sin^{n+2}\alpha = \sin^{n+2}\beta$ 时取到等号。

把(3.1)(3.2)两式相加，得

$$2\left(\frac{\cos^{n+2}\alpha}{\cos^{n}\beta} + \frac{\sin^{n+2}\alpha}{\sin^{n}\beta}\right) + n \geqslant n+2,$$

即 $\dfrac{\cos^{n+2}\alpha}{\cos^{n}\beta} + \dfrac{\sin^{n+2}\alpha}{\sin^{n}\beta} \geqslant 1$，

> 我认为数学家无论是选择题材还是判断成功的标准，主要地都是美学的。
>
> ——冯·诺依曼

由已知条件得必须取到等号，故只能有 $\begin{cases}\cos^{n+2}\alpha = \cos^{n+2}\beta, \\ \sin^{n+2}\alpha = \sin^{n+2}\beta,\end{cases}$

又因为 α，β 为第一象限角，故 $\alpha = \beta + 2k\pi\,(k \in Z)$，所以 $\begin{cases}\cos^{n}\alpha = \cos^{n}\beta, \\ \sin^{n}\alpha = \sin^{n}\beta,\end{cases}$ 代入已

知条件，证得 $\dfrac{\cos^{n+2}\beta}{\cos^{n}\alpha} + \dfrac{\sin^{n+2}\beta}{\sin^{n}\alpha} = 1$。居然也是正确的命题！

思考 6：

　　上述解题过程中，在获得结论 $\begin{cases}\cos^{n+2}\alpha = \cos^{n+2}\beta, \\ \sin^{n+2}\alpha = \sin^{n+2}\beta\end{cases}$ 时并不非得将 α，β 的终边

限制在第一象限，而只需 $\sin^{n}\alpha$，$\cos^{n}\alpha$，$\sin^{n}\beta$，$\cos^{n}\beta$ 皆正即可，那么，是否可将角 α，β 的范围扩大？……

3.1.4　以史为辅，挖掘文化底蕴

　　数学的文化内涵不仅表现在知识本身，还寓于它的历史。歌德曾言：一门科学的历史就是这门科学本身。数学史浓缩了无数令人神往的成就，记载着人们追求真理的足迹。数学史是数学知识中较能直观地体现数学文化的一个部分，在中学阶段进行数学史的教育，已越来越多地受到教育界的关注。作为数学知识的传

播者，教师不仅要教会学生解题，教会学生应用，还需要古为今用、取精用弘，从中挖掘数学的文化内涵，提炼数学的文化价值。我们有理由、也有必要让学生更多地去了解数学的文化内涵，使得数学的学习成为名副其实的文化传播。

　　然而，从学校教育的实际情况来看，教师不可能把整节数学课异化为数学史课，即使存在这种便利，还需兼顾学生的知识水平。笔者曾在 1996 年开设数学史选修课，开始学生兴致勃勃，不久便夭折了。一是知识受限：说到古代数学，学生觉得古文晦涩难懂；谈及现代数学，自己也一知半解，学生更不知所云。二是难以找到生动、丰富的事例。因此中学阶段引入数学史，应注意结合教学实际。

　　1. 在教材章节的断层处铺垫数学史实

　　与高中阶段其他科目相比，数学课程的分科最多，有代数、概率统计、微积分初步、平面向量、立体几何、解析几何等。这些章节内部遵循着学生的认知规律，但在各章节之间，未必都有明显的逻辑联系，这为数学史进入数学课堂开辟了空间。有的内容学生刚刚接触不易理解，这时他们往往把原因归咎到自身，觉得智力不如人，不适宜学数学。其实，他们是用短暂的时间重演数学发展史，所遇到的一些困难，也曾经困扰当时的数学界。例如不少学生觉得虚数很"虚"。其实 18 世纪对于虚数的争论同样让许多数学家非常困惑，到 19 世纪他们仍对此喋喋不休。对于 $\sqrt{-1}$，柯西说道："我们可以毫无遗憾地完全否定和抛弃一个我们不知道它表示什么，也不知道应该让它表示什么的数"。哈密顿，这位在其他领域也颇有建树的伟大数学家，同样不愿接受复数，认为"很值得怀疑"，并质疑"在这样一种基础上，哪里有什么科学可言"。有趣的是，对此抱否定态度的爱因斯坦，却恰恰是他先把复数运用到了物理领域。让学生了解这些史实，可以增进他们学习数学的信心，使他们感觉到数学并不是一种神化的科学。当数学沿着历史的台阶走下神坛时，也揭开了数学文化神秘的面纱。

　　2. 在数学课程的衔接处补充历史素材

　　高中数学课程既是初中数学的延展，又是高等数学的基础，这为数学史知识的介入提供了机会。例如"函数"概念到了高中为什么要用"集合"来定义？这可以从康托尔创立集合论的初衷找到答案。一些学生认为对书本上的数学知识应抱毋容置疑的态度，其实不然。笔者在立体几何的"球"中谈及"三角形的内角和也可以小于180°"时，几乎遭到了所有学生的强烈反对，但球面三角形提供了无以反驳的事实。第五公设的否定使学生惊异地看到：在欧氏几何之外居然还存在着非欧几何，这让他们感到数学的世界浩瀚如海。19 世纪下半叶，当高斯已经构想出逻辑非欧几何，并确信它的相容性时，他仍然相信欧氏几何是物理空间的几何。大多数数学家并没有认真考虑过甚至视其为异端邪说，因为其内容过于偏激,"数学家们宁可相信,或者说是希望某一天能在非欧几何中发现矛盾,这样它就成了一纸空文"。[56]重述数学家的只言片语,能激发学生对数学史知识的渴望,使数学史成为课堂教学的润滑剂,为他们打开了解现代数学的窗户,让学生认识到数学史是数学知识的一个组成部分,数学确定性的丧失也并不是一种悲哀,而是推动数学不断发展的不竭动力。

3. 组织若干数学史专题活动

新版高中数学教材在每个章节中增加了前言或阅读材料,其中大部分与数学史有关。《普通高中数学课程标准(实验)》列举了"数学史选讲"目录,《中学新课标资源库(数学卷)》大篇幅概述了数学史,一些教学参考资料如《高中数学新学案》等也配备了丰富的数学史知识,更多的内容可以通过互联网方便地获取。外部条件的改善为师生搜寻资料提供了方便,组织数学史知识专题活动也有了可能。例如可以在学习"多面体欧拉公式的推广"时介绍欧拉的生平。通过数学史知识的主题性活动,延伸到课堂之外,可以避免数学史教育与课堂教学的时间冲突,使之成为提高学生数学素养的催化剂。相关案例参见第 7 章 7.3 节中"古希腊数学"的教学尝试。

总之,通过有效地利用数学文本,让学生从数学的应用中感受数学泽被万物的气魄,从解题的过程中洞察数学家聪灵的气质,从数学的历史中领悟人类为寻求真理而披荆斩棘的气概,终将使学生在数学的文化气息中产生共鸣。

3.2　文化意义上的"做"数学

教学是教师教和学生学的统一。在文本诠释中,教师"传"的成分比较多,目的是扩大学生的数学文化感知面。但数学文化不能由教师一厢情愿地传授,我们需要让学生在感知的同时,尽可能地投入进来,通过数学学习,共享数学文化。

数学学习的过程是数学活动的过程。弗赖登塔尔曾说:"关于数学,每个数学家都知道,除了现成的数学以外,还存在着一种作为活动的数学。"教师一方面要将数学作为一个现成的产品提供给学生,另一方面还要将现成的数学转换成做出来的数学,"我们的教育应当为青年人创造机会,让他们通过自己的活动来获得文化遗产"[57]。对学生而言,"学一个活动的最好方法是做"[58]。

通过"做"数学,"学生和学生之间的相互作用真实地反映了在数学课堂中形成的文化:具体的教师、具体的学生以及正在形成的具体的'数学化'。"[59]可见,学生"做"数学的过程是一个文化参与的过程。

因此,调动学生积极参与是让数学文化走进课堂的又一关键。研究表明,学生参与涉及行为、情感和认知三个方面的活动,并以行为参与为主要载体,课堂环境对学生参与起着较大的影响[60]。教师应给予学生充分的心理自由,搭建交流与合作的平台，促进学生知、情、意、行的全面参与。

3.2.1　在协商中建构数学知识

这里的数学知识特指数学课程中包括数学概念、数学命题等在内的"硬件"部分。一般地，它们在教材中比较稳定，不会受外部环境的过多影响。但这些知识一旦进入教学过程，势必受到相关因素的作用。即使同一位教师教同一个数学知识，在不同的班级也会相应调整教学策略。例如概念引入，教师在数学平均水平较高的班级可能开门见山，而在水平较低的班级，可能从学生熟悉的浅显事例逐步概括。可见，数学知识所谓的"硬件"特点是就其内容而言的，教师对它的处理可能因时而异。

学生的实际情况是教师调整知识呈现方式的主要依据，在集体学习的条件下，这些情况未必能真实地反映出来。中国教育深受儒家思想影响，"师道尊严"造成了以教师为中心的单向信息传递，致使学生主动性被持久地压抑，难得有发言的机会。随着教育理念的更新，这种现象已越来越少，但学生与学生之间的交流仍未引起足够的重视。应该承认，学生之间确实存在着思维水平、认知风格等方面的不同，即使是微小的变化也会导致一定差异的解释，从而在个体"不同"认知图式向"相同"数学知识过渡时出现了分歧。

以下是笔者在"等比数列"概念教学时遇到的真实事件。

始于一个简单问题的辩论[61]

鉴于"等比数列"设置在"等差数列"之后，不少教师运用了"类比"的方法：先给出一组具体数列，发现"比等"的特征，让学生模仿"等差数列"概念，定义"等比数列"。

上课一开始，笔者刚举出几个数列先让学生观察时，却听到了一个"意外"的回答：

(1) 学生对数列 $1,2,4,8,16,32,\cdots\cdots$ 规律的认识出现分歧。

生1：每一项乘以2是它的后一项。

生2：后一项与前一项之比是2。

学生认为两者无异。但考虑"推广到一般情形将如何"时，生2的提法占了上风：

生3：如果用"乘"，那这个数列称"等乘数列"？似乎又不妥。

生4：我认为这里有变化，a_1 与 q 可能取0，讨论如下：

　　①若 $a_1=0$ 且 $q=0$，这个数列是 $0,0,0,0,0,\cdots\cdots$

②若 $a_1 = 0$ 且 $q \neq 0$，依然是 0,0,0,0,0,……

③若 $a_1 \neq 0$ 且 $q = 0$，则是 a_1,0,0,0,0,……

④若 $a_1 \neq 0$ 且 $q \neq 0$，才是我们的(教材所指)等比数列。

生 5：这样一来，情形复杂得多，同时①②③中的数列过于特殊，没有必要研究。

学生发现，否定教材中"规定的"内容竟会得到意想不到的结果，惊讶之中有学生提出了下面"无聊"的话题：

(2) 如果不用"每一项与前一项"，而用"每一项与后一项"呢？

生 1：无非是"前"与"后"的对换、两个常数互为倒数而已。

生 2：更好些，条件"从第二项起"可以删去，概念更简洁了。

生 3：有"后"必有"前"，有"前"则未必有"后"！

师：若采用"每一项与后一项"，你认为这个概念应如何定义？

生 3：(略顿)此时教材中"等比数列"的概念至少要考虑：

①当一个数列是无穷数列时，没有差别；

②当一个数列是有限数列时，必须加上条件"到这个数列的倒数第二项止"。

(3) 如果不要求"从第二项起"，会如何？

我们已经认同了用"后一项与前一项"和"比"，不过有学生觉得条件"从第二项起"可以删去——他们总是容易忽视这一点，在符号表达时会想到 $\dfrac{a_n}{a_{n-1}}$，却常常忘记紧跟条件 $n \geqslant 2$。

生 1：不行！如果没有条件"从第二项起"，语句不通。第一项是不会有"前一项"的。

生 2："第二项起"保证了 $\dfrac{a_2}{a_1} = q$。

生 3：若改为"从第三项起"，那这个数列只能"从第二项起"才能成为等比数列……

生 4：我好像明白了等差数列概念采用"后"减"前"，不就为了保持一致吗？

或许有人认为这是在玩"文字游戏"，没有必要如此咬文嚼字、纠缠细节，"学生会用不就行了"？在现实教学中，鉴于两类数列知识的可迁移性，教师忽略对等比数列概念的反思是可以理解的。何况，学生已经能够据此推导等比数列的通项公式，对此后学习并无大碍。在这种概念教学观下，教师通过列举事实来显示概念的表象，或让学生读懂定义，紧跟着的是概念的运用——我们往往惯于承认概念，"接受并继续前进"。

确实，数学教师与数学家不同，我们不需要创造概念，而是创造理解。然而，我们不得不承认，作为构建数学知识体系的单元，概念始终是中学数学教学的难点之一，也是诸多教师在教学中难以展开、只能无奈地忽视或绕开的一个原因。忽视概念的产生过程，过早进行功利性运用，使概念成为机械的表述，而学生薄弱的抽象思维能力又加深了这一事实的隐藏。如何让这一"既定的形式"鲜活起来，使学生主动地获取概念？在学校这个特殊的"学术场合"，除了理解概念的语义，我们还应创造什么？不妨借助上述案例，管中窥豹，探讨文化意义上的概念教学中，需要对概念创造怎样的理解？

1. 凸现概念背后"火热的思考"

数学概念是中学数学中最具形式化的知识之一。与数学定理的发现、问题的解决不同，对于概念，学生往往难以确切地感觉到"问题"与"解决"之间、解决问题的各个方案之间的思维碰撞。概念的产生无疑离不开人类的思维加工，而教科书上呈现的只是"概念的成品"，在"现成的数学与做出来的数学"之间，我们很难将数学概念也看成是人类的活动，无法引发强烈的认知冲突，致使"数学家火热的思考被淹没在形式化的海洋里"[62]，导致本应有效提升抽象思维的概念教学反而成为"真空地带"。在此，教师忽略了概念中"人"的因素，或者只是停留在教师个人层面的消化，造成学生眼中的数学概念是"冰冷的形式"，甚至欣赏不到"冰冷的美丽"。

在本案中，学生对数列 1，2，4，8，16，32，……的规律就得出了不同的结论。仅仅从"乘以 2"与"除以 2"的区别、"前一项"与"后一项"的对换、"从第二项起"条件的取舍，就引发了三场辩论。学生在辩解中所举证的理由相当深刻，出乎教师的意料，甚至超出了教师本人对"等比数列"概念的最初理解。

如果教师不给学生发言的机会，而学生又无法解决这些分歧，很多时候会被他们硬性地消灭在沉默之中。相反地，如果教师让这些分歧表达出来，就容易在冲突中引发学生的对话。当对话功能在课堂活动中占统治地位时，学生会把自己的话语和他人的话语作为思维的工具，进行反省和协商。

2. 在建构中弥补主体缺失

"对学生和数学家应该同样看待，让他们拥有同样的权利，那就是通过再创造来学习数学，而且我们希望这是真正的再创造，而不是因袭和仿效"[63]。诚然，在学习过程中，学生很难创造新的数学概念，但教师可以创设这样的情境：让学生像数学家那样重新认识数学对象，以他们的"幼稚方式"先进行主观的建构，得出合乎学生认知水平的"概念"，再展开必要的批判与延伸，通过客观性的检验以获取"数学概念"。这种"慢镜头"的概念形成方式，恢复了数学家曾有的"火热的思考"，重现人类审视现实时表现出的智慧和理性精神，使学生体验到数学家"抽象"的阵痛后，享受与前人不谋而合的快乐。

案例中学生"每一项乘以一个常数是它的后一项"的声音起初虽不响亮，但有此想法绝非空穴来风，学生最初的感受是 $1×2=2$，$2×2=4$，$4×2=8$，……他们的第一反应是"乘以 2"，但为什么书上偏偏采用后者呢？仅仅"前"与"后"的一字之换，繁简相比，表述迥异，由此揣测当初概念的定义者何尝不徘徊再三，煞费苦心？虽然三个回合的辩驳下来，得出的定义与教材一致，但这种"形式化"，乃是建立在"返璞"的基础上，通过"归真"，产生了生动活泼的思维过程，使他们经历了与单纯理解语义完全不同的体验：数学概念，不是"上帝的神谕""不变真理的集合体"，而是有血有肉的科学；也不是数学家随心所欲、灵机一动的偶感，乃是源于客观世界的数量关系与空间形式的总结；它是事物客观性与人类主观性的完美结合，问题交织与解决的产物。

通过主体的回归，我们看到，"在协商意义上的解释让学生发现：正是我自己的解释、我自己的看法，引导我形成某个问题，并决定哪一种数学描述和运算是符合目的的、合理的。在我们日常体验和数学手段之间开始形成亲密的、令人兴奋而又永远具有挑战性的关系。最终成功地把兴趣发展成自己的数学工具。"[64]在学生与学生高频率的对话中，个体与群体不断的协商中，形成了一种热烈讨论数学的课堂文化。

3. 以属性辨析激活抽象思维

显然，学生争辩的焦点是概念的属性。进行概念教学之前，学生头脑中拥有的是前科学概念，由于受个体经验限制，这种概念的内涵中有可能包括了非本质属性，当数学概念作为一种科学概念与之耦合时，难免会发生错误或不同的理解，这就需要"依靠假设、尝试、证明、接受反驳、调整等一系列复杂的、有实践意义的过程来建立"[65]，建立的目的是萃取本质属性并剔除非本质属性。属性的扬弃需要抽象思维的介入，而抽象思维却是高中学生较为薄弱的一面，为什么案例中学生能发现这些抽象的问题？在于他们自然地运用了"否定假设法"[66]。

"否定假设法"给出了属性辨析的有效模式：

该法在"列举属性"的基础上进行"否定假设"，因属性的列举往往从分析已知对象出发，为问题的提出找到一个明确的"生长点"。如"等比数列"概念中比

较明显的属性是"从第二项起""每一项与前一项""比"。倘若对"等比数列"的概念属性进一步"否定假设",例如"隔若干项之比是一个常数",对"常数"假设为变量又将如何？相邻两项的积是一个常数，该数列有何特征？……其中能有多少问题？难以计数！

可贵的是，这些问题是立足于同一或邻近抽象层面的思辨，它与列举实例以厘清概念外延最大的不同在于：后者是抽象与具体的链接，前者是抽象与抽象的反复权衡，通过属性之间的抽象辨析，诱发学生主动地联系具体实例予以佐证，而非教师强加。这种属性间的联想替换源于学生，适合他们的思维水平，又兼顾青少年喜新异、好取胜的心理特点，变概念的被动接受为自觉的反思，使数学概念成为深度激活学生抽象思维的好素材。

4. 还原数学研究的范式

数学概念是相应知识体系构建的基石，一个数学概念确立的同时也意味着人们研究对象的确定。然而数学对象终究不是物质世界中的真实存在，而是抽象思维的产物，它是一种人为约定的规则系统[67]，并且这种"约定"绝非个人所为，它必须经历规则系统的检验。在筛选对象、经历检验的过程中，本身便会折射出数学研究的某种范式。

在对现实模型抽象时，数学概念往往是把客观事物的属性理想化、纯粹化才得到的。例如观察了几个具体的数列后，学生通过比较否定，一致认为需要对面临的数学对象予以局限，用"后一项与前一项之比是一个常数"更有研究价值，以便在局部范围内寻找普遍适用的规律。当然，等比数列中的隐含条件"$a_1 \neq 0$且 $q \neq 0$"已是不言而喻。条件"从第二项起"的取舍上，学生明悟"从第二项起"恰恰说明这个数列从首项开始都成等比数列，理解了 $\dfrac{a_n}{a_{n-1}}$ 与 $\dfrac{a_{n+1}}{a_n}$ 在 $n \geqslant 2$ 时的不同。从"等比数列"概念表述的字里行间，透视出数学概念的严谨性、简洁性和逻辑性。学生发出"我好像明白了等差……缘由"的感叹，不正说明他们悟到了数学系统的和谐性？同时，通过开放的探讨，对同一对象的关注，促使学生发现不同于自己的"声音"并进行辩解，数学的可靠性终于建立在"数学共同体"的公共信念上。

从混沌到澄明，无序到有章，个见到共识，视其表这是数学体系形成的"游戏规则"，审其里则为科学研究的范式之一。稀释还原出来的范式脱离了单纯的说教，于无言中渗透，得以更持久地内化。

这样的概念教学不再是"就概念而教学"。让"形式化"贴近学生，以属性激活抽象思维，这是概念教学的题中之义。而研究范式作为数学概念中内隐的灵魂，一旦被学生感悟，还将从数学素质进一步延伸至科学范畴，赋数学教学以广泛的教育意义。

3.2.2　在合作中渗透数学思想

数学思想是数学课程中的"软件"部分。它以策略的形式为学生提供问题的解决方法，又从思想的高度为学生参与数学活动予以指导。数学思想的统摄性和概括性有助于提高学生的数学素质，它的导向性和迁移性又有助于改变学生的学习方式。因此，数学思想在日常教学中始终占据着重要的地位。然而它并非坦白直露于教材，而往往内隐于数学知识之中，没有教师的引导，仅凭学生个体的能力或简单的对话，难以洞察其中的"玄机"，更谈不上发现或发明一种数学思想。

对此，弗赖登塔尔认为："必须以根本不同的方式组织教学。在传统课堂里，再创造方法不可能得到自由发展。学生可以在那儿个别活动或是小组活动。教师可以观察学生的活动，以便必要时介入。"[68]这说明同伴合作可以为数学思想的学习提供帮助。

在"直线与圆位置关系"一课中，笔者将班内学生六人一组，让学生先行解答如下问题，然后再小组讨论。

哪种解法更好?

问题：求以点$C(1,3)$为圆心，且与直线l_1：$x-2y=0$相切的圆的方程。

圆的标准方程在高中教材中被安排在直线方程、曲线与方程之后，加上圆的几何性质在初中阶段已经学过，学生对该题思路较多。巡视后发现解法主要有三种，于是让其中三个小组派代表写出解法并说明。

小组 1：我们着眼于找到切点。切点的位置同时在切线l_1及切点与圆心的连线l_2上，由$l_1 \perp l_2$可得直线l_2的斜率为-2，则直线l_2的方程为$y-3=-2(x-1)$，把它与切线l_1的方程联立，求得切点坐标$(2,1)$，故圆的半径满足

$$r = \sqrt{(2-1)^2 + (1-3)^2} = \sqrt{5} \text{。}$$

小组 2：这样做运算量太大啦！既然是联立方程组，还不如用圆的标准方程来得直接。我们注意到"相切"这个特殊条件，可以利用方程组解的唯一性求圆的半径。设圆的方程为$(x-1)^2 + (y-3)^2 = r^2$，与直线方程联立消去x，就有$5y^2 - 10y + 10 - r^2 = 0$。因直线与圆相切，则$\Delta = 10^2 - 20 \cdot (10 - r^2) = 0 \Rightarrow r^2 = 5$。

小组 3：小组 2 的方法有点幸运。数字比较简单，否则算起来也不轻松哩！请看本组"高见"——圆心到切线的距离不正是半径吗？故$r = \dfrac{|1 - 2 \times 3|}{\sqrt{5}} = \sqrt{5}$。

这些解法立即引起同学们的热烈讨论，大家指手划脚莫衷一是。我建议各小组集中意见后，让没发言的小组再派代表作出评价。

小组4：我们认为第三种解法方便快捷，它有效地利用了圆的几何性质。

小组5：但是，如果不是圆呢？比如抛物线，这种方法就失效了。我们觉得还是解法2好些，它比较有推广价值。

小组6：杀鸡焉用牛刀！具体问题具体分析嘛。圆有这么好的几何性质干吗不用？这纯粹是浪费资源，本小组坚持认同解法3。

小组7：我们遇到的问题，幸亏有了"相切""圆"这些特殊条件。我们对小组1表示同情(大家都笑了)。道路虽然曲折，但它表现了位置关系与数量关系的多次转换、"数"与"形"的充分联系。

最后达成以下共识：无论直线与圆相交、相切或相离等问题，都离不开"数"与"形"的联系。特殊地，在"圆"中，"形"优先于"数"。合理地利用"数形结合"的数学思想是解决数学问题的有效途径。

通过上面这则案例可以看出，数形结合思想并非由教师通过说教的方式强加，而是由学生主动感悟得到的。必须承认，通过学生个体的努力，仍有可能独立地感悟数学思想。但在课堂教学的场景中，教师倘若要求学生寻找多种解法，必须预备充足的时间。换言之，受课堂时间所限，大部分学生难以寻找到多种解法，更无以比较各种解法的优劣，这将降低教师试图开展数学思想渗透的效果。在这种情况下，合作学习便能体现出其独特的优势。

1. 合作学习是渗透数学思想的有效途径

合作学习能有效发挥数学思想的各种功能。根据知识体系的层壳理论，概念、定理是球形壳体内部的"知识硬核"，数学思想则在球壳外部"知识气圈"的"思维势场"中。这里充满了人类智慧的各种波动和闪光的思想火花，包括灵感与直觉、观念与推测、判断与推理等，它们彼此叠加、干涉，互为消长。高中数学课程中"所选用的软数学知识往往处于流体幔层中智力浓度最大的部位"[69]，因而能积极地引发学生参与。案例中，学生从不同的角度求出了圆的方程：方法一遵循着切线的作图程序，方法二联系了相切与方程组解的唯一性，方法三则利用圆的几何性质。这三种方法繁简虽异，却各具特色，使数学思想与数学方法有机地结合起来。

合作学习使学生与数学思想的沟通变得容易。数学思想在课程中的展现，有多种不同的手法。比如用历史资料引出、对命题群组概括或"不言而喻"等。高中数学教材中数学思想并无专题介绍，需要教师在教学中采取合理的教学手段。对于数学思想的传递，学生之间互动的效果要比教师讲解来得有效。因为学生之间理解的差距要小于师生之间的差距,同伴解释比教师讲得简单,学生容易理解,有时学生比教师还迅速地指出困惑之处。他们的口头表达未必顺畅,那些只言片语,教师还没听懂,周围的同学却已频频点头。案例中,如果让教师对这些解法予以评价,不仅有"独裁"的嫌疑,也可能让学生觉得不易理解。小组 4,5,6,7 的评论,辩证而详细,从而形成"剧场效应"。通过各种解法的比较,思想的形成与知识的发生融合到学生的认知序中,增强了数学思想的信度;以策略性运用,感受数学思想的效度。在"多法归一"中,学生自然而然地选择了数学思想。

数学课堂是一个小型的数学共同体,通过学生的合理参与,他们的信念与知识就会受到共同体及其信念与价值的影响。伴随着共同体观念的不断整合,酝酿出一种理性而清新的数学课堂文化。

2. 精心预设与数学思想相关的合作学习活动

数学思想是数学的灵魂,学习数学也意味着学习相应的数学思想。《全日制义务教育数学课程标准》明确要求"人人学有价值的数学,不同的人在数学上得到不同的发展。"若干年之后,学生可能会忘记所学的数学知识、数学方法,但感悟数学思想过程中积淀下来的文化素养,将伴随其终身。作为渗透数学的有效途径,合作学习固然可以让更多的学生获得感悟数学思想的机会,但这种合作却并非教师一时兴起便能发生,而是需要教师做出充足的准备。

(1) 在教材分析上体现数学思想的特殊性

数学思想是人们对数学科学研究的本质及规律的深刻认识。数学知识是人类关于客观世界数量和空间关系形式的认识,它是在一定数学思想指导下数学活动的最终结果,通过数学知识可以反映某种数学思想。例如,"数"反映了人类在客观事物数量方面的抽象,"形"是人们抛弃物质属性只注意其位置和形状的思想,"圆"作为动点的轨迹也可以表现为集合思想,因而数学知识是数学思想的载体。数学思想对数学知识具有统摄性和概括性,可以使不同的数学知识产生跨越式的横向联系。如初中二次函数与高中圆的标准方程可以借助直角坐标系绘出图象,都表达了"数形结合"的数学思想。

数学方法是人们从事数学活动的程序和途径,是实施数学思想的技术手段。数学思想对数学方法具有导向性和迁移性,"对于方法有意识的选择,往往体现出对于数学思想的理解深度。"[70]案例中小组 1 采用"交轨法",从相切挖掘出直线的垂直关系,运用直线方程解决;小组 2 采用"判别式法",把相切转化成方程组解的唯一性;小组 3 从相切到垂直再联想点到直线的距离来求出圆的半径。小组 1 的方法还可以适用于解决直线与其他圆锥曲线的相切问题。

可见,数学知识、数学方法与数学思想的关系既有区别,又存在着密切的联系。数学知识类似于计算机的诸如显示器、网卡这些硬件部分,数学方法是诸如

PowerPoint 或 Flash 之类的软件，如果将其运用于教学，数学思想就相当于教师具有的现代化教学意识。因此，教师要准确把握数学思想在教材中的地位，既要注重数学知识本身的学习，也要强调知识的发生、发展过程，从中挖掘数学思想的内涵；既要讲究数学方法的最优化，也要讲究数学方法适用范围的最大化。利用通法通解，突出教材中常见的数学思想，使数学思想源于知识，升华于方法。

(2) 在教学设计上注意展现手法的多样化

数学思想具有总体上的隐形性，这给学生学习数学思想带来了一定的难度。我们经常看到，一些沉迷于题海战术的学生无暇提炼数学思想，而解题经验太少的学生又难以真切感受数学思想。没有教师的引导，仅凭学生个体的能力，难以洞察其中的玄机，更谈不上发现或发明一种数学思想。杨泰良曾说："一个好的教师还善于发现课本的知识内容背后所隐含的"软件"部分，即数学思想和方法……"。因此，需要教师在教学设计中"入乎其内，出乎其外，明乎其理"。

所谓"入乎其内"，指教师必须清楚数学思想形成的历史，从中明白数学思想的有效性。数学思想是经历了漫长的演变才被提炼出来的，例如"数形结合"思想。代数发源于古巴比伦，几何在古巴比伦人的心目中并不重要。在希腊数学中取得辉煌几何成就的欧多克斯(Eudoxus)和阿契塔(Archytas)并没有借助代数而是用机械工具来说明几何的真理性。从希腊时代到 1600 年，几何统治着数学，代数居于附庸的地位，1600 年以后，代数成为基本的数学"部门"。代数与几何在很长的时间里处于相互交替中，直到笛卡儿的坐标法出现才融为一体。笛卡儿明白地批评希腊人的几何过于抽象且过多地依赖于图形："欧几里得几何中每一证明，总是要求某中新的、往往是奇巧的想法"，他也批评了当时通行的代数，说它完全受法则和公式的控制，以至于"成为一种充满混杂与晦暗、故意阻碍思想的艺术，而不像一门改进思想的科学。"[71]因此，他主张采取代数和几何中一切最好的东西，互相以长补短。17 世纪以来数学的巨大发展，在很大程度上应归功于坐标几何。华罗庚说："数形结合千般好，数形分家万事休。"一语道出了这一思想的真谛。

只有"出乎其外"才能"明乎其理"。数学思想在高中教材中虽无专题介绍，却渗透于每个章节与段落之中。教师可以设计多种展现手法，比如直接用历史资料引出，对命题群组做专门的概括或"不言而喻"等，也可以设计典型例子，通过数学思想的策略性运用，显化数学思想，增强数学思想的效度。新课引入时，教师不妨直接点出平面解析几何最基本的特征是用代数方法研究几何问题，点的位置可用坐标表示，直线可以用二元一次方程表示，把问题先对准曲线和方程，在此基础上再探求圆的标准方程。学生第一次接触二次曲线的方程形式，需要一个适应的过程。设计短小精炼的练习，进行数与形的快速转化，使学生对圆及其标准方程有基本的认识，完成数学思想的初步建构，不至于让学生感到高不可攀。

3. 切实开展以渗透数学思想为目的的合作学习

(1) 在教学组织上提倡学习方式的多元化

"数学课程要讲逻辑推理, 更要讲道理, 通过典型例子的分析和学生自主探索活动, 使学生理解数学概念、结论逐步形成的过程, 体会蕴涵在其中的思想方法, 追寻数学发展的历史足迹, 使数学的学术形态转化为学生易于接受的教育形态。"[72] 在教学组织上教师应引导学生采取多元化的学习方式。

有意义的接受学习。心理学研究表明, 数学学习过程是新的内容和学生原有数学认知结构相互作用, 逐渐形成新的数学认知结构的过程。在学习新的知识之前, 学生已有着基本的知识储备, 它们以不同的图式存在于学生的头脑中。在新、旧知识的耦合时, 不同的学生会形成不同的认知图式。当一个阶段的学习结束时, 就形成了各具学生特色的知识网络。这些知识网络的主要差别在于知识点分布的离散程度和知识之间的连接状态, 统率整个知识网络的根本正是数学思想。它可以使分散的知识以逻辑为链条产生紧密的联系, 浓缩为寥寥数语。对此, 孙唯刚认为, 数学思想的学习有着先"禅"后"悟"的过程。教师可以预先利用启发性的数学题组, 借助问题解决, 让学生潜心研究和归纳, 感悟数学思想。

有组织的发现学习。弗赖登塔尔认为："在传统课堂里, 再创造方法不可能得到自由发展。学生可以在那儿个别活动或是小组活动。教师可以观察学生的活动, 以便必要时介入。"[73] 根据知识体系的层壳理论, 高中数学思想"处于流体幔层中智力浓度最大的部位。逻辑链索是最简捷明快的, 语言符号是通俗生动、距生活语言最近的。"[74] 这可以激发学生广泛参与。案例中的三种方法繁简虽异, 却各具特色。小组 4、小组 5、小组 6、小组 7 的评论, 辩证而通俗, 从而形成"剧场效应"。通过各种解法的比较, 在"多法归一"中, 学生自然而然地选择了数学思想。这样一来, 数学思想的形成被有机地融合到学生的认知序中, 不仅增强了数学思想的信度, 也使数学思想源于学生、用于学生、高于学生, 达到数学思想"大众化"的目的。

(2) 在教学理念上遵循思想教育的层次性

我们提倡"人人学有价值的数学", 并不只是需要用数学知识解决具体问题, 还因为数学在精神领域的教育功效。数学不仅可以提高学生的思维品质, 还培养了人的科学态度和科学习惯, 这是从事任何职业的人所必需的, 数学思想恰恰在这方面起着重要的作用。因此, 教师要有效地发挥它的教育价值, 就必须关注数学思想的结构特征。

数学思想具有层次性, 宏观的诸如数学观、数学在科学中的文化地位等, 中观的如数学在发展过程中积淀下来的对立统一关系等。中学阶段的数学思想属于微观层面，如坐标法、集合思想等，它们植根于数学知识，外化为数学方法，这是数学思想在数学学习中的基本表现。一些教师把知识下降到技能，再把技能层面的知识下降到本能，使学生形成条件反射，功利性地提高学业成绩，显然违背了数学思想教育的规律。把运用数学知识的常见操作固化为技能，把活用数学方法的经验提炼成思想，这是数学思想教育的基本层次。

然而，要发挥数学思想的教育功能，就不应满足于传播思想本身，还需进一步挖掘蕴涵在其中的哲学思想。例如数形结合还包含着"数"与"形"之间普遍联系、相互转化的辩证唯物主义思想。特殊地，在"圆"中"形"优先于"数"则体现出具体问题具体分析的科学观，可见，指导人们发现与运用数学思想的根本是哲学思想，对数学思想进行哲学概括能促使人们形成科学的世界观和方法论，是开展数学思想教育的较高层次。

更进一步地，数学思想还昭示着深刻的数学精神，折射出人类的理性力量。说数学是一种文化，在很大程度上主要指数学中的数学思想。文化理念指导下的数学思想教学，不仅关注数学思想对学生的影响，也关注学生在数学思想学习中的作用。案例中的问题为师生提供了民主对话的平台，学生可以发表自己不同的见解，通过协商与交流，让不同的学生得到了不同的发展，营造出适合学生发展的数学文化氛围，对学生的思想、情感与价值观产生深层次的教育。

3.2.3　在交流中体现人文关怀

虽然学生的大部分数学知识都是在课堂中获得的，学生主要是通过在教室中参与学习获得数学知识，但数学交流不应局限在教室之内，交流的内容也不应局限在数学之中。并且，我们应对上述方式持清醒的认识：并非所有的数学学习都必须采取协商与合作，并非所有的学生都乐于在课堂中发表自己的见解，尤其是性格较为内向的学生。这些学生在课堂教学中容易被教师忽视，他们的行为比较孤僻，在学生的群体合作中也往往被淡忘。

美国教育心理学家科恩(Cohen)在反省"合作学习"教学效果时着重指出："如果利用合作学习来完成老师指定的任务，对学习内容较深的课程，特别性格内向、能力较差的高中学生，将导致失败。"[75]

它的值域是什么?

下午最后一节自修课结束了。办公室里只剩下了我，透过窗户，我看到许多学生在操场上玩耍，还有一些正向餐厅走去。这时，一个学生手里捧着一本书进来了，有些拘谨却又迫切地询问能否帮忙答疑，我爽快地答应了。我看到的问题是：

已知函数 $y = \lg(x^2 - mx + 4)$ 的值域为 **R**，求 m 的取值范围_____。

这是一个老题，多年的经验告诉我，学生总是很难理解为什么必须满足"△ ≥ 0"，于是打算从另一个简单的问题开始。下面是我们的对话。

师：你认为函数 $y = \lg(x + 1)$ 的值域是什么？

生：(不假思索地) $y \in \mathbf{R}$。

师：那么，函数 $y = \lg(x^2 + 1)$ 的值域呢？

生：(略顿，很熟练地) $y \geq 0$。

师：如果是 $y = \lg(x^2 - 1)$ 又如何？

生：(皱眉，在草稿上写出) $x^2 - 1 \geq -1 \Rightarrow \lg(x^2 - 1) \geq \lg(-1)$，(自言自语地) $\lg(-1) = ?$

师：(暗自惊讶)真数会是负数吗？

生：(突然明白，略顿，试探地)大概是 $y \geq \lg 1 = 0$ 吧？

师：(这不是瞎掰么？但没表露)我们可以猜想，但必须是合理地。

生：(尝试着画出了 $y = \lg x$ 的图像)我明白了，应该是 $y \in \mathbf{R}$。真奇怪，$x^2 - 1 \geq -1$，怎么还是会有 $y \in \mathbf{R}$ 呢？(沉默了一会儿)噢，原来它只要取到全部正数就行啦！

师：(不解地)在当初第一个问题中，你是如何很快得出 $y \in \mathbf{R}$ 的？

生：(不好意思地)我是从 $x + 1 \in \mathbf{R} \Rightarrow y \in \mathbf{R}$ 的。

师：(原来如此！恍然大悟)现在我们看看函数的 $y = \lg(x^2 - 4x + 1)$ 值域如何？

生：同样有 $y \in \mathbf{R}$。

师：你就不担心 "$x^2 - 4x + 1$" 的值有可能是负的？

生：没关系，还有定义域哩。

师：对，我们可以通过定义域把它"卡"住嘛。(我特意用了动词"卡")

生：是啊，就是因为这样，它才有能力取到全部正数。(她也用了"有能力")

师：那么，你问的问题该怎么做呢？

生：只需满足 "△ > 0"，不，应该 "△ ≥ 0" 就行了。

师：这种感觉像什么？

生：(想了想，笑了)用 "△" 把关，好像在办"入境检查"。

后来，我们进行了短暂而轻松的交谈。当我问她今后是否有意选择与数学关联密切的职业时，她摇了摇头。望着她离去的背影，我长长地叹了一口气，在想：数学教育的"值域"又是什么呢？

从这一典型的案例中我们看到，数学学习困难的学生对于某些问题的错误认识很可能出乎教师的意料之外，甚至是难以想象的。尽管他们也在努力地理解数学，但有时却不得不通过"瞎掰"——以便在课堂中与其他同学一样集体回答教师的提问。这并非掩饰或虚荣，而是避免被列为学习共同体的另类的一种自我保护。教师需要对这些学生给予特殊帮助。

1. 铺设个性化的"变式"阶梯

变式是模仿与创新的中介，适度的变式可以激活思维，提高兴奋度。有时会发现一些规律性的知识和方法，有时会"量变发生质变"，找到问题与方法的权变。可见，变式教学不仅是教师调节课堂气氛的重要手段，也是学生学习数学的有效途径，因而被广泛地运用于数学课堂教学之中。"变式"问题的难度设计通常会考虑学生的总体水平，对数学能力较好的学生，某些变式显得过密，而对能力较弱的学生可能跟不上群体的进度。在保证总体教学效果的条件下，教师应对这些学生设计个性化的"变式"问题，提高或促进他们的能力。

这则案例中，教师设计了四个问题。学生从"不假思索""略顿""皱眉""试探地"到"笑了"，思维逐渐复杂，主动地运用了"对数函数"性质。通过"变式"，让学生体察到了数学思维的脉搏，教师也从"暗自惊讶""不解地"到"恍然大悟"，发现了平时忽略的学生错误，明白学生之所以"很难理解"的原因，细致地了解到学生的心理活动。

2. 与学生进行生活化的交谈

课余的师生交流可以摆脱整体教学的诸多局限，如时间、内容、形式与场合等，缩短彼此的心理距离，使教师的观念通过日常对话传递给学生，让学生获得数学问题之外的感受。在本案的对话中，教师用了一个动词"卡"，学生当即也用了"有能力"这个词，并把"Δ"看成"关口"、满足函数的定义域比喻成"入境检查"，这种拟人化的语言赋予数学学科亲切的面容。

在师生"包厢式"的对话中，维护了学生的尊严，给了学生大胆吐露心思的机会，也给了教师畅谈数学文化的时间。一种温馨平和的数学文化，正在师生的交流中弥漫开来。

综上所述，通过共同体的活动，以协商、合作与交流等多种方式促使学生全身心地投入进来，创设出一个动态的"场"，它"与一个逼真的文化十分相似"。[76]在"做"数学中，使学生全方位地接触数学、感悟数学、体会数学，形成数学学习与数学文化的共振。

3.3　文化向度的数学教学观

数学教育的"值域"是什么？我们至少应该明白，数学教育的目的并不是让每一位学生都成为数学家，数学教学也不是把数学知识纯粹地传授给学生。对它的回答，其实已经涉及数学教育的深层次问题。在实施数学文化教育的过程中，无论数学文本的文化诠释，抑或文化意义上的"做"数学，教师的行为都起着重要的作用，尤其是处于支配地位的数学教学观。它不仅左右着教师对数学文化氛围的宏观描绘，也影响着教师在营造过程中的微观调适。"通过采取文化的观点，我们就可更为清楚地认识教学和学习情景中所包含的这些'看不见的成分'对数学教学的成功和失败有着怎样的影响"[77]。

要使数学文化走进课堂，教师的数学教学观念至少应包含：

以学生为中心，集中于学习者对数学知识的建构。建构主义认为：学习是一个知识的建构过程，知识是学习的载体，人们使用现有的知识去建构知识，学习高度依赖于产生它的情境。在实际教学中，表现为教师采取民主平等的方式，高度重视学生个体的特殊性，强调在"做数学"的过程中达到知识的内化。

数学学习建立在共同体成员互动的基础之上。社会建构主义认为：知识是在社会互动的解释中进行建构的，对个人影响最大的学习是那些作为实践共同体成员进行的学习[78]。它在文化取向上，把课堂理解为一种"文化"，文化只有通过人类的相互作用才得以存在[79]。在实际教学中，表现为教师提倡合作与交流，通过共同体各成员之间的协商实现客观对象的"数学化"。通过"数学化"的途径来进行数学的教与学，可以使学生真正获得充满着关系的、富有生命力的数学[80]。

教师必须持有开放的教学理念。从前面的几则案例不难看出，数学学习需要开放的人文环境，数学交流需要开放的民主气氛。并且，学生的见解也需要教师的宽容——包括那些非数学的想法或念头。我们习惯了对现实问题进行数学化，却不知也可以从其他学科的角度看待数学。

一个数学问题的非数学解答

问题：如图 3.3，A，B 两地位于河的两岸(假定河的两岸是平行直线)，B 到对岸的距离 $BC=1\text{km}$，$AC=4\text{km}$。今从 A 地沿河岸 AC 安装一段电缆到 D 后，再由水下安装电缆到 B。如果地下安装费为 4 万元/km，水下安装费为 5 万元/km，问如何安装电缆，才能使安装费最省？

这是高三复习课的一道应用题。通常设 $CD=x$ $(0 \leqslant x \leqslant 4)$，安装费用 $f(x)=4(4-x)+5\sqrt{1+x^2}$，问题的关键在于求函数 $g(x)=5\sqrt{1+x^2}-4x$ 的最小值及此时 x 的取值。

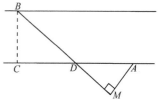

图 3.3

据作业统计，班内 48 位学生中有 41 人以导数为工具。$g'(x)=\dfrac{5x}{\sqrt{1+x^2}}-4$，由

$g'(x)>0\Leftrightarrow x>\dfrac{4}{3}$ 得函数 $g(x)$ 在 $(0,\dfrac{4}{3})$ 上递减，在 $(\dfrac{4}{3},4)$ 上递增，故 $g(x)_{min}=g(\dfrac{4}{3})=3$，

即 $CD=\dfrac{4}{3}$ 时安装费最省为 19 万元。有 3 位学生以三角函数为工具。设 $x=\tan\alpha$，

$\alpha\in(0,\dfrac{\pi}{2})$，考察函数 $y=\dfrac{5-4\sin\alpha}{\cos\alpha}$，即 $4\sin\alpha+y\cos\alpha=5$，利用三角函数的有

界性有 $\dfrac{5}{\sqrt{16+y^2}}\leqslant1$，解出 $y\geqslant3$，故安装费最省为 19 万元，但再求 α 的取值时

显得比较烦琐，3 人均未正确求出此时 CD 的长度。

　　以不等式为工具的有 2 人。简要过程是把 $y=5\sqrt{1+x^2}-4x$ 分解为

$$y=\dfrac{1}{2}(\sqrt{1+x^2}+x)+\dfrac{9}{2}(\sqrt{1+x^2}-x)\geqslant2\sqrt{\dfrac{1}{2}\cdot\dfrac{9}{2}\cdot[(\sqrt{1+x^2})^2-x^2]}=3，$$

当且仅当 $\dfrac{1}{2}(\sqrt{1+x^2}+x)=\dfrac{9}{2}(\sqrt{1+x^2}-x)$ 即 $x=\dfrac{4}{3}$ 时取到最小值。这种方法貌似简

洁，但需要找到 $\dfrac{1}{2}$ 与 $\dfrac{9}{2}$ 才能"凑"出一个定值，拆项技巧要求较高。俞清同学分

享了拆项的想法，她认为只要用待定系数法就能轻松得出。设 $y=5\sqrt{1+x^2}-4x$

$=a(\sqrt{1+x^2}+x)+b(\sqrt{1+x^2}-x)$，则 $\begin{cases}a+b=5,\\a-b=-4,\end{cases}$ 解之得 $\begin{cases}a=\dfrac{1}{2},\\b=\dfrac{9}{2}。\end{cases}$ 这样一来，技巧性

降低了，运算量也不大。

　　第一种解法得到了同学们一致认可，但后面两种解法也让他们大开眼界。至

此，我准备收场了。谁知云飞同学站了起来，他说还有一种更快的解法。

　　他提出不妨把电缆的安装路线看成光的传播。根据物理学"费马原理"所指"折

射定律的光线有最短的光程"[81]，不妨把水下安装看作折射率为 $n_1=1$ 的介质，则

地下安装相当于折射率为 $n_2=\dfrac{4}{5}$ 的介质，由 $\sin\angle DAM=\dfrac{\sin i}{\sin r}=\dfrac{n_2}{n_1}=\dfrac{4}{5}$ 得

$$CD=BC\cdot\tan\angle DBC=BC\cdot\tan\angle DAM=\dfrac{4}{3}。$$

　　这个解法看上去很简单，也容易理解，不过，这是云飞同学在选修物理竞赛

辅导时学的，它能作为数学解题的依据吗？

　　三天后的晚上，他居然拿了一份资料给我。里面提到了法国物理学家费马的

一个结论：光应以"最短时间原理"选择它从一种介质中的一点到另一介质中的一点的路径。他把这个猜测通过实验得出了吻合的结论，并有 $\dfrac{\sin i}{\sin r} = \dfrac{Vi}{Vr} = $ 常量。最后，人们用数学证明费马定理。

　　这则案例中，倘若没有云飞同学的大胆发言，我们或许难以分享如此简洁的解答；倘若教师对此抱否定态度，他也可能失去查找资料的兴趣。费马定理的证明让他看到了数学与物理之间有着如此紧密的联系，这岂是教师的言语说教可比？牛顿在《自然哲学之数学原理》的首版序言中写到："由于古代人在研究自然事物方面，把力学看得最为重要，而现代人则抛弃实体形式与隐秘的质，力图将自然现象诉诸数学定理，所以我将在本书中致力于发展与哲学相关的数学。"[82]

　　同样地，当我们以开放的态度对待数学教学，致力于发挥文化的力量进行高中数学教育，终将"千条河流归大海"。

　　因为，数学正是这样一个开放的文化体系。

第4章　数学思维的人文意蕴

数学是人创造的，必然打上社会的烙印。数学是人们观察世界的一种立场、观点和方法，具有很强的人文性。在形式化了的数学背后，有生动活泼的思维过程，朴素无华的思想方法，乃至引人深思的人生故事。

——张奠宙[83]

知识、方法与思想是始终贯穿于高中数学各个板块、每一章节的三个基本要素，对这三者的研究，在一定程度上反映了我国的数学教育改革。上世纪六、七十年代学习苏联模式，重视知识体系的构建，强调以恰当的方法应用数学知识。上世纪八、九十年代在数学知识之上注重数学方法向数学思想的升华，形成了具有中国特色的"双基教学"。本世纪以来，历经数轮课改，无论"三维目标"抑或"四基"，都强调了学习者对这三者的人本体验，关注到理性数学的温情一面，展现数学思维的人文意蕴成为颇有意义的一种探索。为此，本部分将立足于前3章的研究成果，对高中数学课程体系中占比较大比例的六大专题——不等式、三角、向量、数列、立体几何、解析几何进行尝试。

4.1　数据与结构的隐喻

"等"与"不等"是自然界中存在的两种基本数量关系。相对于等量关系严格而精准的要求，不等关系少了一份拘谨，多了一份宽容，也平添了几丝忐忑。在高中数学中，基本不等式被广泛地运用于不等式证明问题，是解决最值、恒成立等问题的重要工具。其实质是以"不等"为代价，建立起"加法"与"乘法"之间的"结构变换"关系，是对运算法则的一次通融和跨越。

4.1.1　亲密的"不等家族"

高中数学的不等式问题有几个常用的不等式工具，它们之间有着密切的"血缘"关系。在人教版必修⑤第三章《不等式》中，先给出的 $a^2+b^2 \geq 2ab$(记作公式 (4.1))。用 $\sqrt{a}$，$\sqrt{b}$ 分别代替 a，b，就生成了 $a+b \geq 2\sqrt{ab}$，这里 $a>0$ 且 $b>0$。平时解题用得更多的是 $ab \leqslant (\dfrac{a+b}{2})^2$(记作公式(4.2))。教材之所以把它改写成 $\dfrac{a+b}{2}$ $\geqslant \sqrt{ab}$，是因为这个式子中的 $\dfrac{a+b}{2}$ 与 $\sqrt{ab}$ 分别表示了正数 a，b 的算术平均数与几何平均数，便于在《不等式选讲》中继续推广为 n 个正数 a_1，a_2，…，a_n 的关系 $\dfrac{a_1+a_2+\cdots+a_n}{n} \geqslant \sqrt{a_1 a_2 \cdots a_n}$，此乃后话不提。

　　如果把式(4.1)写成 $ab \leqslant \dfrac{a^2+b^2}{2}$，对照式(4.2)，就冒出了一个问题：$\dfrac{a^2+b^2}{2}$ 与 $(\dfrac{a+b}{2})^2$ 都比 ab 大，那么它们两谁更大呢？从 $\dfrac{a^2+b^2}{2} - (\dfrac{a+b}{2})^2 = \dfrac{(a-b)^2}{4} \geqslant 0$ 可知 $\dfrac{a^2+b^2}{2} \geqslant (\dfrac{a+b}{2})^2$(记作公式(4.3))，这个式子在教材中虽然没有明确给出，但在解题中也经常用到。

　　可以用图 4.1 进一步明晰上述几个式子之间的联系。观察这个"谱系图"，它们之间有的是等价变形关系，有的是特殊替换关系，虽然有"母子""同胞"之分，但同为"不等家族"的一员，其地位是平等的——都可以独立运用而不必依赖他者。其中，公式(4.1)、(4.2)、(4.3)的使用频率更高些。该如何恰当地选用这些公式呢？

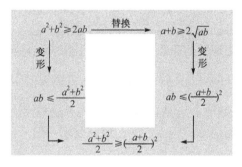

图 4.1

4.1.2　蕴含在数据和结构中的摩斯密码

　　经济学有云"需求决定供给"，解题亦然。只有明确"所求的目标是什么"，才能决定"用哪个公式"。当然，在此之前，我们还必须先弄清楚这些工具究竟"能做什么"。

　　数学公式一般是经过抽象后形成的、高度概括的数学关系，我们需要对它进行"具象化"处理，才能揭开其中的奥秘。

1. 结构引导思路

对于公式(4.1)$a^2+b^2 \geq 2ab$，代入 x^2+1，y^2-1 可变成

$$(x^2+1)^2+(y^2-1)^2 \geq 2(x^2+1)(y^2-1)$$

代入 $2m-3n$，$4t+5s$ 则变成

$$(2m-3n)^2+(4t+5s)^2 \geq 2(2m-3n)(4t+5s)$$

甚至可以将它变成"(孙悟空)^2+(猪八戒)$^2 \geq 2$(孙悟空)·(猪八戒)"。所以，公式(4.1)可以表示为：$\square^2+\bigcirc^2 \geq 2\square \times \bigcirc$，它的功能是在"两数平方和"和"两数之积"之间建立了一种不等的结构关系。

同理，可以推断出另外两个公式传达的结构关系与特殊功能。

公式(4.2) $ab \leq (\dfrac{a+b}{2})^2$ 可以表示为 $\square \times \bigcirc \leq (\dfrac{\square+\bigcirc}{2})^2$，　解决"两数之积"和"两数之和"的关系问题；

公式(4.3) $\dfrac{a^2+b^2}{2} \geq (\dfrac{a+b}{2})^2$ 可以表示为 $\dfrac{\square^2+\bigcirc^2}{2} \geq (\dfrac{\square+\bigcirc}{2})^2$，解决"两数平方和"和"两数之和"的关系问题。

明白了这三个公式的"特长"，可以帮助我们做出准确的决断。先考察第一个问题串。

问题 4.1　已知实数 a, b 满足 $a^2+b^2=1$，求 ab 的最大值。

从结构上看，题目已知"$\square^2+\bigcirc^2$"的值，要求"$\square \cdot \bigcirc$"的最值，这是"两数平方和"与"两数之积"的关系问题，故可用公式(4.1)求解：由 $a^2+b^2 \geq 2ab$ 得 $ab \leq \dfrac{a^2+b^2}{2}=\dfrac{1}{2}$，当且仅当 $a=b=\pm\dfrac{\sqrt{2}}{2}$ 时，ab 有最大值 $\dfrac{1}{2}$。

问题 4.2　已知正数 a, b 满足 $a+b=1$，求 ab 的最大值。

从结构上看，题目已知"$\square+\bigcirc$"的值，要求"$\square \cdot \bigcirc$"的最值，这是"两数之和"与"两数之积"的关系问题，故可用公式(4.2)求解：因为 $ab \leq (\dfrac{a+b}{2})^2=\dfrac{1}{4}$，且 a，b 为正数，故当且仅当 $a=b=\dfrac{1}{2}$ 时，ab 有最大值 $\dfrac{1}{4}$。

问题 4.3　已知实数 a, b 满足 $a^2+b^2=1$，求 $a+b$ 的最大值。

从结构上看，题目已知"$\square^2+\bigcirc^2$"的值，要求"$\square+\bigcirc$"的最值，这是"两数平方和"与"两数之和"的关系问题，故可用公式(4.3)求解：由 $(\dfrac{a+b}{2})^2 \leq \dfrac{a^2+b^2}{2}=\dfrac{1}{2}$ 得 $a+b \leq \sqrt{2}$，当且仅当 $a=b=\dfrac{\sqrt{2}}{2}$ 时，$a+b$ 有最大值 $\sqrt{2}$。

2. 数据指导解题

观察图 4.1，还有一个容易让人忽视的细节——所有的公式中都有数据"2"。它又能给解题带来什么启示呢？继续考察第二个问题串：

问题 4.4　已知 $a, b, c>0$，求证：$(a^2+b^2)(b^2+c^2)(c^2+a^2) \geq 8a^2b^2c^2$。

结合上面提到的数据"2"，不等式右边的"8"不免让人联想到了"$8=2 \times 2 \times 2$"，而不等式左边恰好为乘积关系（　）·（　）·（　）。

从结构上看，不等式左边包含了三个平方和 $a^2+b^2, b^2+c^2, c^2+a^2$，右边的 $8a^2b^2c^2$ 为乘积形式，所以这是有关"$\Box^2+\bigcirc^2$"与"$\Box \cdot \bigcirc$"的问题，应选择公式(4.1)来解决。由于在公式(4.1)中 a^2+b^2 对应的是 $2ab$，故不等式右边也相应地调整为 $8a^2b^2c^2=(2ab)\cdot(2bc)\cdot(2ca)$，这样 a^2+b^2，b^2+c^2，c^2+a^2 就能与 $2ab$，$2bc$，$2ca$ 相对应，即

$$(a^2+b^2)\cdot(b^2+c^2)\cdot(c^2+a^2) \geq (2ab)\cdot(2bc)\cdot(2ca) = 8a^2b^2c^2,$$

问题得证。

问题 4.5　已知 $a, b, c>0$，求证：$a^2+b^2+c^2 \geq ab+bc+ca$。

从结构上看，这是有关"$\Box^2+\bigcirc^2$"与"$\Box \cdot \bigcirc$"的问题，应选用公式(4.1)。但式子中没有数值"2"，能否创造出"2"呢？不妨把要证的不等式先做一番加工，让左、右同时乘以 2，即 $2a^2+2b^2+2c^2 \geq 2ab+2bc+2ca$，这暗示着把 $a^2+b^2 \geq 2ab$，$b^2+c^2 \geq 2bc$，$c^2+a^2 \geq 2ca$ 三个式子左右分别相加。事实果然如此。

问题 4.6　已知 $a, b>0$，求证：$(a+b)(\frac{1}{a}+\frac{1}{b}) \geq 4$。

这里的数值"4"，让人联想到"$4=2\times2$"，这是否暗示着"4"是由两个不等式相乘得到的呢？由于 $a+b \geq 2\sqrt{ab}$，$\frac{1}{a}+\frac{1}{b} \geq 2\sqrt{\frac{1}{ab}}$，而 $(2\sqrt{ab})\cdot(2\sqrt{\frac{1}{ab}})=4$，故 $(a+b)(\frac{1}{a}+\frac{1}{b}) \geq 4$。

这些揣测之所以能够如愿以偿，是因为我们看懂了这三个公式(4.1)、(4.2)、(4.3)中隐藏着的秘密。由于公式(4.1)、(4.2)、(4.3)中都含有数据"2"，所以对于 2^n 或 $2n$ 这类数据，不妨猜测该数据可能意味着的运算关系。如果题中没有出现与"2"有关的数据，也可尝试构造这样的数据，使它满足基本不等式的使用场景。

4.1.3　解题中的运用

例 4.1　若正数 a, b 满足 $a+b=1$，求证：$\sqrt{2a+1}+\sqrt{2b+1} \leq 2\sqrt{2}$。

解析　本题的奇怪之处在于不等式右边没有 a, b。难道因为 $a+b$ 是一个常数，

就能使 a,b 遁形吗？怎样才能在不等式右边添上 $a+b$ 呢？

观察所证不等式的结构，我们发现，只有让"困"在不等式左边的根号里的 a,b "跑"出来，才能出现 $a+b$ 的形式，即应先对 $\sqrt{2a+1}$, $\sqrt{2b+1}$ 平方，然后相加。

所以这是一个有关 □＋○ 与 $□^2+○^2$ 的问题，选用公式(4.3)：由 $(\dfrac{\sqrt{2a+1}+\sqrt{2b+1}}{2})^2 \leqslant \dfrac{(2a+1)+(2b+1)}{2}=2$ 可得 $\sqrt{2a+1}+\sqrt{2b+1} \leqslant 2\sqrt{2}$ ，不等式得证。

上述解题的启示是：对于基本不等式问题，应在了解三个基本不等式对应的结构关系的基础上，分析题目要解决的是哪类结构关系问题，再选择与之匹配的公式。

例 4.2 已知正数 a,b,c 满足 $a+b+c=1$ ，求证：$(\dfrac{1}{a}-1)(\dfrac{1}{b}-1)(\dfrac{1}{c}-1) \geqslant 8$ 。

解析 不等式右边的"8"到底是代表"$8=2 \times 2 \times 2$"还是"$8=2+2+2+2$"呢？由于不等式左边为三个因式连乘的形式，果断选择前者。

考虑到公式(4.1)、(4.2)、(4.3)中只有"加法"没有"减法"，该如何化减为加呢？利用条件 $a+b+c=1$ ，可得 $\dfrac{1}{a}-1=\dfrac{a+b+c}{a}-1=\dfrac{b}{a}+\dfrac{c}{a}$ ，同理 $\dfrac{1}{b}-1=\dfrac{a}{b}+\dfrac{c}{b}$, $\dfrac{1}{c}-1=\dfrac{b}{c}+\dfrac{a}{c}$ ，将 $\dfrac{b}{a}+\dfrac{c}{a} \geqslant 2\dfrac{\sqrt{bc}}{a}$, $\dfrac{c}{b}+\dfrac{a}{b} \geqslant 2\dfrac{\sqrt{ca}}{b}$, $\dfrac{b}{c}+\dfrac{a}{c} \geqslant 2\dfrac{\sqrt{ba}}{c}$ 三式左右分别相乘，不等式得证。

该过程的启示是：对于具有 2^n 或 $2n$ 这类具有显著数据特点的问题，可以联想该数据可能对应的运算关系，再分析题目的结构，选择相应的基本不等式求解。

例 4.3 已知 $x,y \in \mathbf{R}^+$ ，且 $x^2+\dfrac{y^2}{2}=1$ ，则 $x\sqrt{1+y^2}$ 的最大值是____。

解析 本题极具迷惑性，粗看似乎是"$□^2+○^2$"与"$□ \cdot ○$"的问题，进一步观察问题的结构，由于题目条件中有 x^2 ，故可调整所求目标 $x\sqrt{1+y^2}$ 为 $\sqrt{x^2(1+y^2)}$ 。又因为条件所含的 $\dfrac{y^2}{2}$ ，继续调整 $\sqrt{x^2(1+y^2)}$ 为 $\sqrt{2} \cdot \sqrt{x^2(\dfrac{1}{2}+\dfrac{y^2}{2})}$ 。

这样看来，应该把 x^2 , $\dfrac{1}{2}+\dfrac{y^2}{2}$ 看成两个独立的"单元"，这实际上是有关"□＋○"与"□ · ○"的问题，应该选择公式(4.2)，则有

$$\sqrt{2} \cdot \sqrt{x^2(\dfrac{1}{2}+\dfrac{y^2}{2})} \leqslant \sqrt{2} \cdot \dfrac{x^2+\dfrac{1}{2}+\dfrac{y^2}{2}}{2}=\dfrac{3}{4}\sqrt{2} ,$$

当且仅当 $x^2=\dfrac{1}{2}+\dfrac{y^2}{2}$ 时有最大值 $\dfrac{3}{4}\sqrt{2}$ 。

其启示是对问题的结构分析不能浮于表面，而要结合题目进行"拼凑"和"搭建"，寻找结构内部真正的运算关系。并且，"拼凑"和"搭建"并不是死板的，从不同的角度分析同一个问题，有时会发现不同的结构关系，需要用不同的基本不等式求解。在上述例 4.3 中，把所求目标转化为 $\sqrt{x^2(\frac{1}{2}+\frac{y^2}{2})}$ 后，可以回头调整条件 $x^2+\frac{y^2}{2}=1$，使之变成 $x^2+\frac{1}{2}+\frac{y^2}{2}=\frac{3}{2}$，这样就成了有关"□²＋○²"与"□·○"的问题，可以用公式(4.1)求解。

从"等"到"不等"，是人类思维的一次飞跃，让我们从一个局促的"等量关系"解放出来，迈进了"不等关系"的广阔空间。回眸上述三个公式的运用，基本不等式的运用，是结构与数据交汇、权衡的艺术。正可谓：

> 观乎基本不等式，功能定位是要识。
> 思路常在题目里，数据结构藏良策。

4.2 角与名的较量

三角学与航海、历法推算以及天文观测等人类实践活动密不可分，被誉为"量天测海的学问"。高中阶段的三角知识分为三部分——三角函数、三角恒等变换与解三角形。三角恒等变换揭示了三角函数式之间的内在联系，让我们更加方便地研究三角函数和三角应用。

4.2.1 三角公式中的"刀光剑影"

"公式众多"是三角模块的显著特点。

在人教版《普通高中课程标准实验教科书必修④》中，首先提到涉及同角三角函数基本关系的"同角公式"，它包括：平方关系 $\sin^2\alpha+\cos^2\alpha=1$ 和商数关系 $\tan\alpha=\dfrac{\sin\alpha}{\cos\alpha}$。紧接着出现的"诱导公式"涉及 α，$-\alpha$，$\pi\pm\alpha$ 与 $\dfrac{\pi}{2}\pm\alpha$ 共六组，可概括为"奇变偶不变，符号看象限"。之后又出现了六组有关 $\alpha\pm\beta$，2α 的正弦、余弦和正切相关公式，在此不妨简称为"两角公式"。

这三类公式关系密切、渊源深厚。"诱导公式"可以看作"两角公式"的特例。正余弦的"两角公式"与"同角公式"结合，则能引申出 $\tan(\alpha\pm\beta)=\dfrac{\tan\alpha\pm\tan\beta}{1\mp\tan\alpha\tan\beta}$

及 $\tan 2\alpha = \dfrac{2\tan\alpha}{1-\tan^2\alpha}$ 。

正弦和余弦是这庞大公式群的主角，犹如武林的正邪两派，拉开了"武林大会"的帷幕。

它们先在同角公式中联手缔造了"平方和为1"的规则。由于"平方和为1"的限制，使 $|\sin\alpha|$ 与 $|\cos\alpha|$ 呈现出了"此消彼长"之势。

及至诱导公式，既有形如 $\sin(\pi-\alpha)=\sin\alpha$ 之类的"函数名不变"的情况，又有形如 $\sin\left(\dfrac{\pi}{2}-\alpha\right)=\cos\alpha$ 之类的"函数名改变"的情况，双方时分时合。

到了"两角公式"，"战况"愈加激烈，"长枪短剑"纷纷出马，在 $\cos(\alpha+\beta)=\cos\alpha\cos\beta-\sin\alpha\sin\beta$ 中同时包含了正弦和余弦，而在 $\cos 2\alpha=\cos^2\alpha-\sin^2\alpha=2\cos^2\alpha-1=1-2\sin^2\alpha$ 中，α 与 2α 的三角函数值相互限制，"明争暗斗"，到了几近"混战"的程度。

透过这些令人眼花缭乱的公式，我们发现其功能主要集中于"变角"与"变名"。因此，我们不妨从"角"与"名"这两个角度出发，分析这些公式的功能特点。

"同角公式"只涉及一个角" α "，但函数名有变，可谓"同角不同名"。"诱导公式"关注的是同一个角" α "与 2π ，π 及 $\dfrac{\pi}{2}$ 等特殊角组合后，函数名是否改变。"两角公式"是从"同角问题"向"两角问题"的跨越，"角"与"名"都在变，例如 $\sin(\alpha+\beta)=\sin\alpha\cos\beta+\cos\alpha\sin\beta$ 中，左边的角 $\alpha+\beta$ 被拆成两个角 α 与 β ，函数名也从"正弦"变成"正弦与余弦"并存。图 4.2 显示了这三类公式在"角"与"名"上的变化特点，它是帮助我们选用三角公式的良方。

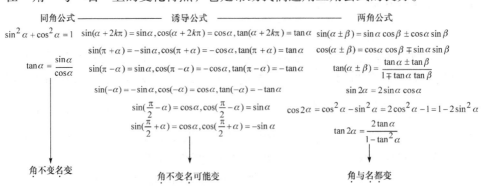

图 4.2

4.2.2 角与名，谁先行

尽管我们已经从"角"和"名"两个角度对三角公式进行了功能划分，但在三角函数中，"角"与"名"是作为整体同时出现的，具体解题时该如何入手较为合理呢?

例 4.4 已知 $\tan\left(x+\dfrac{\pi}{4}\right)=\dfrac{1}{2}$，则 $\tan x=$ _____。

解析 解法一

$$\tan\left(x+\frac{\pi}{4}\right)=\frac{\sin\left(x+\dfrac{\pi}{4}\right)}{\cos\left(x+\dfrac{\pi}{4}\right)}=\frac{\sin x\cos\dfrac{\pi}{4}+\cos x\sin\dfrac{\pi}{4}}{\cos x\cos\dfrac{\pi}{4}-\sin x\sin\dfrac{\pi}{4}}=\frac{\dfrac{\sqrt{2}}{2}(\sin x+\cos x)}{\dfrac{\sqrt{2}}{2}(\cos x-\sin x)}=\frac{1}{2},$$

整理得 $3\sin x=-\cos x$，故 $\tan x=-\dfrac{1}{3}$。

解法二　$\tan\left(x+\dfrac{\pi}{4}\right)=\dfrac{\tan x+\tan\dfrac{\pi}{4}}{1-\tan x\cdot\tan\dfrac{\pi}{4}}=\dfrac{\tan x+1}{1-\tan x}=\dfrac{1}{2}$，解得 $\tan x=-\dfrac{1}{3}$。

解法一先利用商数关系将已知的正切 $\tan\left(x+\dfrac{\pi}{4}\right)$ 拆成熟悉的正弦和余弦，得到角 x 的正弦和余弦的数量关系，再利用商数关系转化成正切，过程比较烦琐。

解法二注意到了已知函数 $\tan\left(x+\dfrac{\pi}{4}\right)$ 与未知函数 $\tan x$ 的"名"都是正切，且已知角"$x+\dfrac{\pi}{4}$"中含有未知角"x"，故可直接利用两角公式 $\tan(\alpha+\beta)=\dfrac{\tan\alpha+\tan\beta}{1-\tan\alpha\tan\beta}$ 展开，解题方向更为明晰。

可见，在三角恒等变形中，要特别关注三角函数的"角"与"名"，这样有利于我们厘清解题方向，提取关键信息，回避次要信息的干扰。

例 4.5 已知锐角 α 满足 $\cos\left(\dfrac{\pi}{6}+\alpha\right)=\dfrac{3}{5}$，则 $\sin\alpha=$ _____。

解析 解法一　先分析"名"的变化：已知余弦值，要求正弦值；再分析"角"的变化：由已知角 $\dfrac{\pi}{6}+\alpha$ 求未知角 α。

根据两角公式可得

$$\cos\left(\frac{\pi}{6}+\alpha\right)=\cos\frac{\pi}{6}\cos\alpha-\sin\frac{\pi}{6}\sin\alpha=\frac{\sqrt{3}}{2}\cos\alpha-\frac{1}{2}\sin\alpha=\frac{3}{5},$$

该式既含有正弦，又含有余弦，故可联立方程组 $\begin{cases} \sin^2\alpha + \cos^2\alpha = 1, \\ \dfrac{\sqrt{3}}{2}\cos\alpha - \dfrac{1}{2}\sin\alpha = \dfrac{3}{5}, \end{cases}$ 解得

$\sin\alpha = \dfrac{-3 \pm 4\sqrt{3}}{10}$。因为 α 为锐角，故 $0 < \sin\alpha < 1$，所以 $\sin\alpha = \dfrac{-3 + 4\sqrt{3}}{10}$。

解法二　先分析"角"的变化：由已知角 $\dfrac{\pi}{6} + \alpha$ 求未知角 α，有 $\alpha = \left(\dfrac{\pi}{6} + \alpha\right) - \dfrac{\pi}{6}$；

再分析"名"的变化：根据 $\dfrac{\pi}{6} + \alpha$ 的"余弦"求 α 的"正弦"。

因为 α 为锐角，故 $\dfrac{\pi}{6} < \dfrac{\pi}{6} + \alpha < \dfrac{2\pi}{3}$，结合同角公式 $\sin^2\alpha + \cos^2\alpha = 1$，可得

$\sin\left(\dfrac{\pi}{6} + \alpha\right) = \dfrac{4}{5}$，所以

$$\sin\alpha = \sin\left[\left(\dfrac{\pi}{6} + \alpha\right) - \dfrac{\pi}{6}\right] = \sin\left(\dfrac{\pi}{6} + \alpha\right)\cos\dfrac{\pi}{6} - \cos\left(\dfrac{\pi}{6} + \alpha\right)\sin\dfrac{\pi}{6}$$

$$= \dfrac{4}{5} \cdot \dfrac{\sqrt{3}}{2} - \dfrac{3}{5} \cdot \dfrac{1}{2} = \dfrac{-3 + 4\sqrt{3}}{10}。$$

以上两种解法都关注到了三角函数的"角"和"名"，但解法二更为简洁。

解法一先分析"名"的变化，为了将已知条件转化为与所求问题"同名"的三角函数，过早地展开已知条件 $\cos\left(\dfrac{\pi}{6} + \alpha\right)$，出现了 $\sin\alpha$ 与 $\cos\alpha$ 两个未知的三角函数值，导致计算量大，容易算错。

解法二先分析"角"的变化，把 $\dfrac{\pi}{6} + \alpha$ 看作一个整体，与 $\dfrac{\pi}{6}$ 共同组装出未知角 $\alpha = \left(\dfrac{\pi}{6} + \alpha\right) - \dfrac{\pi}{6}$，解题时只出现了一个未知的三角函数值 $\sin\left(\dfrac{\pi}{6} + \alpha\right)$，复杂程度大大降低。由已知条件 $\cos\left(\dfrac{\pi}{6} + \alpha\right) = \dfrac{3}{5}$ 求 $\sin\alpha$，只需利用同角公式对"名"微调即可。

从同样的角度考虑，对于例 4.4，还有更快捷的解法

$$\tan x = \tan\left[\left(x + \dfrac{\pi}{4}\right) - \dfrac{\pi}{4}\right] = \dfrac{\tan\left(x + \dfrac{\pi}{4}\right) - 1}{1 + \tan\left(x + \dfrac{\pi}{4}\right)} = -\dfrac{1}{3}。$$

可见，先分析"角"的变化，再分析"名"的变化，是解决三角恒等变形问

题的取胜之道。

那该怎样分析"角"的变化呢？一般可遵循以下原则：

(1) 尽量把未知角拆成已知角，或用已知角"组装"出未知角，即建立"已知角"和"未知角"的某种运算关系。如 $2\alpha = (\alpha + \beta) + (\alpha - \beta)$，$A = (A + B) - B$ 等。

(2) 若不能直接建立未知角和已知角之间的关系，往往可以请"特殊角"帮忙。如对于 $\alpha + \dfrac{\pi}{6}$ 与 $2\alpha + \dfrac{\pi}{12}$，显然 $2\left(\alpha + \dfrac{\pi}{6}\right) = 2\alpha + \dfrac{\pi}{3} \neq 2\alpha + \dfrac{\pi}{12}$，但结合特殊角 $\dfrac{\pi}{4}$，可得 $2\alpha + \dfrac{\pi}{12} = 2\left(\alpha + \dfrac{\pi}{6}\right) - \dfrac{\pi}{4}$。

如何分析"名"的变化呢？如果出现正弦和余弦，可以用平方关系或诱导公式转化。如果"切"与"弦"同时出现，需要根据具体问题确定"切化弦"还是"弦化切"，即利用商数关系进行"弦切互化"。

例 4.6　在 △ABC 中，已知 $\cos A = \dfrac{3}{5}$，$\tan B = 2$，求 $\tan(2A + 2B)$ 的值。

解析　解法一　先分析"角"的变化：由 A, B 求出 $2A$ 与 $2B$，进而求出 $2A + 2B$。再分析"名"的变化：由于要求"正切"，故需先求出 $\tan 2A$ 和 $\tan 2B$，再求出 $\tan(2A + 2B)$。

因为在 △ABC 中，$A \in (0, \pi)$，所以由 $\cos A = \dfrac{3}{5}$ 可得 $\sin A = \dfrac{4}{5}$，故

$$\tan A = \frac{4}{3}, \quad \tan 2A = \frac{2\tan A}{1 - \tan^2 A} = -\frac{24}{7}。$$

由 $\tan B = 2$ 可得 $\tan 2B = \dfrac{2\tan B}{1 - \tan^2 B} = -\dfrac{4}{3}$，故

$$\tan(2A + 2B) = \frac{\tan 2A + \tan 2B}{1 - \tan 2A \cdot \tan 2B} = \frac{4}{3}。$$

解法二　先分析"角"的变化：由 A, B 求出 $A + B$，进而求出 $2A + 2B$。再分析"名"的变化：由于要求"正切"，故需先求出 $\tan(A + B)$，再求出 $\tan(2A + 2B)$。

由解法一可得 $\tan A = \dfrac{4}{3}$，故 $\tan(A + B) = \dfrac{\tan A + \tan B}{1 - \tan A \cdot \tan B} = -2$，所以

$$\tan(2A + 2B) = \frac{2\tan(A + B)}{1 - \tan^2(A + B)} = \frac{4}{3}。$$

解法一"角"的变化路径如图 4.3 所示，解法二"角"的变化路径如图 4.4 所示。两种解法都先分析"角"的变化，但解法二计算量较少，解题过程更为简洁。可见，"角"的变化可能有多种方案，对"角"的变化路径的设计和选择，影响着解题过程的繁简，也体现了解题者的数学智慧。

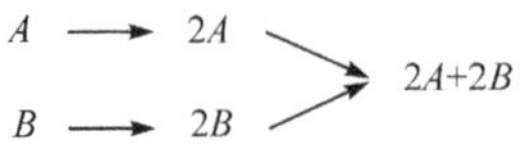

$$A \longrightarrow 2A$$
$$B \longrightarrow 2B$$
$$\searrow 2A+2B$$

$$A, B \longrightarrow A+B \longrightarrow 2(A+B)$$

图 4.3 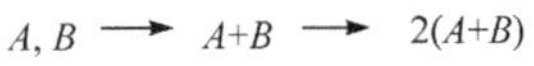　　　　　　　　　　　　　　　　　图 4.4

4.2.3　解题中的运用

例 4.7　已知 $\cos\left(\alpha+\dfrac{\pi}{4}\right)=\dfrac{3}{5}$，且 $\dfrac{\pi}{2}<\alpha<\dfrac{3\pi}{2}$，求 $\cos\left(2\alpha+\dfrac{\pi}{4}\right)$ 的值。

解析　借鉴如图 4.3、图 4.4 这样的"角"的变化路径图，可设计出以下方案。

方案①：$\alpha+\dfrac{\pi}{4}\to\alpha\to2\alpha\to2\alpha+\dfrac{\pi}{4}$；

方案②：$\alpha+\dfrac{\pi}{4}\to2\left(\alpha+\dfrac{\pi}{4}\right)\to2\left(\alpha+\dfrac{\pi}{4}\right)-\dfrac{\pi}{4}$；

方案③：$\alpha+\dfrac{\pi}{4}\to\alpha\to\alpha+\left(\alpha+\dfrac{\pi}{4}\right)$。

比较三个方案，我们发现，方案①步骤过于细碎，运算也比较烦琐。后两个方案看似差距不大，但具体解题过程却有繁简之分。

在方案②中，由两角公式 $\cos2\alpha=2\cos^2\alpha-1$ 求出 $\cos2\left(\alpha+\dfrac{\pi}{4}\right)$ 后，必须用平方关系求出 $\sin2\left(\alpha+\dfrac{\pi}{4}\right)$ 后，才能用两角公式求解 $\cos\left(2\alpha+\dfrac{\pi}{4}\right)$。这就需要判断 $\sin2\left(\alpha+\dfrac{\pi}{4}\right)$ 的正负。由 $\dfrac{\pi}{2}<\alpha<\dfrac{3\pi}{2}$ 可得 α 的区间长度为 π，则 $2\left(\alpha+\dfrac{\pi}{4}\right)$ 的区间长度为 2π，故难以判断 $\sin2\left(\alpha+\dfrac{\pi}{4}\right)$ 的正负。

那方案③中是否也存在这个问题？以下逐步进行分析。

$\alpha+\dfrac{\pi}{4}\to\alpha$：此处可利用 $\alpha=\left(\alpha+\dfrac{\pi}{4}\right)-\dfrac{\pi}{4}$。由于 $\dfrac{3\pi}{4}<\alpha+\dfrac{\pi}{4}<\dfrac{7\pi}{4}$，而 $\cos\left(\alpha+\dfrac{\pi}{4}\right)=\dfrac{3}{5}>0$，故 $\dfrac{3\pi}{2}<\alpha+\dfrac{\pi}{4}<\dfrac{7\pi}{4}$，所以 $\sin\left(\alpha+\dfrac{\pi}{4}\right)=-\dfrac{4}{5}$。因此

$$\sin\alpha=\sin\left[\left(\alpha+\dfrac{\pi}{4}\right)-\dfrac{\pi}{4}\right]=\sin\left(\alpha+\dfrac{\pi}{4}\right)\cos\dfrac{\pi}{4}-\cos\left(\alpha+\dfrac{\pi}{4}\right)\sin\dfrac{\pi}{4}=-\dfrac{7\sqrt{2}}{10}。$$

同理可得

$$\cos\alpha=\cos\left[\left(\alpha+\dfrac{\pi}{4}\right)-\dfrac{\pi}{4}\right]=\cos\left(\alpha+\dfrac{\pi}{4}\right)\cos\dfrac{\pi}{4}+\sin\left(\alpha+\dfrac{\pi}{4}\right)\cdot\sin\dfrac{\pi}{4}=-\dfrac{\sqrt{2}}{10}。$$

$\alpha \rightarrow \alpha + \left(\alpha + \dfrac{\pi}{4} \right)$：由上一步可得 α 与 $\alpha + \dfrac{\pi}{4}$ 的正弦值与余弦值，故

$$\cos \left[\alpha + \left(\alpha + \dfrac{\pi}{4} \right) \right] = \cos \alpha \cos \left(\alpha + \dfrac{\pi}{4} \right) - \sin \alpha \sin \left(\alpha + \dfrac{\pi}{4} \right) = -\dfrac{31}{50} \sqrt{2}。$$

利用方案③解题，由 $\alpha + \dfrac{\pi}{4}$ 变化至 α 时，我们通过"拆角"将 α 表示为 $\left(\alpha + \dfrac{\pi}{4} \right) - \dfrac{\pi}{4}$，这样可以避免用两角公式展开 $\cos \left(\alpha + \dfrac{\pi}{4} \right)$，再结合"平方关系"求解 $\cos \alpha$ 与 $\sin \alpha$，因为平方之后必然要开方，这就牵扯到对角 α 的范围的估计和判断，我们称之为"卡角"。由于 $\dfrac{\pi}{2} < \alpha < \dfrac{3\pi}{2}$，所以很难判定 $\sin \alpha$ 的正负，解题将变得十分困难。因此，选择"角"的变化路径是很有讲究的。

如果已知角的范围不能够满足识别的需要，就得结合其三角函数值的正负进行综合考虑，这无疑增加了解题的难度。

选择"角"的变换路径通常要考虑以下三点：

(1) 解题过程中是否存在难以判断的因素，如在例 4.7 的方案 2 中就难以判断 $\sin \left(2\alpha + \dfrac{\pi}{4} \right)$ 的正负。一般而言，同角公式中的"平方关系"常常涉及正、余弦值的正负判断，还是能避则避，少用为佳。

(2) 路径的长短。在能够使用三类公式实施"变角"的前提下，路径越短越好。例如例 4.7 方案①需三步，而方案②③只需两步。

(3) 求值的烦琐。使用两角公式的前提是求出多个三角函数值，即使路径的长短一样，对三角函数的求值也有繁简之别。

应结合具体问题，从上述三个方面整体考量，沿着角的变换路径，预先做出估计，再做决断。

可以通过以下两个问题，实际感受上述三点的要义。

例 4.8　已知 $\dfrac{\pi}{4} < \alpha < \dfrac{3\pi}{4}$，$0 < \beta < \dfrac{\pi}{4}$，且满足 $\cos \left(\dfrac{\pi}{4} - \alpha \right) = \dfrac{3}{5}$，$\sin \left(\dfrac{3\pi}{4} + \beta \right) = \dfrac{5}{13}$，求 $\sin(\alpha + \beta)$ 的值。

解析　先分析"角"的变化。利用诱导公式，由

$$\sin \left(\dfrac{3\pi}{4} + \beta \right) = \sin \left[\pi - \left(\dfrac{3\pi}{4} + \beta \right) \right] = \sin \left(\dfrac{\pi}{4} - \beta \right)，$$

可把已知角 $\dfrac{3\pi}{4} + \beta$ 化为 $\dfrac{\pi}{4} - \beta$，由此发现已知角的关系为

$$\left(\frac{\pi}{4} - \alpha\right) + \left(\frac{\pi}{4} - \beta\right) = \frac{\pi}{2} - (\alpha + \beta)，$$

而 $\frac{\pi}{2} - (\alpha + \beta)$ 与 $\alpha + \beta$ 的关系可用诱导公式完成。

再分析"名"的变化。利用诱导公式 $\cos\left(\frac{\pi}{2} - \alpha\right) = \sin\alpha$，可把 $\sin(\alpha + \beta)$ 化为 $\cos\left[\frac{\pi}{2} - (\alpha + \beta)\right]$。因为 $\frac{\pi}{4} < \alpha < \frac{3\pi}{4}$，所以 $-\frac{\pi}{2} < \frac{\pi}{4} - \alpha < 0$，故由 $\cos\left(\frac{\pi}{4} - \alpha\right) = \frac{3}{5}$ 可得 $\sin\left(\frac{\pi}{4} - \alpha\right) = -\frac{4}{5}$。因为 $0 < \beta < \frac{\pi}{4}$，所以 $0 < \frac{\pi}{4} - \beta < \frac{\pi}{4}$，故由 $\sin\left(\frac{\pi}{4} - \beta\right) = \sin(\frac{3\pi}{4} + \beta) = \frac{5}{13}$ 得 $\cos\left(\frac{\pi}{4} - \beta\right) = \frac{12}{13}$。所以

$$\sin(\alpha + \beta) = \cos\left[\frac{\pi}{2} - (\alpha + \beta)\right] = \cos[(\frac{\pi}{4} - \alpha) + (\frac{\pi}{4} - \beta)]$$

$$= \cos\left(\frac{\pi}{4} - \alpha\right)\cos\left(\frac{\pi}{4} - \beta\right) - \sin\left(\frac{\pi}{4} - \alpha\right)\sin\left(\frac{\pi}{4} - \beta\right) = \frac{56}{65}。$$

例 4.9 已知 $\sin\alpha = A\sin(\alpha + \beta)$，其中 A 是不为 0 的常数。求证：

$$\tan(\alpha + \beta) = \frac{\sin\beta}{\cos\beta - A}。$$

解析 先分析"角"的变化。要证的等式左边与已知的等式右边均有 $\alpha + \beta$，故保持 $\alpha + \beta$ 的整体结构不变。要证的等式右边仅有角 β，而已知的等式左边只有角 α，所以要通过拆角 $\alpha = (\alpha + \beta) - \beta$，把已知等式变形为 $\sin[(\alpha + \beta) - \beta] = A\sin(\alpha + \beta)$，展开得

$$\sin(\alpha + \beta)\cos\beta - \cos(\alpha + \beta)\sin\beta = A\sin(\alpha + \beta)，$$

即

$$\sin(\alpha + \beta) = \frac{\cos(\alpha + \beta)\sin\beta}{\cos\beta - A}。$$

再分析"名"的变化。要证的等式左边为正切，故对等式 $\sin(\alpha + \beta) = \frac{\cos(\alpha + \beta)\sin\beta}{\cos\beta - A}$ 两边同除以 $\cos(\alpha + \beta)$，即可得证。

三角变换不只是从已知到未知的一个恒等变形，这里涉及变换对象、变换目标以及变换依据和方法等具体策略。尽管变换的对象是"角"与"名"，但仍要分清主次。相对而言，先看"角"的变化，能更快地占据制高点，赢得主动。正可谓：

三角变换公式多，已知所求细琢磨。

卡角拆角和配角，先角后名结善果。

4.3　穿越向量丛林

物理与数学的密切关系在"向量"中体现得淋漓尽致。力、位移与速度为抽象的向量概念提供了原型，促成了向量加减法的运算规则。向量数量积的物理意义即力使物体产生位移所做的功。脱去实际情境的外壳，向量们"美丽的身姿"能够搭建成变化多端的几何图形，演绎出几何研究的新天地。

4.3.1　向量：精钢可化绕指柔

运算和运算律是向量的灵魂。

纵览人教版《必修④》"平面向量"一章，向量运算的学习经历两个阶段——线性运算和坐标运算。其中，线性运算需要对图形进行分析和处理，具有浓郁的几何色彩，和坐标运算相比，思维要求更高。在线性运算基础上建立的"平面向量基本定理"，为平面向量的单位正交分解奠定了坚实的基础，使向量的坐标表示变得"合法化"，实现了"线性运算"向"坐标运算"的飞跃。

我们知道，一个确定的向量必然有确定的方向和长度，所以向量可以用有向线段来表示——其势如利箭，硬似精钢。但因为向量可以平移，因此，始点和终点的位置是不确定的，这给了向量无限的自由，却又让它们变得难以控制。怎样才能两者兼顾呢？

重新回顾向量的运算法则。如图 4.5 所示，向量加法的平行四边形法则与三角形法则分别源于力的合成与位移的合成，向量的减法来自相反向量的引入，向量的数乘又是类比数量的运算得到的，这样就建立了一套以向量加法为基础的向量运算系统。

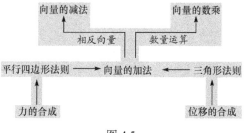

图 4.5

虽然平行四边形法则与三角形法则脱胎于不同的物理背景，但观察图 4.6 与图 4.7 可知，这两个法则的数学本质却是一致的。由于 $\overrightarrow{OB} = \overrightarrow{AC}$，所以图 4.7 是图 4.6 的局部，但更加简洁。把向量 **b** 的始点置于向量 **a** 的终点 A 处，使之首尾相连，那么 $a+b$ 就是以向量 a 的始点为始点、向量 b 的终点为终点的向量 $\overrightarrow{OC}$。

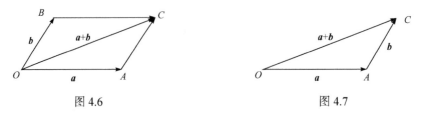

图 4.6   图 4.7

这种做法具有明显的两点优势：

一是操作简单，易于理解。例如求 $a_1+a_2+\cdots+a_n$。只需把 a_2 的始点置于 a_1 的终点 A_1 处，a_3 的始点置于 a_2 的终点 A_2 处，$\cdots$，a_n 的始点置于 a_{n-1} 的终点 A_{n-1} 处，那么以向量 a_1 的始点为始点、向量 a_n 的终点为终点的向量 $\overrightarrow{OA_n}$ 即为所求。如图 4.8 所示，求 $a_1+a_2+\cdots+a_n$ 的过程不就是一条 $O \to A_1 \to A_2 \to \cdots \to A_n$ 的行走路线吗？只需把要相加的各个向量依次首尾相连，则各个向量之和就是从最初始点到最后终点的一次位移。

同理，遇到向量的减法也不必畏惧，只需通过相反向量把减法转化成加法，例如把 $a-b$ 看作 $a+(-b)$，依照刚才的规则操作即可。

二是多条路线，殊途同归。再次观察由图 4.8 和式子 $\overrightarrow{OA_1}+\overrightarrow{A_1A_2}+\cdots+\overrightarrow{A_{n-1}A_n}=\overrightarrow{OA_n}$。两个向量间的连接点 A_1，A_2，$\cdots$，A_{n-1} 都消失了，只留下了起点 O 与终点 A_n。这说明除了这两个点外，其他点的位置、数量无论怎样变化，对 $\overrightarrow{OA_n}$ 的结果都不会产生任何影响。

既然如此，我们自然也可以在点 O 与 A_n 之间插入其他的点。如图 4.9 所示，插入点 M，N 可以把 $\overrightarrow{OA_n}$ 拆分为 $\overrightarrow{OM}+\overrightarrow{MN}+\overrightarrow{NA_n}$。这说明我们不必拘泥于既定的路线 $O \to A_1 \to A_2 \to \cdots \to A_n$，换作另一条行走路线 $O \to M \to N \to A_n$ 也能到达"幸福的彼岸"，而途经的各个向量的方向居然可以完全不同，并且这样的路线有无数条！

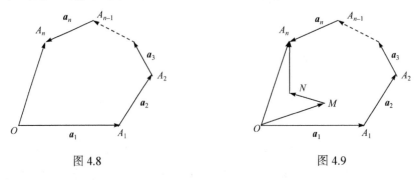

图 4.8   图 4.9

换言之，尽管不能改变向量 $\overrightarrow{OA_n}$，但可以借助三角形法则把它分解为若干个其他向量,使之依照我们的意愿进行拐弯、迂回、环绕!

4.3.2　"向量丛林"的弯道超越

向量作为研究几何问题的工具,开创了几何研究的新方法。然而我们所面对的几何图形,其间线段何止数条?赋予线段以方向,几何图形就变成了一个由众多向量编织而成的"向量丛林"。"拐弯"的向量真的可以在这片丛林中开辟出一条顺畅之道吗?

例 4.10　在边长为 1 的正三角形 ABC 中,$\overrightarrow{BD} = \dfrac{1}{3}\overrightarrow{BA}$,$E$ 是 CA 的中点,求 $\overrightarrow{CD} \cdot \overrightarrow{BE}$ 的值。

解析　解法一　如果直接套用数量积公式 $\overrightarrow{CD} \cdot \overrightarrow{BE} = |\overrightarrow{CD}| \cdot |\overrightarrow{BE}| \cdot \cos\langle \overrightarrow{CD}, \overrightarrow{BE} \rangle$,虽然两个向量 $\overrightarrow{CD}$ 与 $\overrightarrow{BE}$ 的模可以用余弦定理求出,但它们的夹角 $\langle \overrightarrow{CD}, \overrightarrow{BE} \rangle$ 却不易求得。

解法二　能否利用正三角形的内角为 60° 呢?那就必须使这两个向量"拐弯"到三角形的"外围"。

根据上文得出的结论,要获得 $\overrightarrow{CD}$ 可通过下面两条线路(图 4.10)。

线路①:$C \to B \to D$,即 $\overrightarrow{CD} = \overrightarrow{CB} + \overrightarrow{BD}$;

线路②:$C \to A \to D$,即 $\overrightarrow{CD} = \overrightarrow{CA} + \overrightarrow{AD}$。

同样,使 $\overrightarrow{BE}$ "拐弯"的行走路线也有两条(图 4.11)。

线路③:$B \to C \to E$,即 $\overrightarrow{BE} = \overrightarrow{BC} + \overrightarrow{CE}$;

线路④:$B \to A \to E$,即 $\overrightarrow{BE} = \overrightarrow{BA} + \overrightarrow{AE}$。

观察图 4.10 与图 4.11,可以发现线路①③分别经过点 B,C 而②④都途经点 A,因此选择有重合之处的线路②④。

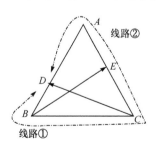

图 4.10

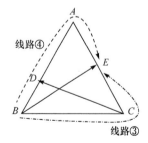

图 4.11

$$\overrightarrow{CD} \cdot \overrightarrow{BE} = (\overrightarrow{CA} + \overrightarrow{AD}) \cdot (\overrightarrow{BA} + \overrightarrow{AE}) = (\overrightarrow{CA} + \frac{2}{3}\overrightarrow{AB}) \cdot (\overrightarrow{BA} + \frac{1}{2}\overrightarrow{AC})$$

$$= \overrightarrow{CA} \cdot \overrightarrow{BA} - \frac{1}{2}(\overrightarrow{AC})^2 - \frac{2}{3}(\overrightarrow{AB})^2 + \frac{1}{3}\overrightarrow{AB} \cdot \overrightarrow{AC} = -\frac{1}{2} \text{。}$$

解法二使原本受困在三角形内部的向量沿着图形的外围"拐弯",虽然多了几个迂回,却摆脱了求 $\overrightarrow{CD}$ 与 $\overrightarrow{BE}$ 的模与夹角的羁绊,成功实现了"弯道超越"。

这些"弯道"具有如下共性:

(1) 因为分解向量时依据了向量加法的三角形法则,故每个"弯道"都依附于某个三角形。例如线路①依附于△CBD,线路②依附于△CAD。

(2) 每个三角形中的两个顶点分别为被分解向量的始点、终点,第三个顶点则可以随意选取,这第三个顶点决定了"弯道"的线路。比如,对于 $\overrightarrow{CD}$,在平面 ABC 内任取一点 P,同样可得 $\overrightarrow{CD} = \overrightarrow{CP} + \overrightarrow{PD}$。

(3) 合理的线路可以简化解题过程。例如线路②④都途径点 A,就可以利用 $\angle A = 60°$。如果选择线路①与③:

$$\overrightarrow{CD} \cdot \overrightarrow{BE} = (\overrightarrow{CB} + \overrightarrow{BD}) \cdot (\overrightarrow{BC} + \overrightarrow{CE}) = -(\overrightarrow{BC})^2 + \overrightarrow{CB} \cdot \overrightarrow{CE} + \overrightarrow{BD} \cdot \overrightarrow{BC} + \overrightarrow{BD} \cdot \overrightarrow{CE} \text{,}$$

则必将涉及 $\angle B$,$\angle C$ 和 $\overrightarrow{BD}$ 与 $\overrightarrow{CE}$ 所成的角,解题会麻烦得多。

4.3.3　解题中的运用

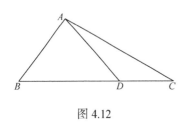

图 4.12

那该如何制定和选择恰当的路线?

例 4.11　如图 4.12,在△ABC中,$AD \perp AB$,$\overrightarrow{BC} = \sqrt{3}\overrightarrow{BD}$,$|\overrightarrow{AD}| = 1$,则 $\overrightarrow{AC} \cdot \overrightarrow{AD} = $ _____ 。

解析　观察向量 $\overrightarrow{AC}$ 与 $\overrightarrow{AD}$,因为 $|\overrightarrow{AD}| = 1$,不妨保留 $\overrightarrow{AD}$。让 $\overrightarrow{AC}$ "绕弯"的线路有两条。

线路①:利用△ADC 得 $A \rightarrow D \rightarrow C$,即 $\overrightarrow{AC} = \overrightarrow{AD} + \overrightarrow{DC}$。这时 $\overrightarrow{AC} \cdot \overrightarrow{AD} = |\overrightarrow{AD}|^2 - \overrightarrow{DC} \cdot \overrightarrow{DA}$,要求出 $|\overrightarrow{DC}|$ 与 $\angle ADC$ 仍然比较麻烦。

线路②:利用△ABC 得 $A \rightarrow B \rightarrow C$,即 $\overrightarrow{AC} = \overrightarrow{AB} + \overrightarrow{BC}$。这时

$$\overrightarrow{AC} \cdot \overrightarrow{AD} = \overrightarrow{AB} \cdot \overrightarrow{AD} + \overrightarrow{BC} \cdot \overrightarrow{AD} \text{,}$$

由 $AB \perp AD$ 可得 $\overrightarrow{AB} \cdot \overrightarrow{AD} = 0$,至此,只需求出 $\overrightarrow{BC} \cdot \overrightarrow{AD}$。

因为 $|\overrightarrow{AD}| = 1$,不妨保留 $\overrightarrow{AD}$。考虑到 $\overrightarrow{BC} = \sqrt{3}\overrightarrow{BD}$,而 $\overrightarrow{BD}$ 可以利用△ABD 沿线路③:$B \rightarrow A \rightarrow D$ "绕弯",故

$$\overrightarrow{BC} = \sqrt{3}\,\overrightarrow{BD} = \sqrt{3}(\overrightarrow{BA} + \overrightarrow{AD}),$$

则

$$\overrightarrow{BC} \cdot \overrightarrow{AD} = \sqrt{3}(\overrightarrow{BA} \cdot \overrightarrow{AD} + |\overrightarrow{AD}|^2)。$$

因为 $\overrightarrow{AB} \cdot \overrightarrow{AD} = 0$，且 $|\overrightarrow{AD}| = 1$，故 $\overrightarrow{BC} \cdot \overrightarrow{AD} = \sqrt{3}$，所以 $\overrightarrow{AC} \cdot \overrightarrow{AD} = \sqrt{3}$。

由本节例 4.10、例 4.11 可知，设计和选择路线的重要标准是最大化地利用向量所在图形的几何特性。通常要关注：

(1) 特殊的图形，尤其是特殊的三角形。如例 4.10 的正三角形 ABC、例 4.11 的直角三角形 ABD。让路线尽可能地依附在这些特殊图形上；

(2) 已知条件密集的线段或已知的角。如例 4.11 的线段 AD、例 4.10 的 $\angle A$。让线路尽量多地经过这些线段或角；

(3) 特殊的位置关系，尤其要优先考虑垂直关系。如例 4.11 通过线路①、线路②两次利用了条件 $AD \perp AB$。反观例 4.10，若注意到 $BE \perp AC$，就能找到更快的解法：保留 $\overrightarrow{BE}$，只让 $\overrightarrow{CD}$ "绕弯"：

$$\overrightarrow{CD} \cdot \overrightarrow{BE} = (\overrightarrow{CA} + \overrightarrow{AD}) \cdot \overrightarrow{BE} = \frac{2}{3}\overrightarrow{AB} \cdot \overrightarrow{BE},$$

而

$$\overrightarrow{AB} \cdot \overrightarrow{BE} = -|\overrightarrow{BA}| \cdot |\overrightarrow{BE}| \cdot \cos \angle ABE = -\frac{3}{4},$$

故 $\overrightarrow{CD} \cdot \overrightarrow{BE} = -\frac{1}{2}$。

这些特殊的图形和线段其实就是"主干道"。利用"主干道"设计的路线，即便多走几个回路也无大碍。例 4.11 中的线路①貌似快捷，实则隐含着求解的困难。线路②虽然拉长了解题过程，但大大降低了解题的烦琐程度。

例 4.12　如图 4.13，在等腰直角 $\triangle OAB$ 中，$\overrightarrow{OA} = a$，$\overrightarrow{OB} = b$，且 $OA = OB = 1$。设点 C 为线段 AB 上靠近 A 的四等分点，过 C 作 AB 的垂线 l，点 P 在垂线 l 上。记 $\overrightarrow{OP} = p$，则 $p \cdot (a - b)$ 的值是(　　)

A. $-\dfrac{1}{2}$　　　　B. $\dfrac{1}{2}$　　　　C. $\dfrac{3}{2}$　　　　D. 与点 P 的位置有关

解析　注意到"垂直关系"，如图 4.14，取 AB 的中点 D，让 $\overrightarrow{OP}$ 沿路线 $O \to D \to C \to P$ 绕弯，则

$$p \cdot (a - b) = (\overrightarrow{OD} + \overrightarrow{DC} + \overrightarrow{CP}) \cdot \overrightarrow{AB} = \overrightarrow{DC} \cdot \overrightarrow{AB} = -\frac{1}{2}。$$

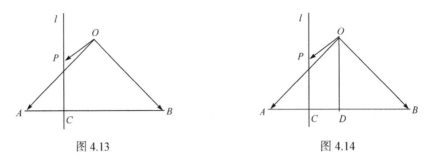

图 4.13　　　　　　　　　　　　图 4.14

例 4.13　已知 P 为锐角 $\triangle ABC$ 的边 AB 上一点，$A=60°$，$AB=5$，$AC=4$，则 $|\overrightarrow{PA}+3\overrightarrow{PC}|$ 的最小值为_____。

解析　如图 4.15，设 AP 长度为 $x(0\leqslant x\leqslant 5)$，让 $\overrightarrow{PC}$ 沿主干道 $P\to A\to C$ 绕弯，则

$$|\overrightarrow{PA}+3\overrightarrow{PC}|=|\overrightarrow{PA}+3(\overrightarrow{PA}+\overrightarrow{AC})|=|4\overrightarrow{PA}+3\overrightarrow{AC}|=\sqrt{16x^2-48x+144}$$

当 $x=\dfrac{3}{2}$ 时有最小值。

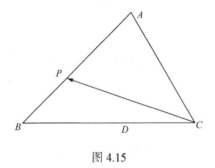

图 4.15

在向量法引入之前，欧氏几何依据公理化方法给出的几何证明严谨且优雅，但往往对人的智力形成极大挑战。向量的出现，使得几何关系得到充分发挥，实现了数学家推进几何研究的梦想。引进坐标系后，向量的坐标运算变得便捷，几何关系也随之代数化，有人曾称之为"纯代数的情殇"。因此，从几何审美的角度来看，向量的线性运算更具思维的魅力。

让向量"绕弯"，其实就是以"长度"为代价、换取向量在"方向"上妥协的一种智慧。正可谓：

向量绕弯生奇效，弯道超越靠三角。
一量分成若干和，来去瞄准主干道。

4.4　数列的通妙法门

在日常生活中,不乏这样的经历:走楼梯时忽然不知自己身处三楼还是四楼,乍一眼看不清手中有五颗还是六颗巧克力豆……心理学研究表明,人的数觉不超过 4,与鸟类无异。所不同的是,人类善于从有限的数据中寻找规律,以推测未知、驾驭无限,而数列正肩负着这个使命。它的本质是把某些数按某种顺序排成一列,探测其间隐藏着的奥秘。

4.4.1　数列 "孪生子"

高中数学介绍了数列的两种特殊规律——等差与等比:"一般地,如果一个数列从第 2 项起,每一项与它的前一项的差(比)等于同一个常数,那么这个数列就叫做等差(等比)数列。"它们的定义宛如一对孪生子,这种高度的相似性也体现在通项与求和之中。

根据定义,公差为 d 的等差数列 $\{a_n\}$ 的通项公式是 $a_n = a_1 + (n-1)d$。其实,求数列的某一项 a_n 未必非得依赖首项 a_1。由于 a_n 与 a_m 之间相差了 $(n-m)$ 个 d,则可以通过另一项 a_m 得到 $a_n = a_m + (n-m)d$。

类似地,对于公比为 q 的等比数列 $\{a_n\}$,求数列的某一项 a_n 未必非得依赖首项 a_1,也可以通过另一项 a_m 得到 $a_n = a_m \cdot q^{n-m}$。

这是等差数列与等比数列在通项上的类比。

根据等差数列通项公式,有

$$a_n + a_m = 2a_1 + (n+m-2)d，\quad a_p + a_q = 2a_1 + (p+q-2)d，$$

当 $n+m = p+q$ 时,就有 $a_n + a_m = a_p + a_q$;同样地,由于

$$a_n + a_m + a_p = 3a_1 + (n+m+p-3)d，\quad a_r + a_s + a_t = 3a_1 + (r+s+t-3)d，$$

当 $n+m+p = r+s+t$ 时,就有 $a_n + a_m + a_p = a_r + a_s + a_t$……沿着这样的思路,可以继续得到:当 $n_1 + n_2 + \cdots + n_t = m_1 + m_2 + \cdots + m_t$ 时,就有 $a_{n_1} + a_{n_2} + \cdots + a_{n_t} = a_{m_1} + a_{m_2} + \cdots + a_{m_t}$。该式子的特点是:当左右两边的项数一样多、下标"和"也相等时,左右两边各项之"和"相等。

类似地,我们也可以 "copy" 出:当 $n_1 + n_2 + \cdots + n_t = m_1 + m_2 + \cdots + m_t$ 时,就有 $a_{n_1} a_{n_2} \cdots a_{n_t} = a_{m_1} a_{m_2} \cdots a_{m_t}$。该式子的特点是:当左右两边的项数一样多、下标"和"也相等时,左右两边各项之"积"相等。

这是等差数列与等比数列在部分项之和性质上的一个类比。换言之,上面得

到的等差(比)数列的性质是：当左右两边的项数一样多、下标"和"也相等时，左右两边各项之"和"(积)相等。

从中我们发现了一个有趣的现象：等差之"差"对应于"和"，等比之"比"对应于"积"，最基本的四种运算——加、减、乘、除都到齐了！是否可以做这样的推想："等差数列的前 n 项和"也可以与"等比数列的前 n 项积"类比呢？

公差为 d 的等差数列 $\{a_n\}$ 的前 n 项和为

$$S_n = a_1 + a_2 + \cdots + a_n = na_1 + [1 + 2 + \cdots + (n-1)]d = na_1 + \frac{n(n-1)}{2}d ;$$

类似地可以得出：公比为 q 的等比数列 $\{a_n\}$ 的前 n 项积为

$$T_n = a_1 a_2 \cdots a_n = a_1^{\,n} \cdot q^{[1+2+\cdots+(n-1)]} = a_1^{\,n} q^{\frac{n(n-1)}{2}} 。$$

等差的 na_1 与等比的 $a_1^{\,n}$ 对应，等差的 $\frac{n(n-1)}{2}d$ 与等比的 $q^{\frac{n(n-1)}{2}}$ 对应，就像一副对联，对仗工整、结构美观。遗憾的是，高中阶段通常研究等比数列 $\{a_n\}$ 的前 n 项和。尽管如此，也掩盖不了等差数列与等比数列这对"孪生子"之间优美的类比关系。例如下面的"切黄瓜"实验。

把公差为 d 的等差数列 $\{a_n\}$ 看成一根"无限长的黄瓜"，依序"切"成等长的段，例如每五项为一段，每段各项之和分别记作 $A_1, A_2, \cdots, A_n, \cdots$，所得数列 $\{A_n\}$ 是公差为 $5d$ 的等差数列。

类似地，我们也可以把公比为 q 的等比数列 $\{b_n\}$ 照上面的方法"切"出一样的段，每段各项和分别记作 $B_1, B_2, \cdots, B_n, \cdots$，所得数列 $\{B_n\}$ 是公比为 q^5 的等比数列。

我们可以用首项 a_1 和公差 d(公比 q)证明这一实验的正确性。也可以继续诸如此类的实验，将发现它们之间的更多有趣的联系。

4.4.2　用通法还是妙解

把上面得到的结论与教材中有关这两类数列的知识放在一起，列表如表 4.1。

表 4.1

类别	等差数列	等比数列
通项公式	$a_n = a_1 + (n-1)d$	$a_n = a_1 q^{n-1}$
通项的推广	$a_n = a_m + (n-m)d$	$a_n = a_m \cdot q^{n-m}$
性质的推广	$n_1 + n_2 + \cdots + n_l = m_1 + m_2 + \cdots + m_l$	
	$a_{n_1} + a_{n_2} + \cdots + a_{n_l} = a_{m_1} + a_{m_2} + \cdots + a_{m_l}$	$a_{n_1} a_{n_2} \cdots a_{n_l} = a_{m_1} a_{m_2} \cdots a_{m_l}$

续表

类别	等差数列	等比数列
前 n 项和	$(1)\ S_n = na_1 + \dfrac{n(n-1)}{2}d$ $(2)\ S_n = \dfrac{n(a_1+a_n)}{2} = \dfrac{n(a_p+a_q)}{2}$ （其中 $p+q=n+1$）	当 $q \neq 1$ 时，$S_n = \dfrac{a_1(1-q^n)}{1-q}$ 当 $q = 1$ 时，$S_n = na_1$

注：n，m 等涉及数列各项下标的数均为正整数，文中不再另作说明。

统观上表，可以把这些式子分成两类：一类是含有首项 a_1 与公差 d（公比 q）的（表 4.1 中公式(1)和等比数列前几项和公式）；一类是与下标特点有密切关系的（包括表 4.1 中等差数列求和公式(2)）。那么，这两类公式在解决等差、等比数列的问题时该如何选择呢？

例 4.14 已知等差数列 $\{a_n\}$ 共有奇数个项，其中奇数项之和为 132，偶数项之和为 120，问该数列共有几项？

解析 解法一 设该数列有 $2n+1$ 个项，则有 $n+1$ 个奇数项与 n 个偶数项。记数列 $\{a_n\}$ 的公差为 d，则奇数项、偶数项的公差为 $2d$，根据已知条件，有

$$\begin{cases} (n+1)a_1 + \dfrac{(n+1)n}{2}\cdot 2d = 132, \\ na_2 + \dfrac{n(n-1)}{2}\cdot 2d = 120, \end{cases}$$

因为 $a_2 = a_1 + d$，方程组可化为

$$\begin{cases} (n+1)a_1 + (n^2+n)d = 132, \\ na_1 + n^2 d = 120, \end{cases}$$

两式相减得 $a_1 + nd = 12$，即 $a_1 = 12 - nd$，代入解得 $n = 10$，故该数列共有 21 项。

解法二 由已知，利用表 4.1 中的等差数列求和公式(2)，可得

$$\begin{cases} \dfrac{(n+1)(a_1+a_{2n+1})}{2} = 132, \\ \dfrac{n(a_2+a_{2n})}{2} = 120, \end{cases}$$

因为 $a_1 + a_{2n+1} = a_2 + a_{2n}$，两式相除得 $n = 10$，故该数列共有 21 项。

这两种解法在数列解题中都比较常见，区别在于解法一用了刻画等差（比）数列特征的基本量 a_1，d（q），直接套用公式求解，方法通俗易想，在此称之为"通用公式"；解法二运用了等差数列的下标特点"下标和相等则项的和也相等"，解法巧妙，不妨称之为"妙用下标"。那么这两种思路是否也适合于其他等差等比数列问题呢？

例 4.15 已知等差数列 $\{a_n\}$ 共有偶数个项，其中奇数项之和为 24，偶数项之

和为 30，且最后一项比第一项大 $\dfrac{21}{2}$，问该数列共有几项？

解析　解法一　"妙用下标"。设该数列共有 $2n$ 项，则奇数项、偶数项均有

n 个项。由已知，利用表 4.1 中的等差数列求和公式(2)得 $\begin{cases} \dfrac{n(a_1 + a_{2n-1})}{2} = 24, \\[2mm] \dfrac{n(a_2 + a_{2n})}{2} = 30, \end{cases}$ 两式

均有 n，相除得 $\dfrac{a_1 + a_{2n-1}}{a_2 + a_{2n}} = \dfrac{4}{5}$。又 $a_2 + a_{2n} = a_1 + a_{2n-1} + 2d$，故有 $a_1 + a_{2n-1} = 8d$，即

$a_2 + a_{2n} = 10d$，由已知 $a_{2n} - a_1 = \dfrac{21}{2} = (2n-1)d$……最终可以求得 $n = 4$，但已达不

到"妙用"的简化效果。

解法二　"通用公式"。利用表 4.1 中的等差数列求和公式(1)有

$$\begin{cases} na_1 + \dfrac{n(n+1)}{2}2d = 24, \\[3mm] na_2 + \dfrac{n(n+1)}{2}2d = 30, \end{cases}$$

因为 $a_2 - a_1 = d$，两式相减得 $nd = 6$，又 $a_{2n} - a_1 = \dfrac{21}{2} = (2n-1)d$，故 $d = \dfrac{3}{2}$，

$n = 4$，所以该数列共有 8 项。

本题经验是：

(1) "通用公式"与"妙用下标"是两种常见思路。换言之，运用这两种思路可以解决大部分的等差等比问题，不像高中数学其他板块的解题思路多种多样，故曰"数列双娇"。

(2) 两法不分孰优孰劣。通用公式未必烦琐，妙用下标未必简洁。

4.4.3　解题中的运用

该如何观察下标，以判断是否可以妙用呢？

例 4.16　在等差数列 $\{a_n\}$ 中，$a_3 + a_7 = 30$，则 $a_2 + a_4 + a_6 + a_8 = $ _____。

解析　观察已知条件的下标和为 $3+7=10$，而所求式子的下标 $2+8=4+6=10$，根据"下标和相等则项的和也相等"得 $a_2 + a_4 + a_6 + a_8 = 2(a_3 + a_7) = 60$。

经验　"下标和"是判断能否"妙用"的首要标准。

变 1　若在例 4.16 所求值的式子中增加 a_5，即 $a_2 + a_4 + a_5 + a_6 + a_8 = $ _____。

解析　由于 $5+5=10$，故 $2a_5 = a_3 + a_7 \Rightarrow a_5 = 15$，故 $a_2 + a_4 + a_5 + a_6 + a_8 = 75$。

经验　有时下标关系未必直白，但可以通过转化后应用"下标和相等"。

变 2　若把变 1 中 a_5 变成 a_{10}，是否能求出 $a_2 + a_4 + a_6 + a_8 + a_{10}$？

解析 虽然 $3+7=10$,但 $a_3+a_7 \neq a_{10}$,因为 $a_3+a_7=2a_1+8d$ 而 $a_{10}=a_1+9d$,除非增加条件 $a_1=d$ 。同理,不能有 $a_3+a_7 \neq 5a_2$,诸如 $a_{18}=3a_6=6a_3=2a_9=9a_2$ 之类也是错误的。

经验 妙用"下标和相等则项的和也相等"有前提:双方的项数也要一样多。

变 3 若把变 2 中 a_{10} 变成 a_9 ,是否能求出 $a_2+a_4+a_6+a_8+a_9$?

解析 当然不能。但若已知数列 $\{a_n\}$ 公差(例如 $d=-2$),则 $a_3+a_7=30 \Rightarrow a_5=15$, $a_9=a_5+4d=7$,则 $a_2+a_4+a_6+a_8+a_9$ =67.

经验 不能"妙用下标"时,可选"通用公式"。

继续对例 4.16 及三个变式做以下尝试:如果用"通用公式"的方法解决上述问题,会发现都能实施;把题中的"等差"改成"等比",式子中的"+"改成"×",你会得到相似的经验——对于等比数列,也可以通过转化发现下标关系,且"下标和相等,各项之积也相等"的前提是"等式两边项数要相等"。这说明:

(1) "通用公式"主要用基本量 a_1 , d (或 q)求解等差等比问题,适用面广,胜算大。而"妙用下标"有时能使解题更加便捷。当下标没有特殊性时,该法未必可行。

(2) 尽管"通法"与"妙法"并无优劣之分,但方法的选择却有先后之别。由于"妙法"取决于"下标",而"下标"是否具有特殊性往往一眼即可看出,不妨先看"下标"。若有特殊性,立即尝试"妙法",若无特殊性,果断改用"通法",这不是无奈之举,而是明智之选。

例 4.17 已知等比数列 $\{a_n\}$ 与等差数列 $\{b_n\}$ 均是首项为 2,各项为正数的数列,且 $b_2=4a_2$, $a_2b_3=6$,求数列 $\{a_n\}$ 、 $\{b_n\}$ 的通项公式。

解析 迅速浏览可知下标无特殊性,立刻选择"通用公式"。设数列 $\{a_n\}$ 的公比为 q ,数列 $\{b_n\}$ 的公差为 d ,则 $q,d>0$ 。根据已知条件,有 $\begin{cases} 2+d=8q, \\ 2q(2+2d)=6, \end{cases}$ 解

之得 $\begin{cases} d=2, \\ q=\dfrac{1}{2} \end{cases}$ 或 $\begin{cases} d=-5, \\ q=-\dfrac{3}{8} \end{cases}$ (舍去),所以 $a_n=(\dfrac{1}{2})^{n-2}$, $b_n=2n$ 。

继续观察并比较以下题组,感受"通用公式"还是"妙用下标"。

(1) 若 S_n 为等差数列 $\{a_n\}$ 的前 n 项和,且 $S_8-S_3=10$,则 $S_{11}=$ _____。

(2) 已知 $\{a_n\}$ 为等比数列,若 $a_4+a_6=10$,则 $a_1a_7+2a_3a_7+a_3a_9=$ _____。

(3) 记等差数列 $\{a_n\}$ 的前 n 项和为 S_n ,若 $a_3=6$, $S_3=12$,则公差 $d=$ _____。

(4) 在各项均为正数的等比数列 $\{a_n\}$ 中,若公比为 $\sqrt[3]{2}$,且 $a_3a_{11}=16$,则 $\log_2 a_{16}=$ _____。

(5) 已知数列 $\{a_n\}$ 的前 n 项和为 S_n 满足 $S_n+S_m=S_{n+m}$,且 $a_1=1$,则 $a_{10}=$ _____。

(6) 已知数列 $\{a_n\}$ 满足 $a_1 = 1$，$a_{n+1} \cdot a_n = 2^n (n \in \mathbf{N}^*)$，则该数列的前 2013 项和 $S_{2013} = \underline{\qquad}$。

显然，上述题目中，第(1)(2)题"妙用下标"更快，(3)两法相当，(4)"通用公式"更佳。对于(5)，对 $S_n + S_m = S_{n+m}$ "妙用下标"有 $S_1 + S_9 = S_{10}$，即 $a_1 + S_9 = S_9 + a_{10}$，故 $a_{10} = a_1 = 1$；对于(6)，由 $a_{n+1} \cdot a_n = 2^n$ 得 $a_2 = 2$ 且 $a_{n+2} \cdot a_{n+1} = 2^{n+1}$，则 $\dfrac{a_{n+2}}{a_n} = 2$，所以奇数项、偶数项分别是公比为 2 的等比数列，由"通用公式"得

$$S_{2013} = \frac{1 \cdot (1 - 2^{1007})}{1 - 2} + \frac{2 \cdot (1 - 2^{1006})}{1 - 2} 。$$

从树木的分权、花瓣的数量到哈雷卫星的发现，从九连环游戏到生活中的存贷款问题，从悠远的毕氏"形数"到现代数学的"分形"，数列无处不在，而等差数列和等比数列只是其中典型的两类。我们知道，数列的"下标"与"项"之间存在着函数关系，"妙用下标"其实是利用自变量"下标"的关系来探求应变量"项"的联系；"通用公式"法虽然平常无奇，却足以让人体会到"基本量"与方程联手的强大力量！正可谓：

等差等比如双娇，通妙法门在下标。

通用公式莫嫌俗，无招之招是高招。

4.5　游走在垂线与垂面之间

立体几何是研究空间图形中点、线、面位置关系的学科。向量法和几何法是求解立体几何问题的两大主流方法。前者侧重于量化和计算，其本质是把几何问题代数化；后者侧重于推理和演绎，关注于所在知识体系的"公理化"建构。

如果单纯以解题来看，有了向量法，就有了解决立体几何问题的利器。但立体几何的真正韵味，更在于通过缜密的推理和演绎。英国实证主义史学家 H. T. 巴克尔就曾这样评价："几何是逻辑决策最完美的范例。"我们学习立体几何，乃是通过解题，养成缜密推理的习惯，感受空间想象的魅力，领略立体几何展示的交织着逻辑、想象与思维的别样风景。

4.5.1　重中之重是垂线

在高中阶段，立体几何模块的绝大部分知识都是围绕着"平行"与"垂直"这两种特殊的位置关系展开的。图 4.16 基本囊括了求解高中立体几何问题所需的定理或定义。

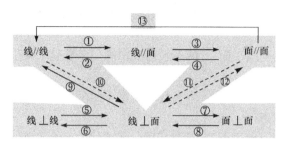

图 4.16

图中实践部分为教材中的定理或定义

(1)"线∥线→线∥面"即线面平行的判定定理：平面外一条直线与此平面内一条直线平行，则该直线与此平面平行。可提取其中关键条件，通俗化为"外内平行，线面平行"。

(2)"线∥面→线∥线"即线面平行的性质定理：一条直线与一个平面平行，则过这条直线的任一平面与此平面的交线与该直线平行。即"过交平行，线线平行"。

(3)"线∥面→面∥面"即面面平行的判定定理：一个平面内的两条相交直线与另一个平面平行，则这两个平面平行。即"两平一交，线面平行"。

(4)"面∥面→线∥面"即线面平行的定义：如果两个平面没有公共点，那么其中一个平面内的直线都平行于另一个平面。几何证明中通常已得面∥面，因而此时只需添加关键条件"线在面内"即可继续推理，故也可简约为"线在面内，线面平行"。

(5)"线⊥线→线⊥面"即线面垂直的判定定理：一条直线与一个平面内的两条相交直线都垂直，则该直线与此平面垂直。即"两垂一交，线面垂直"。

(6)"线⊥面→线⊥线"即线面垂直的定义：一条直线垂直于一个平面，则该直线与该平面内所有直线都垂直。即"线面垂直，线线垂直"。

(7)"线⊥面→面⊥面"即面面垂直的判定定理：一个平面过另一个平面的垂线，则这两个平面垂直。即"线在面内，面面垂直"。

(8)"面⊥面→线⊥面"即面面垂直的性质定理：两个平面垂直，则一个平面内垂直于交线的直线与另一个平面垂直。即"垂直交线，垂直平面"。

以下四个定理，其实可归结到两个特殊图形(图 4.17，图 4.18)。

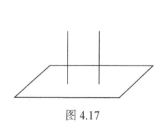

图 4.17

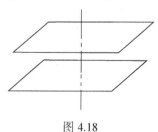

图 4.18

(9)"线⊥面→线∥线"即线面垂直的性质定理：垂直于同一个平面的两条直线平行。

(10)"线∥线→线⊥面"：两条平行线中的一条垂直于某个平面，则另一条也垂直于这个平面。

(11)"面∥面→线⊥面"：一条直线垂直于两个平行平面中的一个，则该直线也垂直于另一个平面。

(12)"线⊥面→面∥面"：垂直于同一条直线的两个平面平行。

(13)"面∥面→线∥线"即面面平行的性质定理：如果两个平行平面同时和第三个平面相交，那么它们的交线平行。

从图 4.16 可以看出，"线面垂直"知识处于该知识结构图的核心地位，是联系其他立体几何知识的"交通要道"。它在立体几何中不仅广泛地运用于证明，也大量出现在计算题中。

如图 4.19 所示，要求直线 l 与平面 α 所成的角 $\angle PAO$ 的大小，必然用到垂线 PO。在图 4.20 中，要求二面角 $\alpha-l-\beta$ 的平面角 $\angle PAO$ 的大小，还是不能回避垂线 PO。当线面平行或面面平行时，要得到它们之间的距离，也必须通过垂线段的长度来衡量。可见，无论求空间角或距离，"垂线"在立体几何计算题中都有举足轻重的地位，可谓是一"垂"定音。

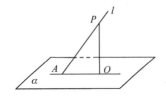

图 4.19

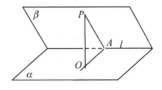

图 4.20

然而，相较于平行关系，垂直关系显得更难判断一些。

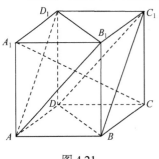

图 4.21

如图 4.21 所示，在正方体 $ABCD\text{-}A_1B_1C_1D_1$ 中，不难看出 BC_1∥平面 AB_1D_1，平面 AB_1D_1∥平面 BDC_1，却很难察觉 $A_1C\perp BC_1$，$A_1C\perp$ 平面 由此发现，垂直比平行更少地依赖于图形的直观感知，更多地借助于逻辑分析。

那么，能否寻找到一种有效的方法，快捷、准确地得到垂线或垂面呢？

4.5.2　发生在垂线与垂面之间的视觉游戏

回顾图 4.16 中(7)(8)所示的两条定理。

(7)"线⊥面→面⊥面"即面面垂直的判定定理：一个平面过另一个平面的垂线，则这两个平面垂直。

这告诉我们：经由垂线，可以"生长"出无数个过这条垂线的平面，它们都与已知平面垂直。简言之，有垂线的地方就有垂面。

(8)"面⊥面→线⊥面"即面面垂直的性质定理：两个平面垂直，则一个平面内垂直于交线的直线与另一个平面垂直。

这告诉我们：有垂面的地方就有垂线。

这两个定理把垂线与垂面紧紧地捆绑在一起。通过垂线→垂面→垂线→垂面→…，如图 4.22，类似于一个"击鼓传花"游戏，不断地把垂直关系传递下去，直至得到所需的结论。

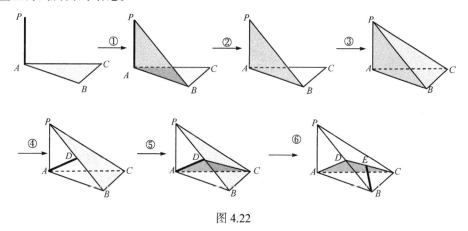

图 4.22

传递①：已知 $PA⊥$ 平面 $ABC⇒$ 平面 $PAB⊥$ 平面 ABC；

传递②：增加条件"$BC⊥AB$"，因为平面 $PAB∩$ 平面 $ABC=AB$，由平面 $PAB⊥$ 平面 $ABC⇒BC⊥$ 平面 PAB；

传递③：$BC⊥$ 平面 $PAB⇒$ 平面 $PBC⊥$ 平面 PAB；

传递④：增加条件"$AD⊥PB$ 于 D"，因为平面 $PBC∩$ 平面 $PAB=PB$，而 $AD⊥PB$，故由平面 $PBC⊥$ 平面 $PAB⇒AD⊥$ 平面 PBC；

传递⑤：连结 DC，由 $AD⊥$ 平面 $PBC⇒$ 平面 $ADC⊥$ 平面 PBC；

传递⑥：增加条件"$BE⊥DC$ 于 E"，因为平面 $ADC∩$ 平面 $PBC=DC$，而 $BE⊥DC$，故由平面 $ADC⊥$ 平面 $PBC⇒BE⊥$ 平面 ADC。

通过上述传递，可以发现一条规律：垂线、垂面是交替出现的，即由平面 $α$ 上的垂线 l_1，可以确定该平面的一个垂面 $β$，而由垂面 $α$，$β$，又能得到其中一个

垂面的垂线 l_2。

在传递中，尽管垂线 l_1 或垂面 α 是固定的，但由此延伸出的垂面 β 或垂线 l_2 却不是唯一的。

所有过平面 α 的垂线 l_1 的平面均为平面 α 的垂面，即一条垂线可以引出一系列过该垂线的垂面。

如图 4.23 所示，在传递①中，只要在 BC 上任取一点 M，就能得到平面 $PAM\perp$ 平面 ABC。如图 4.24 所示，在传递⑤中，只要在 PC 上任取一点 N，就能得到平面 $ADN\perp$ 平面 PBC。

同样地，一条交线可以分别在两个垂面内延伸出"一排"垂线。

如图 4.25 所示，在传递②中，若在交线 AB 上任取一点 Q，在平面 ABC 内作 $QT\perp AB$，就有 $QT\perp$ 平面 PAB。同理，若在平面 PAB 内作 $QS\perp AB$，就有 $QS\perp$ 平 ABC。

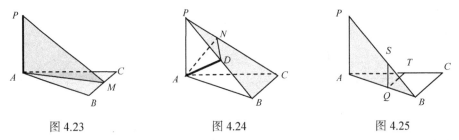

图 4.23　　　　　　　　图 4.24　　　　　　　　图 4.25

尽管我们可以根据"垂线、垂面是交替出现的"这个经验，通过以上"游戏"找出足够多的垂线和垂面，但在具体解题时，我们应优先考虑在现成的线或面之间传递垂直关系。若不行，再考虑作辅助线以寻找合适的垂线或垂面。

4.5.3　解题中的运用

例 4.18　如图 4.26 所示，在斜三棱柱 ABC—$A_1B_1C_1$ 中，$\angle BAC=90°$，$BC_1\perp AC$，则 C_1 在底面 ABC 上的投影 H 必在（　　　）。

A. 直线 AB 上　　B. 直线 BC 上　　C. 直线 AC 上　　D. $\triangle ABC$ 内部

解析　问题的实质是寻找过点 C_1 且与平面 ABC 垂直的垂线。根据上述游戏规则，只需寻找到一个过点 C_1 且与平面 ABC 垂直的垂面，作其交线的垂线，即得垂足。由 $\angle BAC=90°$ 得 $AC\perp AB$，而 $AC\perp BC_1$，且 $BC_1\bigcap AB=B$，故 $AC\perp$ 平面 ABC_1。注意垂线 AC，它能引发一系列的垂面，图 4.27 中有两个现成的垂面——平面 BAC 与平面 CAC_1，这需要做出选择。把平面 ABC_1 作为"基准面"，观察图 4.27 中平面 $CAC_1\perp$ 平面 BAC_1，图 4.28 中平面 $ABC\perp$ 平面 BAC_1，而我们的目标寻找"C_1 在底面 ABC 上的投影"，因此选择图 4.28，此时交线为 AB，则 C_1 在底面 ABC 上的投影 H 必在直线 AB 上，故选 A。

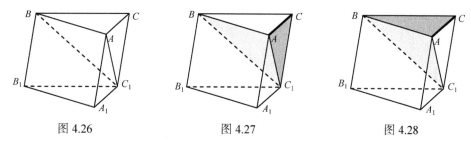

图 4.26　　　　　　　　　图 4.27　　　　　　　　　图 4.28

例 4.19　如图 4.29 所示，在四棱锥 $P{-}ABCD$ 中，平面 PAD⊥平面 $ABCD$，$AB/\!/DC$，$\triangle PAD$ 是等边三角形，已知 $BD=2AD=8$，$AB=2CD=4\sqrt{5}$ 。

(1) 设 M 是 PC 上任意一点，求证：平面 MBD⊥平面 PAD；

(2) 求二面角 $A{-}PB{-}D$ 的正切值。

解析　(1)虽然平面 MBD 与平面 PAD 相交，但图 4.29 只显示两平面的公共点 D，并未直接告知其交线，我们很难想象这两个平面垂直。

不过，根据上文中"有垂面的地方就有垂线"这个经验，条件"平面 PAD⊥平面 $ABCD$"意味着在这两个垂面中，必定能找到垂直于交线 AD 的直线。

如图 4.30 所示，先看垂面 PAD。由于△PAD 是等边三角形，所以 PD，PA 不可能垂直于两平面的交线 AD。

再看垂面 $ABCD$，要判断 AB，BD 是否与交线 AD 垂直，就要判断△ABD 的形状。因为 $BD=8$，$AD=4$，$AB=4\sqrt{5}$ 满足 $AB^2=AD^2+BD^2$，故 $BD⊥AD$。又 AD 为平面 PAD 与平面 $ABCD$ 的交线，所以故 $BD⊥$平面 PAD。

根据"有垂线的地方就有垂面"这条经验，由 $BD⊂$平面 MBD，可得平面 MBD⊥平面 PAD。

(2) 如图 4.31 所示，由第(1)问可知 BD 是平面 PAD 的垂线，则所有过 BD 的平面均垂直于平面 PAD，所以平面 PBD⊥平面 PAD，交线为 PD。

过点 A 作 $AG⊥PD$ 于 G，则 $AG⊥$平面 PBD。再作 $GN⊥PB$ 于 N，连结 AN。由 $AG⊥$平面 PBD 可得 $AG⊥PB$，又 $GN⊥PB$，所以 $PB⊥$平面 ANG，所以 $PB⊥AN$，所以∠ANG 就是二面角 $A{-}PB{-}D$ 的平面角。

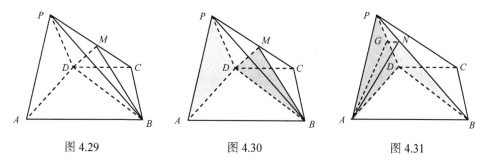

图 4.29　　　　　　　　　图 4.30　　　　　　　　　图 4.31

由题意可知△PAD是边长为4的等边三角形，而$AG \perp PD$，故G为PD的中点，$AG = \frac{\sqrt{3}}{2}PD = 2\sqrt{3}$。

因为$BD \perp$平面PAD，而$PD \subset$平面PAD，所以$BD \perp PD$。由$BD=8$，$PD=4$，得

$$PB = \sqrt{BD^2 + PD^2} = 4\sqrt{5}。$$

因为G为PD的中点，所以$PG = \frac{1}{2}PD = 2$。又$GN \perp PB$，根据相似三角形理可得$\frac{GN}{BD} = \frac{PG}{PB}$，解得$GN = \frac{4\sqrt{5}}{5}$。

所以在直角$\triangle ANG$中，$\tan \angle ANG = \frac{AG}{GN} = \frac{\sqrt{15}}{2}$。

数学家波利亚曾感慨说："几何学是在不准确的图形上进行正确推理的艺术。"通过上文的探讨，也许能对这句话有了更多的理解。立体几何问题需要根据二维图形来判断三维图形中点线面的关系，而这些关系往往并不直观。对此，可以通过大胆的想象和精准的推理进行分析研究——推理让想象走得更远。在此也发现，空间想象与逻辑推理之间并非彼此分割，而是相互依存——推理衍生了空间想象，空间想象又催生了逻辑推理。在立体几何解题中，垂线与垂面交相辉映、相得益彰，正可谓：

垂线之处垂面藏，垂面之处垂线长。
立几解题有诀窍，垂线垂面换着看。

4.6　得韦达定理者得天下

解析几何创始人笛卡儿曾经在其传世名著《思想的指导法则》中提出了一个解决一切问题的方法："把一切问题归结为数学问题，把一切数学问题归结为代数问题，把一切代数问题归结为方程"。这个大胆的设想虽然未能最终实现，却在解析几何问题中有了重大突破。现在通过圆锥曲线，管窥成功背后的奥秘。

4.6.1　率土之滨，莫非"韦达"

直线与圆锥曲线的位置关系一直是高考的命题热点。

圆锥曲线包括椭圆、双曲线和抛物线。它们都是用平面截圆锥得到的截口曲线，故有"圆锥曲线"之名；都是平面内到一个定点的距离与到一条定直线(不经过该定点)的距离之比是一个常数，因比值的取值范围不同而有三类曲线之别；它

们的方程都是关于 x，y 的二次方程，因为与"一元二次方程"一样具有"二次"特征而备受关注。

把直线方程 $Ax + By + C = 0$ 与圆锥曲线方程联立并消去其中一个"元"(例如 y)，可以得到关于另一个"元"(例如 x)的二次方程，问题立即转化为与一元二次方程有关的问题。

我们知道，一元二次方程中有三个"式"：判别式、求根公式以及根与系数关系式。根与系数关系式即"韦达定理"，其内容是：

若一元二次方程 $ax^2 + bx + c = 0(a \neq 0)$ 有两个实根 x_1，x_2，则这两个实根满足 $x_1 + x_2 = -\dfrac{b}{a}$，$x_1 \cdot x_2 = \dfrac{c}{a}$。判别式 $\Delta = b^2 - 4ac \geq 0$ 是运用韦达定理的前提。把用求根公式解得的两根 $x_{1,2} = \dfrac{-b \pm \sqrt{b^2 - 4ac}}{2a}$ 分别相加与相乘即可得到韦达定理的结论。

虽然韦达定理脱胎于求根公式，但在结构上更简洁，能使解题更为便利。

例 4.20　如图 4.32 所示，过点 $P(0, -\dfrac{1}{3})$ 且斜率为 k 的动直线 l 交椭圆 $C: \dfrac{x^2}{2} + y^2 = 1$ 于 A，B 两点，在 y 轴上是否存在定点 T，使 $\overrightarrow{TA} \cdot \overrightarrow{TB} = 0$？若存在，求出点 T 的坐标；若不存在，请说明理由。

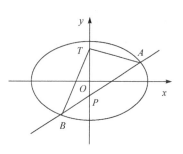

图 4.32

解析　设 $A(x_1, y_1)$，$B(x_2, y_2)$。由直线 l 过点 $P(0, -\dfrac{1}{3})$ 可设直线 l 的方程为 $y = kx - \dfrac{1}{3}$。联立 $\begin{cases} x^2 + 2y^2 = 2, \\ y = kx - \dfrac{1}{3}, \end{cases}$ 消去 y 得：

$$9(2k^2 + 1)x^2 - 12kx - 16 = 0。$$

根据韦达定理有：

$$x_1 + x_2 = \frac{4k}{3(2k^2 + 1)}，\quad x_1 \cdot x_2 = -\frac{16}{9(2k^2 + 1)}。$$

设定点 $T(0, t)$，则

$$\overrightarrow{TA} \cdot \overrightarrow{TB} = x_1 x_2 + (y_1 - t)(y_2 - t)$$

$$= x_1 x_2 + (kx_1 - \frac{1}{3} - t)(kx_2 - \frac{1}{3} - t) = (k^2 + 1)x_1 x_2 - k(\frac{1}{3} + t)(x_1 + x_2) + t^2 + \frac{2}{3}t + \frac{1}{9}$$

$$= \frac{18(t^2 - 1)k^2 + (9t^2 + 6t - 15)}{9(2k^2 + 1)}。$$

要使 $\overrightarrow{TA}\cdot\overrightarrow{TB}=0$ ，则需 $18(t^2-1)k^2+(9t^2+6t-15)=0$ 对任意 $k\in\mathbf{R}$ 恒成立，故应有

$$
\begin{cases}
18(t^2-1)=0, & (4.4)\\
9t^2+6t-15=0, & (4.5)
\end{cases}
$$

由式(4.4)得 $t=\pm1$ ，代入式(4.5)知 $t=1$ 。因此存在满足题意的定点 $T(0,1)$ 。

　　对于例 1，如果不用韦达定理而用求根公式来求解，可以得到 $x_{1,2}=\dfrac{2k\pm\sqrt{144k^2+576(2k^2+1)}}{9(2k^2+1)}$（这个式子有点复杂），再求出 y_1 与 y_2（这两个式子相当复杂），接下来是冗长的计算……

　　由此说明，"几何问题"转化为"代数问题"并继续向"方程问题"挺进之后，韦达定理的优势得到了充分的体现。它撇开因"求根公式"引起的繁杂计算，让思维专注于方程的深层结构。通过"设而不求"，谋求"无为而治之"（图 4.33）。联想古典名著《三国演义》所描述的治国之道："贤者居上，能者居中，工者居下，智者居侧。"看来韦达定理也同样具有王者风范。它更深切地揭示了笛卡儿所提设想的数学意义。

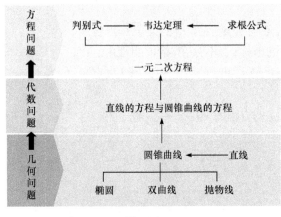

图 4.33

4.6.2　探秘"王者之道"

　　如何为运用韦达定理做准备？不妨提取例 4.20 求解步骤的关键词：

　　第一步：设——设动直线的方程，设交点的坐标。

　　第二步：联——联立方程组，这是几何问题转化为代数问题的重要标志。

　　第三步：消——消元。一般消去 y，有时也可以根据具体问题消去 x。只要消去其中一个元，便能转化为方程问题。

第四步：韦——用韦达定理。这指明了不求根但用根的解题方向。

第五步：判——判断判别式 $\triangle \geqslant 0$ 的取值范围。由于韦达定理在一元二次方程方程没有实根时也同样适用，必须运用判别式才能确保"有实根"。

需要注意的是，例 4.20 中过椭圆内的一点 P 的直线必与椭圆相交且有两个交点，因而判别式 $\triangle$ 的取值范围无须再判断。如果从题目中无法直接的得出直线与圆锥曲线的位置关系(是否有交点及几个交点)，则需判断判别式 $\triangle$ 的取值范围。

一言以蔽之，我们可以用"设→联→消→韦→判"五步骤清晰地实施韦达定理的解题过程。在圆锥曲线相关问题的解答中，只要用到韦达定理，基本上可用这个"五字诀"来操作。

4.6.3　走出"量"的迷阵

在韦达定理的运用中，通常会出现多个"量"，如例 4.20 中有六个"量"：x_1，x_2，y_1，y_2，k，t。如何走出"量"的迷阵是必须面对的问题，也是一大难点。理清"量"的关系，正是成功运用韦达定理的关键所在。

(1) 对"量"进行科学分析和分类。

虽然例 4.20 中的这些"字母"没有确切的值，但这并不代表它们都是"未知量"。不同的 k 决定了相应的 x_1，x_2，不同的 x_1，x_2 决定了相应的 y_1，y_2。x_1，x_2，y_1，y_2，k 这五个量看似都在变，但地位不同：变的主因是 k，若将其称为"主变量"，那么 x_1，x_2，y_1 则是相对于 k 的"应变量"。从题目来看，t 便是最终要求的量。

(2) 坚定目标，明确"要求的量"。

经过上述分析，例 4.20 中各个"量"的性质逐渐明晰。明确了"要求的量"，该消去的"量"也就一目了然了。

(3) 根据题目所给条件，建立"量"之间的数量关系。

例 4.20 的 $\overrightarrow{TA} \cdot \overrightarrow{TB} = 0$ 是解题的突破口。显然，$\overrightarrow{TA} \cdot \overrightarrow{TB}$ 同时含有 x_1, x_2, y_1, y_2, k, t 六个量，由于可以通过直线方程用 x_1，x_2 来表示 y_1，y_2，而韦达定理又提供了 k 与 x_1，x_2 的关系，这样一来，我们便通过 $\overrightarrow{TA} \cdot \overrightarrow{TB} = 0$ 这个条件，建立起了"主变量"k 与"要求的量"t 之间的关系，参见图 4.34，从而能够进行求解。

$$\boxed{x_1,\ x_2,\ y_1,\ y_2,\ k,\ t} \xrightarrow{\text{直线方程}} \boxed{x_1,\ x_2,\ k,\ t} \xrightarrow{\text{韦达定理}} \boxed{k,\ t}$$

图 4.34

至此，一个几何问题通过"代数化"变成了方程问题，再通过结构变形转化为了另一个代数问题"$18(t^2 - 1)k^2 + (9t^2 + 6t - 15) = 0$ 对任意 $k \in \mathbf{R}$ 恒成立"。

4.6.4　解题中的运用

例 4.21　如图 4.35 所示，直线 l 过点 $P(0,-\frac{1}{3})$ 且与椭圆 $C: \frac{x^2}{2}+y^2=1$ 交于 A，B 两点，若 $2\overrightarrow{AP}=3\overrightarrow{PB}$，求直线 l 的方程。

解析　若直线 l 的斜率不存在，则有 $A(0,1)$，$B(0,-1)$ 或 $A(0,-1)$，$B(0,1)$，此时不满足条件 $2\overrightarrow{AP}=3\overrightarrow{PB}$。所以直线 l 的斜率存在。

设 l：$y=kx-\frac{1}{3}$，按照"设→联→消→韦→判"得到

$$x_1+x_2=\frac{4k}{3(2k^2+1)}，\tag{4.6}$$

$$x_1 \cdot x_2=-\frac{16}{9(2k^2+1)}。\tag{4.7}$$

韦达定理提供了 x_1，x_2 与 k 的关系，此时 x_1，x_2 是相对于 k 的"应变量"。

因为 $2\overrightarrow{AP}=3\overrightarrow{PB}$，所以 $2(0-x_1)=3(x_2-0)$。把 $x_1=-\frac{3}{2}x_2$ 代入 (4.6)(4.7) 两式，问题立即转化为只含有两个"量"——x_2 与 k——的方程组：

$$\begin{cases} x_2=-\dfrac{8k}{3(2k^2+1)}, \\[2mm] \dfrac{3}{2}x_2^{\,2}=\dfrac{16}{9(2k^2+1)}。 \end{cases}$$

解题的目标是求出 k，消去 x_2 可得 $k=\pm\frac{1}{2}$，故所求直线方程为 $3x-6y-2=0$ 或 $3x+6y+2=0$。

运用韦达定理的重要原则是"设而不求"。在"量"的迷阵中，必须坚定目标，始终明确要求的是哪个"量"，才能清楚地判断解题时要消去的是哪些"量"。

例 4.22　如图 4.36 所示，F 为椭圆 $C: \frac{x^2}{2}+y^2=1$ 的右焦点，$C(m,0)$ 是线段

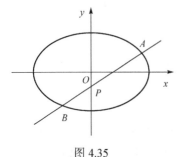

图 4.35

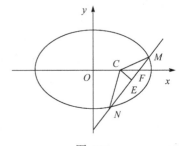

图 4.36

OF 上的动点(不含端点 O, F)，试问是否存在过点 F 且不与 x 轴垂直的直线 l 与椭圆交于 M, N 两点，使 $|MC| = |NC|$？并说明理由。

解析 设直线 l：$x = ty + 1$（$t \neq 0$），设 $M(x_1, y_1)$，$N(x_2, y_2)$。按照"设→联→消→韦→判"五步骤，可得

$$y_1 + y_2 = -\frac{2t}{t^2 + 2}, \quad y_1 \cdot y_2 = -\frac{1}{t^2 + 2}。$$

由点 M, N 坐标可得 MN 的中点 E 的坐标为

$$x_E = \frac{x_1 + x_2}{2} = \frac{t(y_1 + y_2) + 2}{2} = \frac{2}{t^2 + 2}, \quad y_E = \frac{y_1 + y_2}{2} = -\frac{t}{t^2 + 2}。$$

要使 $|MC| = |NC|$，则必有 $CE \perp MN$。由 $k_{CE} \cdot k_{MN} = -1$ 得 $\dfrac{0 - (-\dfrac{t}{t^2 + 2})}{m - \dfrac{2}{t^2 + 2}} \cdot \dfrac{1}{t} = -1$，

化简得 $mt^2 + 2m - 1 = 0$，从而解得 $m = \dfrac{1}{t^2 + 2}$。

仔细读题可以发现，问题的实质是探讨点 C 从 O 点出发向 F 运动的过程中处于不同位置时，满足条件的直线 l 是否存在，即能否使 t 有解。由 $m = \dfrac{1}{t^2 + 2}$ 可得 $t = \pm\sqrt{\dfrac{1 - 2m}{m}}$。而点 $C(m, 0)$ 是线段 OF 上的动点(不含端点 O, F)需满足 $0 < m < 1$，故当 $0 < m < \dfrac{1}{2}$ 时 t 有解即直线 MN 存在；当 $\dfrac{1}{2} \leqslant m < 1$ 时 t 无解即直线 MN 不存在。

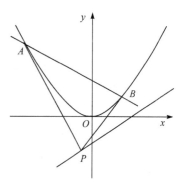

图 4.37

例 4.23 如图 4.37 所示，过直线 l：$x - 2y - 4 = 0$ 上动点 P 作抛物线 C：$x^2 = 4y$ 的两条切线，切抛物线于 A, B 两点，求证：直线 AB 过定点 Q，并求出 Q 的坐标。

本题有多种解法，通用方法是用韦达定理。此处有两条直线 l 与 AB，而解题目标在直线 AB。故设 AB：$y = kx + m$，则问题转化为探究两个量 k 与 m 的关系。设 $A(x_1, \dfrac{x_1^2}{4})$，$B(x_2, \dfrac{x_2^2}{4})$，按照"设→联→消→韦→判"易得：$x_1 + x_2 = 4k$，$x_1 \cdot x_2 = -4m$。由 $y = \dfrac{x^2}{4} \Rightarrow y' = \dfrac{x}{2}$，故过点 A 的切线 PA：$y - \dfrac{x_1^2}{4} = \dfrac{x_1}{2}(x - x_1)$，化简得

$$y = \frac{x_1}{2}x - \frac{x_1^2}{4} \text{。} \tag{4.8}$$

同理有 PB：

$$y = \frac{x_2}{2}x - \frac{x_2^2}{4} \text{。} \tag{4.9}$$

联立(4.8)(4.9)两式，解得 $x_p = \frac{x_1 + x_2}{2} = 2k$ ，代入式(4.8)得

$$y_p = \frac{x_1}{2}(\frac{x_1 + x_2}{2}) - \frac{x_1^2}{4} = \frac{x_1 x_2}{4} = -m \text{。}$$

因为点 P 在直线 l 上，故 $2k + 2m - 4 = 0$ ，即 $m = 2 - k$ 。

则 AB： $y = k(x - 1) + 2$ ，过定点 $Q(1, 2)$ 。

从变量分析的角度看，此题的四个量 x_1, x_2, k, m 均为未知量，但 x_1, x_2 是相对于 k, m 的"应变量"，而 k 与 m 这两个"变量"的地位相当。因此既可用 $m = 2 - k$ ，也可用 $k = 2 - m$ 代入 $y = kx + m$ ，这样直线 AB 就只取决于一个变量，都可得到过定点 $(1, 2)$ 。

圆锥曲线的发现与研究始于古希腊。当时人们得到了关于圆锥曲线的大量性质，所采取的纯几何方法对人类思维提出了极高要求，因此古希腊数学家欧几里得认为"几何无王者之道"。17 世纪初期坐标系的出现，掀起了几何问题研究"代数化"的浪潮，高中数学课程中的"圆锥曲线"正是在这一历史背景下展开的。韦达定理在圆锥曲线中的运用,完美诠释了用代数方法研究几何问题的数学思想，当之无愧位居二次曲线解题方法之首。"设→联→消→韦→判"五步规范操作，譬如王者之像，仪态庄重从容。"不求根而用根"，整体驾驭各种"量"的结构，超然于计算之上，颇具王者之气，决胜千里。欧氏的断言也因"韦达定理"而有了新的注解。看来，这一流传千古的名句，乃是人们探索数学之路的励志格言。正可谓：

二次曲线用韦达，纠缠常因字母卡；
变量常量相对量，决断去留得天下。

第 5 章　数学思想的智慧启迪

数学思想对所有人都能给以启迪之处是，它在具体题目之下揭示了人类智慧发展过程中形成的认识论、方法论的基本观点和基本规律。

——张永春[84]

数学思想是人们对数学活动经验通过概括而获得的、关于数学科学研究的本质及规律的理性认识。它比一般的"数学概念"具有更高的概括抽象水平，是与其相应的"数学方法"的精神实质与理论基础。

每一种数学思想，都是震撼人心灵的智力奋斗的结晶。它的形成过程，充满了人类的创造性思维，体现了一个源于实践又高于实践的升华。在普通教育阶段，所有学生都要学习数学，并不只是要运用这些知识去解决具体的问题，更因为需要吸收这些知识中蕴含着的数学思想，具有目的的明确性、思维的条理性、行为的准确性等，养成科学的态度与习惯。引导学生在解题的同时，还要对数学问题、数学对象进行感知、辨别、理解和掌握，通过观念和意识的不断改进，培养积极的情感态度，并升华到认识论和价值观的层面，才能更长远地作用学生的未来。

5.1　图象"编织"的艺术

图象之于数学，譬如太极之于易经。黑白双鱼形纹组成的太极图，赋《易经》以无穷的哲学意蕴。在万千线条的辉映之中，数学焕发出绰约风姿。在此意义下，解题成为图象编织的艺术，图象是考量解题智慧的重要标杆。

5.1.1　图象：星星之火可燎原

图象虽为解题的重要助手，却往往不直接袒露于表面，而需要经过一番剖析挖掘，从问题的蛛丝马迹中，探寻出题目"心仪"的线条，才能充分发挥图形的神秘力量。

例 5.1　若函数 $f(x) = (x^2 + a)\ln(x - 1)$ 的值域是 $[0, +\infty)$ ，则实数 a 的值为
_____。

解析　看到本题的第一反应是通过"求导"了解函数的单调性。

$$f'(x) = 2x \cdot \ln(x-1) + (x^2+a) \cdot \frac{1}{x-1} = \frac{2x(x-1)\ln(x-1)+(x^2+a)}{x-1}。$$

要知道该函数的单调性，需求出 $g(x) = 2x(x-1)\ln(x-1)+(x^2+a)$ 的零点。为此再对 $g(x)$ 求导，但即便如此也无法摆脱 $\ln(x-1)$ 的困扰。

回到原题。显然 $\ln(x-1) \in (-\infty, +\infty)$，而 $x^2 + a \geqslant a$，但这两者之"积"的值域却是 $[0, +\infty)$。究竟是什么原因造就了这么如此"诡异"的结果？是否与 $f(x)$ 的定义域 $(1, +\infty)$ 有关？倘若如此，则 $y = x^2 + a$ 的图象将被部分地截取出来。那么这种截取又意味着什么呢？

先绘出 $y = \ln(x-1)$ 的图象。从解析式上看，$y = \ln x$ 源于 $y = \log_a x$。如图 5.1 所示，函数 $y = \ln x$ 的图象过点 $(1, 0)$，直线 $x = 0$ 则是图象无限接近但始终不可跨越的"定直线"。$y = \ln(x-1)$ 与 $y = \ln x$ 的图象"长"得一模一样，把后者向右平移一个单位就得到了前者的图象。我们可以把 $y = \ln x$ 看作 $y = \ln(x-1)$ 的"样榜"——显然，后者忠诚地继承了前者的"基因"。如图 5.2 所示，$y = \ln(x-1)$ 过点 $A'(2, 0)$、以 $x = 1$ 为渐近线，且在 $(1, +\infty)$ 上单调递增。

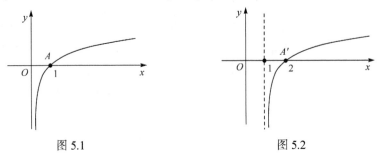

图 5.1　　　　　　　　　　　　　图 5.2

对于 $y = x^2 + a$，从解析式来看，它源于 $y = x^2$。只须把 $y = x^2$ 向下（或向上）平移 $|a|$ 个单位即可。同样，我们也可以把 $y = x^2$ 看作 $y = x^2 + a$ 的"样榜"。因此 $y = x^2 + a$ 的图象是经过点 $(0, a)$、以 $x = 0$ 为对称轴的开口向上的抛物线。

现在把 $y = x^2 + a$ 与 $y = \ln(x-1)$ 的图象叠放在一起(图 5.3)。可以看出，$y = \ln(x-1)$ 在区间 $(1, 2)$ 上小于 0 而在 $(2, +\infty)$ 上大于 0。虽然 a 的变化可以使 $y = x^2 + a$ 上下移动，但要使 $f(x) = (x^2 + a)\ln(x-1)$ 的值域恰好为 $[0, +\infty)$，则 $y = x^2 + a$ 在区间 $(1, 2)$ 上应小于

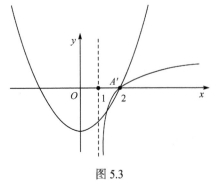

图 5.3

0，通过"负负得正"才能使 $(x^2+a)\ln(x-1)>0$ 。同理在 $(2,+\infty)$ 上则应大于 0。这意味着 $y=x^2+a$ 图象中被截取的部分必须且只能经过点 $A'(2,0)$ 。还原到 $y=x^2+a$ 的完整图象，可知 $x=2$ 是函数 $y=x^2+a$ 的一个零点，故 $a=-4$ 。

例 5.1 中的函数 $f(x)$ 不仅包含二次函数，还有对数函数。利用导数求解相当烦琐。但是，通过将函数 $f(x)$ 的值域与函数 $y=x^2+a$ 、对数函数 $y=\ln(x-1)$ 的图象相联系，就使得例 1 的求解直观、快捷。

在绘制函数 $y=\ln(x-1)$ 的图象时，我们做了两方面的工作：一是通过联系 $y=\ln x$ ，了解 $y=\ln(x-1)$ 的图象走势和特点(形如 $y=\ln(ax+b)$ $(a\neq 0)$ 的函数图象均与 $y=\ln x$ 类似)；二是利用对数函数 $y=\log_a x$ 的"定点"与"定直线"，来确定它的"位置"。

这里所谓的"定点"，是指与函数图象有特殊位置关系的点。比如函数图象必经的点以及函数图象不可能经过的点。

所谓的"定直线"，是指与函数图象有特殊位置关系的直线。包括函数图象的对称轴、渐近线、函数最值所对应的直线等。

通过上述分析，总结出绘制函数图象需要做两件事——"定形"与"定位"。上述图象的绘制步骤如图 5.4：

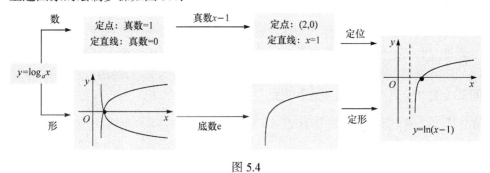

图 5.4

从上图可以看出，数学图形的绘制并非一蹴而就，需要"定形"与"定位"并驾齐驱，方能获得正确的数学图形。

那么，"定形"与"定位"何者更为关键？高中数学考查的函数都是从常见的基本函数变化而来，只要能够建立与基本函数的关系，就能方便地对函数图象进行"定形"。从 $y=\ln(x-1)$ 图象的绘制过程来看，"定形"相对直观明了，只要找到它所属的"类"——对数函数 $y=\log_a x$ 的底数 $a=\mathrm{e}>1$ 即可。

但是，"定位"则要费一番周折。从 $y=\log_a x$ 的"定点"与"定直线"概括出"真数=1"与"真数=0"，再对应到 $y=\ln(x-1)$ ，得知定点的横坐标满足" $x-1=1\Rightarrow x=2$ "故定点为 $(2,0)$ ，定直线方程满足" $x-1=0\Rightarrow x=1$ "。在点和线的帮助之下，$y = \ln(x-1)$ 的"模样"被迅速而果断地"固定"在它应处的位置上。

由此说明，快速描绘数学图形的关键在于准确把握"定点"与"定直线"。它们对数学解题具有更为重要的现实意义，因为：

(1) 虽然越精确的数学图形越有利于解题，但这是手工绘制难以企及的，因此"草图"的精确性通常体现在某些关键的"点"或"线"上；

(2) 大部分数学问题并不只用到一个数学图形。在多个图形交织并存的情况下，一些关键的"点"与"线"成为区分各个图形相对位置的重要标志。如例 5.1 中 $y = x^2 + a$ 的对称轴 $x = 0$，$y = \ln(x-1)$ 的渐近线 $x = 1$ 及定点 $A'(2,0)$，清晰地显示出 $y = x^2 + a$ 与 $y = \ln(x-1)$ 的图象关系；

(3) 某些"点"或"线"所显示的代数特征往往是解题的突破口所在。上述解题的成功之处，正是恰当地利用了 $y = \ln(x-1)$ 的"定点"，顺藤摸瓜找到了 $y = x^2 + a$ 的零点，因而求得实数 a 的值。

可见，"定点"与"定直线"宛若星星之火，点燃了智慧的明灯，激发出思维的火花，是左右解题成败的战略要地。

5.1.2　图象世界的"星心物语"

《易经》有云："易有太极，是生两仪，两仪生四象，四象生八卦。"貌似简单的太极图，被誉作万物派生之本源，成为中国古代哲学思想的图腾。在数学世界中，是否也同样存在"图形之源"？在其派生过程中又蕴含着怎样的规律？

回观图 5.4。显然，左侧的 $y = \log_a x$ 是生成 $y = \ln(x-1)$ 的图象之"源"。其间牵涉的"定点"与"定直线"正是我们熟知的基础知识。若能洞察它们背后的真正含义，便能得偿所愿。下面以 $y = \dfrac{a}{x}(a \neq 0) \rightarrow y = \dfrac{2x+1}{x+1}$ 为例，仿照图 5.4，再度领略"定点"与"定直线"在绘制数学图形中的重要作用(图 5.5)。

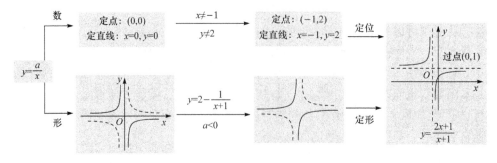

图 5.5

$y = \dfrac{a}{x}$ 的图象中 $a > 0$，$a < 0$ 分别以虚线、实线区分

先"定形"。由 $y = \dfrac{2x+1}{x+1} = 2 - \dfrac{1}{x+1}$ 可快速断定它属于 $y = \dfrac{a}{x}$ 中"$a < 0$"的情形。

再"定位"。由于 $y = \dfrac{a}{x}$ 的定义域为 $\{x \mid x \in \mathbf{R} \text{且} x \neq 0\}$，定直线"$x=0$"的真正含义是"定义域中 x 不能取的值"。同理定直线"$y=0$"的真正含义是"值域中 y 不能取的值"(文中所指定点、定直线仅供画图之用，未必是图形所经过的，下同)。

$y = \dfrac{2x+1}{x+1}$ 的定义域为 $\{x \mid x \in \mathbf{R} \text{且} x \neq -1\}$，值域为 $\{y \mid y \in \mathbf{R} \text{且} y \neq 2\}$，故得其定直线为 $x = -1$ 与 $y = 2$，定点是两条定直线的交点 $(-1, 2)$。这些定点和定直线构成了一个"十字架"。只需将图形移至该"十字架"内，即得 $y = \dfrac{2x+1}{x+1}$ 的图象。

运用同样的方法，可以绘制出一切形如 $y = \dfrac{ax+b}{cx+d}$ 的函数图象。

看来，一旦明白这些知识的数学含义，如同掌握了这些"定点""定直线"所象征的"星心物语"，藉此演绎出缤纷多姿的万千图形！

下面再列举若干高中阶段常用的数学图形。图中没有绘出曲线形状，而着重于考察"定点""定直线"及其数学含义。

(1) 指数函数 $y = a^x$ ($a > 0$ 且 $a \neq 1$)

根据图 5.6 可得形如 $y = a^{f(x)} + b$ 的图象的定点的横坐标满足"$f(x) = 0$"，定直线满足"$y = b$"。

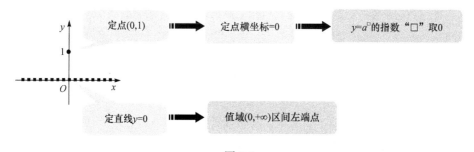

图 5.6

(2) 正弦函数 $y = \sin x$ ($x \in [0, 2\pi]$)

图 5.7 中终点与始点类似。根据图 5.7 可得形如 $y = A\sin(\omega x + \varphi) + B$ ($A > 0$) 图象在一个周期内的始点、终点分别满足 $\omega x + \varphi = 0, 2\pi$，图象位于值域 $[-A + B, A + B]$ 区间端点对应的直线 $y = -A + B, y = A + B$ 之间。可类似理解余弦函数 $y = \cos x$ 的图象。

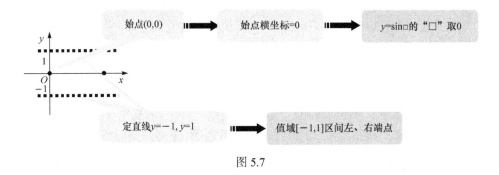

图 5.7

(3) 正切函数 $y = \tan x$ $(x \in (-\frac{\pi}{2}, \frac{\pi}{2}))$

根据图 5.8 可得形如 $y = A\tan(\omega x + \varphi) + B$ $(A > 0)$ 在一个周期内相应点的横坐标满足 $\omega x + \varphi = 0$，图象位于满足 $\omega x + \varphi = -\frac{\pi}{2}, \frac{\pi}{2}$ 对应的两直线 $x = \dfrac{-\frac{\pi}{2} - \varphi}{\omega}$，$x = \dfrac{\frac{\pi}{2} - \varphi}{\omega}$ 之间。

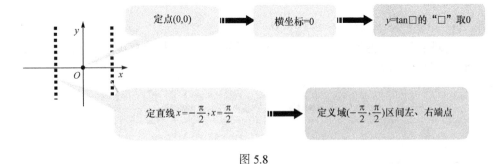

图 5.8

(4) 函数 $y = x + \dfrac{1}{x}$

由于该函数是奇函数，图 5.9 仅给出 $x > 0$ 时图象的关键信息。对于 $x < 0$ 的情形可利用对称性类比得之。

根据图 5.9 可得形如 $y = ax + \dfrac{d}{bx + c}$ $(a, b, d > 0)$ 定点的横坐标满足" $ax = \dfrac{d}{bx + c}$ "(当此方程有解时)，与 y 轴平行的定直线满足 $bx + c = 0$，与 x 轴平行的定直线也可通过求相应最值得出。

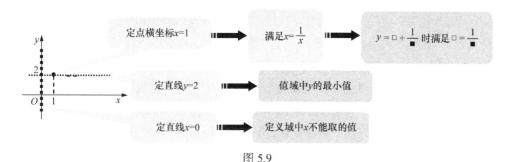

图 5.9

此外，还可以从 $y=|x|$ 得到 $y=a|bx+c|+d$ 的图象，从 $\dfrac{x^2}{a^2}+\dfrac{y^2}{b^2}=1(a>b>0)$

得到 $\dfrac{(x-c)^2}{a^2}+\dfrac{(y-d)^2}{b^2}=1(a>b>0)$ ……诸如此类，不一而足。

总结上述各例，可发现以下规律：

(1) 教材给出的数学图形通常是该类图形中的基本模型，而模型中的定点、定直线大多具有指代意义，因此可以推而广之。如 $y=x^2$ 可以推广为 $y=a(x+b)^2+c$；

(2) 这种指代意义往往体现在表达式中所处的相应位置。如 $y=\log_a x$ 中的 "$x=1$" 即 "真数=1"；

(3) 定点、定直线的代数含义一般从函数的性质或方程的特点(如定义域、值域、对称性、奇偶性)等角度进行理解。

5.1.3　解题中的运用

例 5.2　设 $f(x)=|3^x-1|$，若 $c<b<a$ 时 $f(c)>f(a)>f(b)$，则下列关系中一定正确的是＿＿＿＿＿。

①　$3^c<3^b$　　　②$3^c>3^b$　　　③　$3^c+3^a>2$　　　④$3^c+3^a<2$

解析　先寻找 $f(x)=|3^x-1|$ 图象的 "起源"。由于

$$y=|3^x-1|\leftarrow y=3^x-1\leftarrow y=3^x，$$

参照图 5.4 所示的作图之法，可 "定形" 为 "⤴"，再根据 $y=a^x$ 定点、定直线的含义，可推知 $y=3^x-1$ 的定点是 (0, 0)、定直线为 $y=-1$。然后对图象中位于 x 轴下方的部分作对称变换，即得 $f(x)=|3^x-1|$ 的图象(图 5.10)。

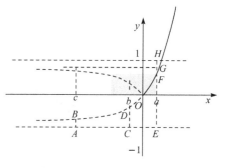

图 5.10

由于 $c < b < a$ 时 $f(c) > f(a) > f(b)$，则 b 的值可在图中阴影所示区域内运动。要比较 3^c 与 3^b 之大小，不妨把 $y = -1$ "看作 x 轴"，则 3^c，3^b，3^a 的值对应于线段 AB，CD，EF，观察图 5.10 即可发现 $3^c < 3^b$。

由于 $y = -1$ 与 $y = 1$ 关于 x 轴对称，则 $AB = GH$。两条直线间的距离为 2。因为点 G 与点 F 之间存在 "空隙"，即 $EF + GH < 2$，故 $3^c + 3^a < 2$。

本题虽然对图形进行了对称变换，但依然可以看到，如果没有定直线 $y = -1$ 的协助，较难发现 3^c 与 3^b 可以与线段 AB, CD 的长度相对应；如果没有 $y = -1$ 与 $y = 1$ 的对称和间距，更难以断定 $3^c + 3^a$ 与 2 的大小关系。在图形的昭示之下，抽象的代数关系转化为几何的直观。这再次说明，定点与定直线不仅左右着作图的初期，也对解题起着关键的启示作用。

例 5.3 若函数 $f(x) = |x^2 - 1| + x^2 + ax + 4$ 在 $(0, 4)$ 上有两个不同的零点 x_1, x_2，求实数 a 的取值范围。

解析 $|x^2 - 1| + x^2 + ax + 4 = 0$ 可变量分离为 $a = -\dfrac{|x^2 - 1| + x^2 + 4}{x}$。记

$$g(x) = -\frac{|x^2 - 1| + x^2 + 4}{x} = \begin{cases} -\dfrac{5}{x}, & 0 < x \leqslant 1, \\[2mm] -2x - \dfrac{3}{x}, & 1 < x < 4。 \end{cases}$$

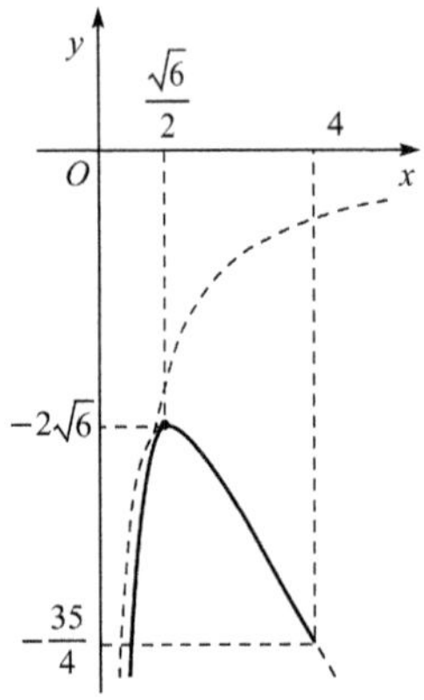

图 5.11

参照图 5.5 得 $y = -\dfrac{5}{x}$ 在 x，y 轴构成的 "十字架" 内且过点 $(1, -5)$，参照图 5.9 得定直线为 $x = 0$，$y = -2\sqrt{6}$ 且过点 $(\dfrac{\sqrt{6}}{2}, -2\sqrt{6})$。结合单调性及所在区间，可得 $y = g(x)$ 的图象（图 5.11），根据图象即得实数 a 的取值范围为 $(-\dfrac{35}{4}, -2\sqrt{6})$。

综上所述，绘制数学图象的关键在于建立与已有数学模型的内在联系。模型中的 "定点" 与 "定直线" 是曲线赖以繁衍生息的栖居之所，它们以 "萤烛之光" 照亮了图象的 "日月之辉"，成为运用数形结合思想的力量之源。正可谓：

图形速描有正道，先寻模型作向导。
定点定线燃星辉，统合微调成概貌。

5.2　运算求解的权变

"运算求解"列入七大能力，也是六个核心素养之一。但不少学生对"运算"抱有偏见，觉得这不过是操作层面的要求，只要稍加留意即可，但在具体实施时不是错得多，就是慢得很。乍看不起眼的"运算"成为学生学习数学的"弱项"，运算错误成为解题的"硬伤"。

作为解题的一项必备技能，运算的基本要求是"算则对"，发展要求是"少算且对"，最高境界是"不算而对"。如何在"算对"的基础上"少算"甚至"不算"，需要在解题时跳出操作定势，经过一番权衡变换，谋求"以智取胜"。

5.2.1　百里挑一

对于结论唯一的某些一般性问题，直接运算可能会比较烦琐，而且还容易出错。这时，可以在问题的众多可能情形中挑选一种易于把握的情形来求解，是谓"百里挑一"。

例 5.4　如图 5.12 所示，P, Q 为 $\triangle ABC$ 内两点，且 $\overrightarrow{AP} = \dfrac{2}{5}\overrightarrow{AB} + \dfrac{1}{5}\overrightarrow{AC}$，$\overrightarrow{AQ} = \dfrac{2}{3}\overrightarrow{AB} + \dfrac{3}{4}\overrightarrow{AC}$，则 $\triangle ABP$ 与 $\triangle ABQ$ 的面积之比为_____。

解析　**常规解法**　如图 5.13 所示，因为 $\triangle ABP$ 与 $\triangle ABQ$ 同底，则面积之比即高 PM 与 QN 之比。过 P, Q 分别作 AC 的平行线 PE, QF，由已知可得

$$\frac{PE}{QF} = \frac{\dfrac{1}{5}AC}{\dfrac{3}{4}AC} = \frac{4}{15}，而 \triangle PEM 与 \triangle QFN 相似，故 \frac{PM}{QN} = \frac{PE}{QF}，结论为 \frac{4}{15}。$$

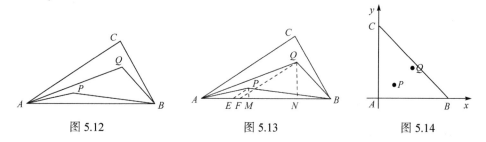

图 5.12　　　　　　　　　　　图 5.13　　　　　　　　　　　图 5.14

"**百里挑一**"　不妨取 $\triangle ABC$ 为等腰直角三角形，且 $AB=AC=1$，以两直角边所在直线分别为 x，y 轴建立直角坐标系，如图 5.14 所示。则 $y_P = \dfrac{1}{5}$，$y_Q = \dfrac{3}{4}$，

故 $\triangle ABP$ 与 $\triangle ABQ$ 的面积之比 $\dfrac{y_P}{y_Q} = \dfrac{4}{15}$。

评析　本题的条件是一般三角形，而所求的结果是定值。这样的问题的解决蕴涵着无限的机会。通过"百里挑一"，将一般三角形特殊化为"直角三角形"，就可以借助直角坐标系把向量的几何运算转化为坐标运算；进一步，特殊化为"等腰三角形"和"直角边长为 1"，又大大降低了运算要求。由此可见，在符合题意的前提下，不妨"把特殊化进行到底"。

例 5.5　若函数 $f(x) = x^2 + \dfrac{a}{x}\,(a \in \mathbf{R})$，则下列结论正确的是(　　)。

(A)　$\forall a \in \mathbf{R}$，$f(x)$ 在 $(0, +\infty)$ 上是增函数

(B)　$\forall a \in \mathbf{R}$，$f(x)$ 在 $(0, +\infty)$ 上是减函数

(C)　$\exists a \in \mathbf{R}$，$f(x)$ 是偶函数

(D)　$\exists a \in \mathbf{R}$，$f(x)$ 是奇函数

解析　"百里挑一"　通览全题，发现 4 个选项中，A，B 属任意性问题，而 C，D 属存在性问题。很明显，存在性判别更为简单，故先在 C，D 之间进行判断较好。观察函数 $f(x)$ 的解析式，取 $a = 0$，得特殊函数 $f(x) = x^2$ 为偶函数，故选项 C 正确。

本题为 2009 年高考浙江省文科卷考题，当年的得分情况并不理想，其主要原因是学生在解题时缺乏运筹全局的眼光。若依序逐个进行判断，首先在得出 $f'(x) = 2x - \dfrac{a}{x^2}$ 这一步时比较容易算错，也较难得出 "$\forall a \in R$，$f'(x) > 0$ 或 $f'(x) < 0$ 不恒成立"这一结论。可见，适当的"百里挑一"往往能取得事半功倍的效果。

"百里挑一"的运用要旨，在于：

(1) 通过选择特殊数列、特殊函数、特殊图形、特殊位置或赋参数以特殊值等策略，凸显关键信息，减少运算量；

(2) "百里挑一"不只是"特殊化"，而是要求解题者具备一种着眼整体、运筹全局的眼光，如此方能"挑"准解题的切入口。

5.2.2　雾里看花

对图象的考查通常可分为"选图""用图"和"作图"三类。前两者对图象的精确度要求较低，可以通过估计图像的大致走势，选取局部信息进行模糊判断，是谓"雾里看花"。

例 5.6　函数 $y = \tan x + \sin x - |\tan x - \sin x|$ 在区间 $\left(\dfrac{\pi}{2}, \dfrac{3\pi}{2}\right)$ 内的图象是(　　　)。

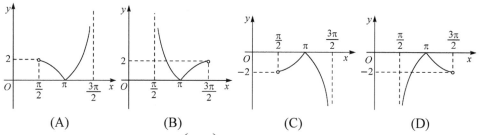

　　　(A)　　　　　　　(B)　　　　　　　(C)　　　　　　　(D)

解析　常规解法　在区间 $\left(\dfrac{\pi}{2}, \pi\right)$ 内，$\sin x > 0$ 且 $\tan x < 0$，故 $\tan x - \sin x < 0$；

同理在 $\left(\pi, \dfrac{3\pi}{2}\right)$ 内，$\tan x - \sin x > 0$，则原函数可化简为 $y = \begin{cases} 2\tan x \ (\dfrac{\pi}{2} < x \leqslant \pi), \\[2mm] 2\sin x \ (\pi < x < \dfrac{3\pi}{2}). \end{cases}$ 用

特殊值 $x = \dfrac{3\pi}{4}$ 代入，可得 $y < 0$，但仍需在 C 和 D 之间选择；再令 $x = \dfrac{5\pi}{4}$ ……

　　"雾里看花"　由正切函数的图象可知，当 x 比 $\dfrac{\pi}{2}$ 大一点点时，$\tan x$ 趋向于

$-\infty$，此时函数 $y = \tan x + \sin x - |\tan x - \sin x| = 2\tan x$ 趋向于 $-\infty$，故答案为 D。

　　在 $x = \dfrac{\pi}{2}$ 处，函数 $y = \tan x + \sin x - |\tan x - \sin x|$ 虽不能取到具体的值($\tan x$ 在

$x = \dfrac{\pi}{2}$ 处无意义)，但明显地表现出一种变化趋势。在自变量 $x = \dfrac{\pi}{2}$ 附近估计 y 的大

致取值，虽然不够精细，但足以反映出解题所需的关键信息，这种模糊判断的方法在"选图"类客观题中尤其有效。

　　例 5.7　已知 $-1 < x \leqslant 2$，则函数 $y = 1 - \dfrac{1}{x+1}$ 的值域是_____。

　　解析　"雾里看花"　显然，函数 $y = 1 - \dfrac{1}{x+1}$ 为单调递增函数。把 $x = 2$ 代

入 $y = 1 - \dfrac{1}{x+1}$ 得 $\dfrac{2}{3}$；当 x 非常接近于 -1 时，$x+1$ 为无穷小的正数，$\dfrac{1}{x+1}$ 将趋向

$+\infty$，则 $1 - \dfrac{1}{x+1}$ 将趋向 $-\infty$，故答案为 $(-\infty, \dfrac{2}{3}]$。

　　另外，也可以通过绘制 $y = 1 - \dfrac{1}{x+1}$ 的草图来得出它的值域。该函数的定义域

和值域表明，图象与 $x = -1$ 与 $y = 1$ 这两条直线不可能有公共点。直线 $x = -1$ 及

$y = 1$ 构成的"十字架"把直角坐标系分割为四个部分(图 5.15),任取一值如 $x = 0$ 得 $y = 0$,即可判断该函数的图象应在右下及左上两块区域,则 $y = 1 - \dfrac{1}{x+1}$ 的大致图象如图 5.15 所示。由图可知,当 $-1 < x \leqslant 2$ 时, $y_{\max} = 1 - \dfrac{1}{2+1} = \dfrac{2}{3}$,函数值

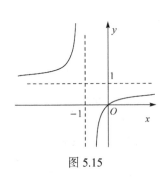

图 5.15

域为 $(-\infty, \dfrac{2}{3}]$ 。

"雾里看花"的运用要旨在于:

(1) 要大致了解常见函数(如二次函数、幂函数、指数函数、对数函数、三角函数及 $y = |x|$, $y = x + \dfrac{1}{x}$ 等)的图象;

(2) 对决定上述函数图象的某些"点"或"线",如最值点、对称轴等,从"数"和"形"两个方面予以深刻认识。只有如此,才能在可靠知识支撑下进行模糊估算,从而避免具体数值运算。

5.2.3　排山倒海

在运算量较大的问题中,盲目采取硬算、强算的方式是"下策"。数学运算实质上是一种"数""式"的"合并"过程。倘若把其中反复涉及的"数"或"式"所构成的固定关系提炼为一个"集成块",利用"块"的集聚效应,避免运算"内耗",直达目标,是谓"排山倒海"。

例 5.8　双曲线 $\dfrac{x^2}{9} - \dfrac{y^2}{16} = 1$ 的右顶点为 A ,右焦点为 F 。过点 F 作平行于双曲线的一条渐近线的直线交双曲线于点 B ,则 $\triangle AFB$ 的面积为_____。

解析　**常规解法**　由题意得直线 FB 的方程为 $y = \dfrac{4}{3}(x-5) = \dfrac{4}{3}x - \dfrac{20}{3}$,代入 $\dfrac{x^2}{9} - \dfrac{y^2}{16} = 1$ 得

$$\frac{x^2}{9} - \frac{\left(\dfrac{4}{3}x - \dfrac{20}{3}\right)^2}{16} = 1,$$

解得 $x_B = \dfrac{17}{5}$,代入 FB 方程得 $y_B = -\dfrac{32}{15}$ 。故 $\triangle AFB$ 的面积为

$$S = \frac{1}{2}|AF| \cdot |y_B| = \frac{32}{15}.$$

"**排山倒海**"　联立 $\begin{cases} \dfrac{x^2}{9} - \dfrac{y^2}{16} = 1, \\ y = \dfrac{4}{3}x - \dfrac{20}{3}, \end{cases}$ 即 $\begin{cases} 16x^2 - 9y^2 = 16 \times 9, \\ 4x - 3y - 20 = 0, \end{cases}$ 把 $4x = 3y + 20$ 代入

$16x^2 - 9y^2 = 16 \times 9,$ 可得 $120y + 400 = 16 \times 9$，两边同除以 8，得 $y = -\dfrac{32}{15}$。故 $\triangle AFB$

的面积为 $S = \dfrac{1}{2}|AF| \cdot |y_B| = \dfrac{32}{15}$。

　　联立方程去分母后不难发现：要得到 y 的值，只需消去 x。不妨把"$4x$"看作一个"集成块"予以整体代入，达到迅速消元的目的。另外，运算中还保留了"16×9"这个集成块，可以通过约分使后面的计算变得简便。

　　例 5.9　求函数 $y = \dfrac{3x^2 + 12x + 9}{2x + 1}$ $(x \geqslant 2)$ 的最小值。

　　解析　"**排山倒海**"　把"$2x+1$"看成一个"集成块"，原式可化为

$$y = \dfrac{\dfrac{3}{4}(2x+1)^2 + \dfrac{9}{2}(2x+1) + \dfrac{15}{4}}{2x+1} = \dfrac{3}{4}(2x+1) + \dfrac{15}{4(2x+1)} + \dfrac{9}{2}。$$

也可以设 $2x + 1 = t$ $(t \geqslant 5)$，则 $y = \dfrac{3}{4}\left(t + \dfrac{5}{t}\right) + \dfrac{9}{2}$，显然该函数在 $t \in [5, +\infty)$ 上

单调递增，故最小值为 $y = \dfrac{3}{4}\left(5 + \dfrac{5}{5}\right) + \dfrac{9}{2} = 9$。

　　运用"排山倒海"的关键，在于提取恰当的"集成块"。其实，通常所说的"换元"即是从"集成块"的角度看待数学对象，这两者在观念意识层面是相通的。学会这种看待问题的方式，关键是：

　　(1) 把计算过程作为一个整体进行观察、对照和分析，预估其中将重复涉及的运算对象；

　　(2) 留意"数""式"间隐含的特殊关系(如例 5.8 中 $16x^2$ 与 $4x$ 具有平方关系，120，400，16×9 有公约数 8)，并予以最大限度地利用；

　　(3) 从具体操作过程来看，尽量不带分母运算，尽量不纠缠于复杂的数值计算。

5.2.4　乾坤挪移

　　高中数学问题中的含参不等式或方程通常由一个"主元"和一个"参数"构成。由于解题时往往需要对参数进行分类讨论，容易出现分类混乱、遗漏等问题。这种情况下可以尝试进行变量分离，或将"参数"与"主元"进行角色互换，是谓"乾坤挪移"。

例 5.10　已知方程 $\sin^2 x + \sin x + a = 0$ 有解，求实数 a 的取值范围。

解析　常规解法　记 $\sin x = t \ (-1 \leqslant t \leqslant 1)$，则关于 t 的方程 $t^2 + t + a = 0$ 在 $[-1,1]$ 上有解。令

$$f(t) = t^2 + t + a = \left(t + \frac{1}{2}\right)^2 + a - \frac{1}{4},$$

则

(1) 当方程 $f(t) = 0$ 的一根为 -1 时，解得 $a = 0$，可知方程的另一根为 0，满足 "$f(t) = 0$ 在 $[-1,1]$ 上有解" 的条件；

(2) 当方程 $f(t) = 0$ 的一根为 1 时，解得 $a = -2$，可知另一根为 -2，满足条件；

(3) 当方程 $f(t) = 0$ 在 $(-1,1)$ 上恰有两个不等实根时，有 $\begin{cases} \Delta = 1 - 4a > 0, \\ f(-1) = a > 0, \\ f(1) = 2 + a > 0, \end{cases}$ 解得 $0 < a < \dfrac{1}{4}$；

(4) 当方程 $f(t) = 0$ 在 $(-1,1)$ 上恰有两个相等实根时，$\Delta = 1 - 4a = 0$，解得 $a = \dfrac{1}{4}$。代入方程得 $t = -\dfrac{1}{2}$，满足条件；

(5) 当方程 $f(t) = 0$ 有两个实根，其中恰有一根在 $(-1,1)$ 上时，则 $\begin{cases} \Delta = 1 - 4a > 0, \\ f(-1) \cdot f(1) < 0, \end{cases}$ 解得 $-2 < a < 0$。

综上所述，所求 a 的范围是 $-2 \leqslant a \leqslant \dfrac{1}{4}$。

"乾坤挪移"　分离变量，得 $a = -\sin^2 x - \sin x$。记 $\sin x = t \ (-1 \leqslant t \leqslant 1)$，则 "方程 $\sin^2 x + \sin x + a = 0$ 有解" 即等价于 "函数 $y = a$ 与函数 $f(t) = -t^2 - t$ $(-1 \leqslant t \leqslant 1)$ 的图象有交点(图 5.16)"，易知函数 $y = f(t)$ 在 $-1 \leqslant t \leqslant 1$ 上的值域为 $\left[-2, \dfrac{1}{4}\right]$，则所求 a 的范围是 $\left[-2, \dfrac{1}{4}\right]$。

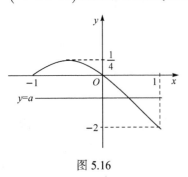

图 5.16

当然，上述常规解法中的分类情形可以适当合并，但分类讨论仍然是必需的。也可通过求解使 "方程 $\sin^2 x + \sin x + a = 0$ 无解" 的 a 的取值法来间接得到所求范围，但解题过程也比较复杂。通过 "乾坤挪移" 把参数 a 移到方程的另一边，把 "一个方程有解" 的问题转化为 "两个函数图

象有交点"的问题，简化了解题过程。

例 5.11　若不等式 $x^2 - 2ax + 3a \geqslant 0$ 在 $a \in [-1,1]$ 上恒成立，求实数 x 的取值范围。

解析　"乾坤挪移"　要求的是实数 x 的取值范围，不妨把 a 视为主元，记

$$g(a) = (3 - 2x)a + x^2 ,$$

这样一来，"抛物线"变成了"线段"。要使 $g(a) \geqslant 0$ 恒成立，只需 $\begin{cases} g(-1) \geqslant 0, \\ g(1) \geqslant 0, \end{cases}$ 也

即 $\begin{cases} x^2 + 2x - 3 \geqslant 0, \\ x^2 - 2x + 3 \geqslant 0, \end{cases}$ 解得实数 x 的取值范围是 $(-\infty, -3] \cup [1, +\infty)$。

"乾坤挪移"的运用要旨，在于：

(1) 含"有解""解的个数"的问题，可以考虑"变量分离"，把"主元"与"参数"分别移到方程的两边，注意分离变量必须彻底(如 $ax^2 - x + a = 0$ 应分离为 $a = \dfrac{x}{1+x^2}$，而不是 $ax^2 - x = a$)，然后按照"分离变量→设定函数→绘制图象→考察交点"的步骤进行；

(2) 给出参数范围要求自变量范围的问题，可以考虑变换"主元"。

这两种方法的本质是对"主元"和"参数"一视同仁，根据题目特征予以变换或分离，转化问题，从源头上改变解题路径，减少运算长度。鉴于含参问题在中学数学中的重要地位，该法的适用面虽不广，但适用的题目特征明显，一旦"出招"，效果不可小觑。

5.2.5　葵花点穴

数学解题中常涉及算式、取值范围等的变形，尽可能锁定最便于计算的对象，把运算力量集中在某些关键点，是谓"葵花点穴"。

例 5.12　已知虚数 z 满足 $z + \dfrac{4}{z} \in R$，求 $|z|$。

解析　常规解法　设 $z = x + y\mathrm{i}\,(x, y \in \mathbf{R}$ 且 $y \neq 0)$。则

$$z + \frac{4}{z} = (x + y\mathrm{i}) + \frac{4}{x + y\mathrm{i}} = \frac{(x + y\mathrm{i})^2 + 4}{x + y\mathrm{i}}$$

$$= \frac{(x^2 - y^2 + 4 + 2xy\mathrm{i})(x - y\mathrm{i})}{(x + y\mathrm{i})(x - y\mathrm{i})}$$

$$= \frac{[(x^2 - y^2 + 4)x + 2xy^2] + [2x^2 y - (x^2 - y^2 + 4)y]\mathrm{i}}{x^2 + y^2} 。$$

因为 $z + \dfrac{4}{z} \in \mathbf{R}$，所以 $2x^2 y - (x^2 - y^2 + 4)y = 0$，即 $(x^2 + y^2 - 4)y = 0$。

又因为 $y \neq 0$，所以 $x^2 + y^2 - 4 = 0$，故 $|z| = 2$。

"葵花点穴"：根据已知条件，可以将计算目标聚焦于求 $z + \dfrac{4}{z}$ 的虚部。因为 z 的虚部是 y，计算目标可进一步缩小为算出 $\dfrac{4}{z}$ 的虚部。由 $\dfrac{4}{z} = \dfrac{4\bar{z}}{z \cdot \bar{z}} = \dfrac{4(x - yi)}{|z|^2}$ 可知 $\dfrac{4}{z}$ 的虚部为 $-\dfrac{4y}{|z|^2}$。题目要求 $|z|$，因此不必急于用 $x^2 + y^2$ 代替 $|z|^2$。由此可得 $z + \dfrac{4}{z}$ 的虚部为 $y - \dfrac{4y}{|z|^2}$。因为 $z + \dfrac{4}{z} \in R$，所以 $y - \dfrac{4y}{|z|^2} = 0$；又 $y \neq 0$，故 $|z|^2 = 4$，即 $|z| = 2$。

通过剖析已知条件，两次运用了"葵花点穴"：第一次先将目标聚焦在求 $\dfrac{4}{z}$ 的虚部上，计算任务已减轻大半；第二次是根据要算的结果，利用 $\dfrac{4}{z}$ 与 $|z|$ 的关系直接得出 $|z|$。

例 5.13　已知函数 $f(x) = \sin(4x - \dfrac{\pi}{6})$，且 $\dfrac{\pi}{3} < x < \dfrac{\pi}{2}$，求 $f(x)$ 的单调递减区间。

解析　"葵花点穴"　此题若令 $2k\pi + \dfrac{\pi}{2} < 4x - \dfrac{\pi}{6} < 2k\pi + \dfrac{3}{2}\pi (k \in \mathbf{Z})$，解得 $\dfrac{k\pi}{2} + \dfrac{\pi}{6} < x < \dfrac{k\pi}{2} + \dfrac{5\pi}{12}$，再根据 x 的范围求出 k 的值，同样可行，但将涉及多步运算。不妨先求出 $4x - \dfrac{\pi}{6}$ 的范围，因为 $\dfrac{\pi}{3} < x < \dfrac{\pi}{2}$，所以 $\dfrac{7\pi}{6} < 4x - \dfrac{\pi}{6} < \dfrac{11\pi}{6}$。递减区间必须满足 $\dfrac{7\pi}{6} < 4x - \dfrac{\pi}{6} < \dfrac{3\pi}{2}$，解得 $x \in (\dfrac{\pi}{3}, \dfrac{5\pi}{12})$。这样一来，可以使计算的重心落在所给的范围内，更便于计算。

"葵花点穴"的运用要旨，在于摒除次要因素，找准计算"穴位"。可运用"三 W"原则指导确定"穴位"：

(1) who——计算的对象是谁？如例 5.12 中，要求 $|z|$，已知条件可以转化为 $z + \dfrac{4}{z}$ 的虚部为零，而 z 的虚部不需要算，因而实际计算对象为 $\dfrac{4}{z}$ 的虚部；

(2) how——怎样最便于计算。尽量避免对整个式子进行变形，越复杂的算式中间出错的可能性越大。如例 5.12 常规解法中，化简整理的过程就非常烦琐。如果将 $\dfrac{z}{4} = \dfrac{4\bar{z}}{z \cdot \bar{z}} = \dfrac{4(x - yi)}{|z|^2}$ 的分母用 $x^2 + y^2$ 代入，也会给计算增加很多障碍；

(3) where——哪里(哪个范围)最容易计算？最保险的方法未必就是最安全的，要根据运算需要随机应变。如例 5.13 中，题目要求的是 $\frac{\pi}{3} < x < \frac{\pi}{2}$ 时 $f(x)$ 的单调递减区间，就没必要再用带 $k\pi$ 的一般形式。

5.2.6　以退为进

"逻辑"和"计算"犹如 DNA 双螺旋结构模型中的两条长链，支撑并推进着数学的解题过程。当计算陷入困境，则可乘逻辑之翼，或暂避锋芒，或退出重围，另寻解题之路，是谓"以退为进"。

例 5.14　解不等式 $-1 \leqslant \dfrac{4x-6}{4-x} \leqslant 2$。

解析　**常规解法**　先解 $-1 \leqslant \dfrac{4x-6}{4-x}$，得

$$\frac{4x-6}{4-x}+1 \geqslant 0 \Leftrightarrow \frac{3x-2}{4-x} \geqslant 0 \Leftrightarrow (3x-2)(x-4) \leqslant 0$$

且 $x \neq 4$，解得 $\dfrac{2}{3} \leqslant x < 4$；

再解 $\dfrac{4x-6}{4-x} \leqslant 2$。即

$$\frac{4x-6}{4-x}-2 \leqslant 0 \Leftrightarrow \frac{3x-7}{4-x} \leqslant 0 \Leftrightarrow (3x-7)(x-4) \geqslant 0$$

且 $x \neq 4$，解得 $x \leqslant \dfrac{7}{3}$ 或 $x > 4$。综上可得原不等式的解为 $\left[\dfrac{2}{3}, \dfrac{7}{3}\right]$。

"以退为进"　原不等式等价于 $(\dfrac{4x-6}{4-x}+1)(\dfrac{4x-6}{4-x}-2) \leqslant 0$，化简得 $\dfrac{(3x-2)(6x-14)}{(4-x)^2} \leqslant 0$，也即 $(3x-2)(3x-7) \leqslant 0$ 且 $x \neq 4$，所以 $\dfrac{2}{3} \leqslant x \leqslant \dfrac{7}{3}$。

"常规解法"运算琐碎，且容易取错两次解的公共部分。"以退为进"利用 "$(x-a)(x-b) \leqslant 0 \Leftrightarrow a \leqslant x \leqslant b$" 进行逆向变形，最初的形式似乎比原不等式更烦琐，但它巧妙合并了两次小运算，也没有用到分式不等式与因式不等式的互化，使后继运算显得更加稳健简便。其他类似问题的求解，如"已知 $a>0$，$b>0$，求不等式 $-b < \dfrac{1}{x} < a$ 的解集"等，也可以同样处理。这种方法在解"两面夹击"型不等式问题上较为便捷。

例 5.15　求函数 $y = -2\sin^2 x + 4k\sin x + 1(k > 1)$ 的最大值。

解析　**"以退为进"**　$y = -2(\sin x - k)^2 + 2k^2 + 1$，因为 $k > 1$，所以当 $\sin x = 1$

时有最大值 $y_{\max} = -2 \times 1 + 4k \times 1 + 1 = 4k - 1$。

本题的"以退为进"体现在 $y_{\max}$ 的计算上。其实配方的目的是为了找到递增、递减区间的分界线，配方后其使命已经完成，因此在求最值时，不如把 $\sin x = 1$ 代回到最初的式子，口算即得 $y_{\max} = 4k - 1$。

"以退为进"的运用要旨，在于：

(1) "以退为进"是指摆脱思维定势的影响，在解题时可以"跳跃穿插"，按需计算；

(2) 充要条件(等价关系)是以"退"求"进"的重要保障。

5.2.7　草船借箭

"推理与证明"单独成章进入新教材后，"推理"成为近年高考命题的热点与亮点。类比推理是由特殊到特殊的推理。倘若仿照所给的范例再做一次，则失去了"类比"的韵味。可以剖析范例的本质，汲取其"营养"并将其移植到未知问题的推理上，是谓"草船借箭"。

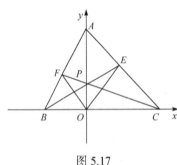

图 5.17

例 5.16　如图 5.17 所示，在平面直角坐标系中，设 △ABC 的顶点分别为 $A(0,a)$，$B(b,0)$，$C(c,0)$，点 $P(0,p)$ 为线段 OA 上一点(异于端点)，a,b,c,p 均为非零常数。设直线 BP,CP 分别与边 AC,AB 交于点 E,F。某同学已正确求得直线 OE 的方程：$\left(\dfrac{1}{b} - \dfrac{1}{c}\right)x + \left(\dfrac{1}{p} - \dfrac{1}{a}\right)y = 0$。请你完成直线 OF 的方程：

$$\left(\underline{\qquad}\right)x + \left(\dfrac{1}{p} - \dfrac{1}{a}\right)y = 0 。$$

解析　**常规解法**　易知直线 CP 的斜率为 $-\dfrac{p}{c}$，由点斜式可得其方程为

$$y = -\dfrac{p}{c}x + p 。 \tag{5.1}$$

由截距式可得直线 AB 的方程为

$$\dfrac{x}{b} + \dfrac{y}{a} = 1 。 \tag{5.2}$$

联立(5.1)(5.2)，消去 y，可求得交点 F 的横坐标为 $x_F = \dfrac{p-a}{\dfrac{p}{c} - \dfrac{a}{b}} = \dfrac{bc(p-a)}{pb - ac}$；

代入式(5.1)，得

$$y_F = -\frac{p}{c} \cdot \frac{bc(p-a)}{pb-ac} + p = \frac{ap(b-c)}{pb-ac} 。$$

所以直线 OF 的斜率 $k = \frac{y_F}{x_F} = \frac{ap(b-c)}{bc(p-a)}$，直线 OF 的方程是 $y = \frac{ap(b-c)}{bc(p-a)} x$，化简得

$$\left(\frac{1}{c}-\frac{1}{b}\right)x + \left(\frac{1}{p}-\frac{1}{a}\right)y = 0 ，$$

故应填的式子是 $\frac{1}{c}-\frac{1}{b}$。

"草船借箭"　点 E,F 形成的过程类似——直线 BP，CP 分别与边 AC，AB 的交点。"借"此估计直线 OF 与直线 OE 的方程应该类似，这从它们的方程中 y 前面的系数相同也可以得到佐证。由此推测直线方程中 x 的系数也应相似，形式可能是 $\frac{1}{\square}-\frac{1}{\square}$。出于这个考虑，干脆把直线 CP 的方程化为

$$\frac{x}{c}+\frac{y}{p}=1 。 \tag{5.3}$$

(5.3)–(5.2)即可得到类似直线 OE 方程的形式：

$$\left(\frac{1}{c}-\frac{1}{b}\right)x + \left(\frac{1}{p}-\frac{1}{a}\right)y = 0 。 \tag{5.4}$$

不难发现 $(0,0)$ 满足(5.4)式方程，故该直线经过原点 O；又 F 为直线 CP 与 AB 的交点，故 F 必满足(5.4)式，因此(5.4)式即为直线 OF 的方程! 故空格处应填入 $\frac{1}{c}-\frac{1}{b}$。

"常规解法"没有充分发挥直线 OE 方程的"榜样"作用，而是另起炉灶，运算烦杂冗长，极易出错。"草船借箭"有效对照，利用了所给直线 OE 的方程与所需填空的方程的结构特点，迅速得解。

例5.17　若数列 $\{a_n\}$（$n \notin \mathbf{N}^+$）为等差数列，则数列 $b_n = \frac{a_1+a_2+\cdots+a_n}{n}$（$n \in \mathbf{N}^+$）也是等差数列。类比上述性质，若数列 $\{c_n\}$（$n \notin \mathbf{N}^+$）为等比数列且 $c_n > 0$（$n \in \mathbf{N}^+$），则 $d_n = \underline{\qquad}$（$n \in \mathbf{N}^+$）也是等比数列。

解析　**"草船借箭"**　是 $d_n = \frac{c_1+c_2+\cdots+c_n}{n}$，还是 $d_n = \frac{c_1 \cdot c_2 \cdots c_n}{n}$ 或 $d_n = \sqrt[n]{c_1 \cdot c_2 \cdots c_n}$？初步断定 $c_1, c_2, \cdots, c_n$ 之间必然是"相乘"的关系，但"n"应扮演什么角色？这需要剖析数列 $\{b_n\}$ 中"除以 n"的实质。因为等差数列 $\{a_n\}$ 前 n 项

和 $S_n = \dfrac{d}{2}n^2 + \left(a_1 - \dfrac{d}{2}\right)n$ ，其形如 $An^2 + Bn$ 。除以 n ，则 $b_n = An + B$ ，故 $\{b_n\}$ 是等差数列。据此判断对 $c_1 \cdot c_2 \cdots c_n$ "除以 n" 显然不行。等比数列的各项中，公比 q 的次数依次成等差数列，故 $c_1 \cdot c_2 \cdots c_n$ 中 q 的幂指数相加，其和也将形如 $An^2 + Bn$ 。要使得 $\{d_n\}$ 成等比数列，公比 q' 的次数仍应成等差数列，故需对形如 $An^2 + Bn$ 的幂指数 "除以 n"。幂指数 "除以 n"，实际上是对原数 "开 n 次方"，故 $d_n = \sqrt[n]{c_1 \cdot c_2 \cdots c_n}$ 。

运用 "草船借箭"，关键在于明确要借的 "箭" 是什么。通常而言，一是借鉴范例的外在结构特点，这需要 "粗看" 与 "细看"，观察其运算结构、系数、项数、次数等。如例 5.16 中，"粗看" 式子的结构是 $\square x + \square y = 0$ ，"细看" 系数的结构是 $\dfrac{1}{\square} - \dfrac{1}{\square}$ 。二是借鉴范例所蕴涵的内在机理，这需要 "浅探" 与 "深探"，挖掘得出结论所用的性质、方法等。如例 5.17 中，"浅探" 得出 $c_1, c_2, \cdots, c_n$ "必须相乘"，"深探" 得出 "开 n 次方"。

"草船借箭" 不仅可用于解决类比推理的问题，还可以帮助学生在解题中善于应用和借鉴已有经验解决新问题，这是 "草船借箭" 深层的意义所在。

5.2.8 乘胜追击

采用惯常的方法虽然可以解决问题，但若计算烦琐，仍然容易出错。应在掌握常规方法的基础上，寻找一种更优化的方法，是谓 "乘胜追击"。

例 5.18 如图 5.18 所示，过点 $T(3,0)$ 的直线 l 与抛物线 $y^2 = 2x$ 相交于 A ，B 两点，求证：$\overrightarrow{OA} \cdot \overrightarrow{OB} = 3$ 。

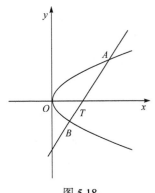

图 5.18

解析 常规解法 当直线 l 的斜率不存在时，其方程为 $x = 3$ 。此时，直线 l 与抛物线相交于点 $A(3, \sqrt{6})$ ，$B(3, -\sqrt{6})$ ，满足 $\overrightarrow{OA} \cdot \overrightarrow{OB} = 3$ 。

当直线 l 的斜率存在时，设 l 的方程为 $y = k(x-3)$ ，且 $k \neq 0$ 。

联立 $\begin{cases} y^2 = 2x, \\ y = k(x-3), \end{cases}$ 得

$$k^2 x^2 - (6k^2 + 2)x + 9k^2 = 0 。$$

则 $x_1 + x_2 = \dfrac{6k^2 + 2}{k^2}$ ，$x_1 \cdot x_2 = 9$ ，

$$y_1 \cdot y_2 = k^2(x_1 - 3)(x_2 - 3) = k^2\left[x_1 x_2 - 3(x_1 + x_2) + 9\right] = -6 ，$$

所以 $\overrightarrow{OA} \cdot \overrightarrow{OB} = x_1x_2 + y_1y_2 = 3$ 。

"乘胜追击"　　由于直线与抛物线有两个交点，可知直线 l 的斜率不为 0，设其方程为 $x = my + 3$（$m = 0$ 即 l 的斜率不存在）。联立 $\begin{cases} y^2 = 2x, \\ x = my + 3, \end{cases}$ 得 $y^2 - 2my - 6 = 0$，所以 $y_1y_2 = -6$。又 $x_1x_2 = \dfrac{1}{2}y_1^2 \cdot \dfrac{1}{2}y_2^2 = \dfrac{1}{4}(y_1y_2)^2 = 9$，所以

$$\overrightarrow{OA} \cdot \overrightarrow{OB} = x_1x_2 + y_1y_2 = 3 \text{ 。}$$

两种方法虽"殊途"但"同归"，解题思路的本质是一样的——都运用了韦达定理，但计算的繁简相差悬殊。由此可见，即使解题方向、步骤不变，仍有可能找到更合理、更简洁的运算路径。一般地，涉及直线过定点的问题，若已知点在 y 轴上，可设直线为 $y=kx+b$ 的形式；若已知点在 x 轴上，则设 $x = my + t$ 较好。

例 5.19　　如图 5.19 所示，在边长为 1 的正方形 $OABC$ 中，D 是线段 AB 上不同于 A，B 的任意一点，E 是直线 OD 与 AC 的交点。求证：$\overrightarrow{OD} \cdot \overrightarrow{OE} < 1$。

解析　　**"乘胜追击"**　　作 $AF \perp OD$ 于 F，则 $\overrightarrow{OD} \cdot \overrightarrow{OE} < \overrightarrow{OD} \cdot \overrightarrow{OF}$，根据向量数量积的几何意义，把 OF 看成是向量 $\overrightarrow{OA}$ 在 $\overrightarrow{OD}$ 上的投影，则 $\overrightarrow{OD} \cdot \overrightarrow{OF} = \overrightarrow{OD} \cdot \overrightarrow{OA}$，而 OA 又可看成是向量 $\overrightarrow{OD}$ 在 x 轴上的投影，所以 $\overrightarrow{OD} \cdot \overrightarrow{OA} = \overrightarrow{OA} \cdot \overrightarrow{OA} = \left|\overrightarrow{OA}\right|^2 = 1$，故 $\overrightarrow{OD} \cdot \overrightarrow{OE} < 1$。

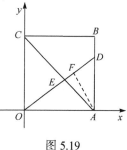

图 5.19

本题的常规解法是把向量"坐标化"，运算要求较高。而"乘胜追击"则充分利用了向量数量积的几何意义，基本不需计算。

"乘胜追击"的运用要旨，在于：

(1) 不能满足于"算对"而要追求"算得更好"。例 5.18、例 5.19 的常规解法都能够解决问题，但运算明显比较烦琐，相比之下，"乘胜追击"的解法则要简洁明快得多，这就是"算得更好"。

(2) 所谓"好的算法"就是把题目所给的信息运用到极致：①从题目入手，对关键信息变换角度进行解读。比如例 5.19 从几何角度来看待 $\overrightarrow{OD} \cdot \overrightarrow{OE}$，而不是将其转换成坐标进行代数运算。②从过程入手，在解题方向不变的基础上进行局部微调。如例 5.18 中改设直线 l 的方程为 $x = my + 3$，既避免了对斜率是否存在的讨论，又大大简化了计算。③从结论入手，把结论的特殊性与条件的特殊性联系起来。如例 5.19 中要求证明 $\overrightarrow{OD} \cdot \overrightarrow{OE} < 1$，而条件中的正方形边长正好为 1，可以尝试通过转化把两者联系起来。

对于上述各种简化计算的策略，虽千差万别，但都表明了一个道理："运算求解"不是单纯地"算"和被动地"解"，可以在问题转化、解题策略和运算路径等方面进行处理——少一个运算的回路，就少一个出错的陷阱，这是提高运算正确率的"康庄大道"。当然，无论采取何种方法，基本的运算技能仍要具备。没有经过一定量的运算，就无法形成数据的敏感度；没有经历常规解法的曲折，就难以品味更优解法之精妙。正可谓：

运算求解莫看轻，思虑筹谋有聪灵。

譬如工匠大成者，精雕细琢见品性。

5.3　数形结合的"魅"与"惑"

恩格斯认为"数学是研究客观世界中数量关系和空间形式的科学"。概而言之，即研究数和形的科学。数形结合不仅是数学的自有之义，也为数学发展提供了源源不绝的动力，给人类插上了抽象思维与形象思维的双翼。尽管如此，如何运用数形结合思想始终考验着解题者的智慧。何时亮出"数形结合"之剑？依然值得深思。

5.3.1　数与形：邂逅在囧途之后

先从一个简单的二次函数问题出发，一窥数形结合思想的运用之道。

例 5.20　已知 $f(x) = x^2 - 4x + 2$ ，若 $f(-m) < 0$ ，则 $f(m+4)$ 的值是(　　)。
(A) 正数　　　　(B) 负数　　　　(C) 非负数　　　　(D) 与 m 有关

解析　$f(-m) = m^2 + 4m + 2$ ，$f(m+4) = (m+4)^2 - 4(m+4) + 2 = m^2 + 4m + 2$ ，故 $f(m+4) = f(-m) < 0$ ，选 B。

将例 5.20 改编，得到下例。

例 5.21　已知 $f(x) = x^2 - 4x + 2$ ，若 $f(m) < 0$ ，则 $f(m-4)$ 的值是(　　)。
(A) 正数　　　　(B) 负数　　　　(C) 非负数　　　　(D) 与 m 有关

解析　沿用例 5.20 的解法，由 $f(m) = m^2 - 4m + 2$ ，$f(m-4) = m^2 - 12m + 34$ ，可得 $f(m-4) = f(m) + (32 - 8m)$ 。

由已知 $f(m) < 0$ 即 $m^2 - 4m + 2 < 0$ 可得 $2 - \sqrt{2} < m < 2 + \sqrt{2}$ ，所以 $32 - 8m > 0$ ，此时无法判断 $f(m-4) = f(m) + (32 - 8m)$ 的正负，解题陷入困境。

例 5.20 和例 5.21 解法的共性是单纯地依靠了"数"，如若借助于"形"，能否使例 5.21 得解呢？

如图 5.20 所示，绘制函数 $f(x)=x^2-4x+2$ 的图象，图象与 x 轴交于 A，B 两点，因为 $f(m)<0$，所以 m 的值所对应的点在线段 AB 上 (如图粗线部分)。而 $m-4$ 的值相当于把 m 的值所对应的点向左平移 4 个单位，$m-4$ 的值所对应的点在线段 CD 上 (如图粗线部分)。由于点 B 在点 $(4,0)$ 的左侧，则点 D 在 y 轴左侧。由图 5.20 可知，$f(m-4)>0$。

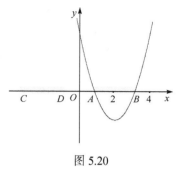

图 5.20

可见，运用数形结合思想不仅可以减少运算，还能化抽象为直观，降低解题难度。那么，什么时候该冒出"数形结合"这一念头呢？

让我们回顾例 5.20、例 5.21 的解题历程。初次读题时，往往不会马上就用数形结合的方法求解，而是从题目本身出发进行思考。碰壁之后才想到借助于"形"来解题。对于一个几何问题也会有类似的反应，及至碰壁之后，才会尝试是否可以从"数"的角度来看待问题、解决问题。

因此，对于数形结合思想的运用时机，可通俗地归纳为："数"繁时用"形"，"形"繁时用"数"。由此说明，"数"与"形"的携手，并非始生之物，而往往是在对方遭遇困境之后。

5.3.2　三语联用数学知识

中学数学课程中大量知识可以用"数"与"形"进行双重表征。从集合到函数，从向量到立体几何、解析几何，乃至不等式……掌握这些知识的双重表征方式，可以为运用数形结合思想奠定坚实的基础。

一个成熟的解题者，往往会较早地从"数"与"形"剖析数学问题。其中一个重要前提是，能够快速地打通"数"与"形"，而衔接两者的重要桥梁是"文词语言"。

文词语言与符号语言、图形语言被视作数学课程语言符号系统的基本构成。文词语言可分为口语形式和书面语形式。数学教材中的文词语言通常表现为严谨、科学、精炼的书面语形式，而通过理解后往往变为具有口语韵味的认识，也即"易顺语型"。有意识地同时运用这三种语言，可"巧妙地利用它们之间的转换，充分发挥各自特长，以求信息传递和教育心理的最佳效果"[85]。

作为示范，表 5.1 将从三语联用的角度，探讨函数的五大性质——定义域、值域、单调性、奇偶性、周期性。

表 5.1

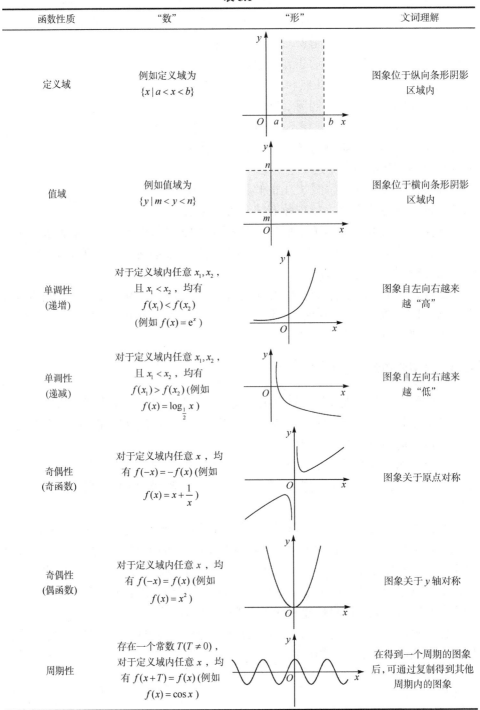

函数性质	"数"	"形"	文词理解
定义域	例如定义域为 $\{x\,|\,a<x<b\}$		图象位于纵向条形阴影区域内
值域	例如值域为 $\{y\,|\,m<y<n\}$		图象位于横向条形阴影区域内
单调性 (递增)	对于定义域内任意 x_1, x_2，且 $x_1 < x_2$，均有 $f(x_1) < f(x_2)$ （例如 $f(x)=\mathrm{e}^x$）		图象自左向右越来越 "高"
单调性 (递减)	对于定义域内任意 x_1, x_2，且 $x_1 < x_2$，均有 $f(x_1) > f(x_2)$ （例如 $f(x)=\log_{\frac{1}{2}} x$）		图象自左向右越来越 "低"
奇偶性 (奇函数)	对于定义域内任意 x，均有 $f(-x)=-f(x)$ （例如 $f(x)=x+\dfrac{1}{x}$）		图象关于原点对称
奇偶性 (偶函数)	对于定义域内任意 x，均有 $f(-x)=f(x)$ （例如 $f(x)=x^2$）		图象关于 y 轴对称
周期性	存在一个常数 $T\,(T\neq 0)$，对于定义域内任意 x，均有 $f(x+T)=f(x)$ （例如 $f(x)=\cos x$）		在得到一个周期的图象后，可通过复制得到其他周期内的图象

需要注意的是：

(1) "数"和"形"之间的转化要娴熟。唯有"数"与"形"双向转化，才能充分发挥数形结合思想的效用；

(2) 必须同样重视表中的另外两项"性质"与"文词理解"。因为同一数学问题可以有不同的表述方式。例如，"图象 $y = f(x)$ 关于 y 轴对称"，不仅可以表述为"函数 $f(x)$ 是偶函数"，也可以用"函数 $f(x)$ 满足 $f(-x) = f(x)$"来表达。

例 5.22　若定义在 R 上的函数 $y = f(x)$ 的值域是 $[1,3]$，则函数 $F(x) = 2f(2x - 3) + 1$ 的值域是_____。

解析　虽然题目没有给出函数 $y = f(x)$ 的表达式，无法作出它的图象，但从题目所给的值域可以看出，其图象必位于直线 $y = 1$ 与 $y = 3$ 围成的横向条形区域内，不妨在该区域内任意画一符合条件的函数图象，以便观察比较，如图 5.21 所示。

函数 $F(x) = 2f(2x - 3) + 1$ 的图象，可以看成是把 $y = f(x)$ 的图象先向右移动 3 个单位，横坐标缩短为原来的 $\dfrac{1}{2}$，得到 5.22 所示的图象。可以看出，此时横向条形区域并没有发生改变。

再把纵坐标伸长为原来的 2 倍，然后向上平移 1 个单位，得到图 5.23 所示的图象，至此横向条形区域发生改变。

由图 5.23 可知，函数 $F(x) = 2f(2x - 3) + 1$ 的值域为 $[3,7]$。

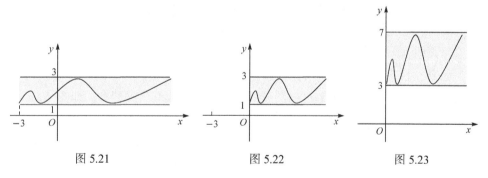

图 5.21　　　　　　　　图 5.22　　　　　　　　图 5.23

例 5.22 利用直观的图形，把抽象的函数关系转化为直观的图象变换，此即"以形助数"。

除了"以形助数"外，也可以用"数"来区分"形"的差异，大致明了"形"的走势，有时可以更精细地确定图形中的某些关键信息，即"以数辨形"。

例 5.23　如图 5.24，设 $a < b$，函数 $f(x) = (x - a)^2(x - b)$ 的图象可能是 (　　　)。

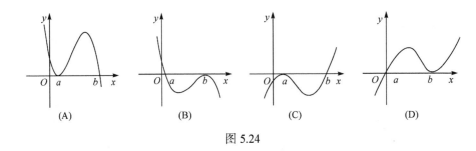

图 5.24

解析　当 $x < b$ 时 $f(x) < 0$。在区间 $(-\infty, b)$ 上图象应位于 x 轴下方，只有(C)满足。

若要进一步确定图象在区间 (a,b) 上最低点的横坐标，可以运用"导数"工具。显然，该点处函数有极小值，由 $f'(x) = (x-a)[3x-(a+2b)]$ 可知所求点的横坐标 $x = \dfrac{a+2b}{3}$。

对于"数"与"形"所产生的作用，华罗庚先生一语道破天机："数缺形时少直观，形少数时难入微"。数形共济，相伴相生。

5.3.3　解题中的运用

例 5.24　当 $k \in (0, \dfrac{1}{2})$ 时，方程 $\sqrt{|1-x|} = kx$ 的实根个数是（　　　）。

(A) 0　　　　　(B) 1　　　　　(C) 2　　　　　(D) 3

解析　第一步——"以形助数"。方程的实根个数可以转化为函数 $f(x) = \sqrt{|1-x|}$ 图象与直线 $y = kx$ 的交点个数。

如图 5.25 所示，用描点法大致绘出 $f(x) = \sqrt{|1-x|}$ 的图象。对于直线 $y = kx$，其图象必过原点，且与函数 $f(x)$ 图象的位置关系大致有三种情形。即图 5.25 中的直线 l_1，l_2，l_3，与 $y = f(x)$ 图象的交点个数分别为 1，2，3。

第二步——"以数辨形"。要准确辨别直线的位置，需要考虑斜率 k 的取值范围。由 $k \in (0, \dfrac{1}{2})$ 可得 $y = 2k < 1$，而 $f(2) = 1$，所以当 $x = 2$ 时，直线上的点应位于函数 $y = f(x)$ 图象的下方。观察图 5.25 可知直线 l_3 符合这一点，所以方程 $\sqrt{|1-x|} = kx$ 的实根个数为 3 个，选 D。

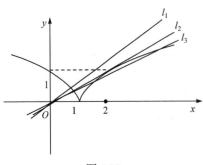

图 5.25

本题若不借助于"形"，将会烦琐得多。

两边平方得 $|1-x|=k^2x^2$ 且 $x>0$。通过分类讨论去除绝对值：

$$\begin{cases} 0<x<1, \\ k^2x^2+x-1=0 \end{cases} \tag{5.5}$$

或

$$\begin{cases} x\geq 1, \\ k^2x^2-x+1=0。 \end{cases} \tag{5.6}$$

对于式(5.5)，因为 $k\in(0,\dfrac{1}{2})$，则方程 $k^2x^2+x-1=0$ 的判别式 $\varDelta=1+4k^2>0$，由韦达定理知有异号两根，当 $x=1$ 时方程左边大于 0，故正根比 1 小，即满足式(5.5)的根有 1 个；对于式(5.6)中的方程，可知 $\varDelta=1-4k^2>0$，根据韦达定理知有两个正根，由

$$(x_1-1)(x_2-1)=x_1x_2-(x_1+x_2)+1=\frac{1}{k^2}-\frac{1}{k^2}+1>0$$

及 $(x_1-1)+(x_2-1)=\dfrac{1}{k^2}-2>0$ 知两根都比 1 大，即满足式(5.6)的根有 2 个。综上得答案是 D。

例 5.25　若关于 x 的不等式 $(2x-1)^2<ax^2$ 的解集中恰有 3 个整数,则实数 a 的取值范围是_____。

解析　由不等式关系可知 $a>0$。原不等式可化为 $|2x-1|<\sqrt{a}|x|$。记 $f(x)=|2x-1|$，$g(x)=\sqrt{a}|x|$，绘出图象如图 5.26。当 $x<0$ 时，满足不等式的 x 无解或有无数解，而根据已知整数解恰有 3 个，故这三个解必在 y 轴的右侧且 $x=1,2,3$。从图 5.26 可以看出，直线 $y=\sqrt{a}x$ 在 $x=3$ 时位于折线 $y=|2x-1|$ 上方，在 $x=4$ 时位于折线 $y=|2x-1|$ 下方，记 $h(x)=\sqrt{a}x$，则 $\begin{cases} f(3)<h(3), \\ f(4)\geq h(4), \end{cases}$ 解之即得实数 a 的取值范围是 $(\dfrac{25}{9},\dfrac{49}{16}]$。

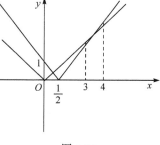

图 5.26

数形结合在解题过程中通常表现为"数"与"形"的不断转化。这使得我们能够从"数"与"形"两个角度更为辩证地看待数学问题，探寻数学问题的解决之法。正可谓：

众人皆道数形好，及至用时反忘了；
迷途囧境多磨难，方识数形真面貌。

5.4　分类讨论的"源"与"流"

分类讨论是中学阶段重要的数学思想之一，在解决数学问题中有着重要的作用。何时需进行分类讨论？如何展开分类讨论？分类讨论的结果将怎样汇总？要回答这些问题，需先考察与为什么要分类讨论。

5.4.1　探访分类讨论之"源"

先看三个问题：

(1) 若一个实数的 3 倍是 4，试求这个实数，只需解关于 x 的方程 $3x=4$。

(2) 若一个实数的 $\dfrac{2}{5}$ 倍是 $\sqrt{2}$，试求这个实数，只需解关于 x 的方程 $\dfrac{2}{5}x=\sqrt{2}$。

(3) 若一个实数的 $\dfrac{\sqrt{3}}{3}$ 倍是 6，试求这个实数，只需解关于 x 的方程 $\dfrac{\sqrt{3}}{3}x=6$。

以上简单的问题除未知数 x 外，其余涉及的皆为具体的数字。那么可否寻找出解决上述一类问题的通用方法呢？概括问题的共性，可以看成：

若一个实数的_____倍是_____，试求出这个实数。

为了区别前后两个填空格，可改写为：

若一个实数的□倍是△，试求这个实数，其中□、△表示"实数"。

当然，只须解关于 x 的方程 $x\cdot\square=\triangle$，则 $x=\dfrac{\triangle}{\square}$。它如同一个已经设计好的"程序"，只要输入□，△的值，就能输出相应的答案。

在数学中，用□，△代替某类数，称之为"抽象"。但□，△的表达形式不够方便，如果用字母 a，b 来替代，就会方便得多，于是就有了：

例 5.26　若一个实数的 a 倍是 b，试求出这个实数。

参照上述解答，只需解关于 x 的方程 $ax=b$。

从图 5.27 中的(1)到例 5.26，是对问题进行概括与抽象的过程。通过抽象，a，b 拥有了更广的取值空间,但也出现了意外——a 可以取 0。在 $a=0$ 的情况下，$x=\dfrac{b}{a}$

不成立。此时"$ax=b$"变成了"$0\times x=b$"。该方程是否无解呢？不一定。这还要取决于 b 的值。当 $b=0$ 时，x 取任意实数均满足方程；当 $b\neq0$ 时，无论 x 取哪个实数均不满足方程。因此，我们必须对例 1 进行分类讨论。

(1) 当 $a\neq0$ 时，$x=\dfrac{b}{a}$；

(2) 当 $a=0$ 时，
　　① 当 $b=0$ 时，x 为任意实数；
　　② 当 $b\neq0$ 时，x 无解。

图 5.27

解析 当 $a \neq 0$ 时，$x = \dfrac{b}{a}$。当 $a=0$ 时，若 $b=0$，则 x 为任意实数；若 $b \neq 0$，则方程无解。解答过程见图 5.27。

由此看来，分类讨论是数学问题一般化之后的产物。当然，获得的回报也是丰厚的。因为，越抽象的数学问题，所适用的面也越广，这既是数学的特点之一，也是数学家孜孜以求的目标。

分类讨论的另一个"源"，是某些数学概念中本身包含了分类。例如要去掉 $|x|$ 中的绝对值符号，应对 x 进行分类讨论 $|x| = \begin{cases} x & (x > 0); \\ 0 & (x = 0); \\ -x & (x < 0). \end{cases}$

例 5.27 解不等式 $|2x - 4| < 3x + 1$。

解析 (1) 当 $2x - 4 > 0$ 即 $x > 2$ 时，原不等式可化为 $2x - 4 < 3x + 1$，解得 $x > -5$，可得 $x > 2$；

(2) 当 $2x - 4 = 0$ 即 $x = 2$ 时，原不等式可化为 $0 < 7$，可得 $x = 2$；

(3) 当 $2x - 4 < 0$ 即 $x < 2$ 时，原不等式可化为 $4 - 2x < 3x + 1$，解得 $x > \dfrac{3}{5}$，可得 $\dfrac{3}{5} < x < 2$。

综上可得原不等式的解集为 $\left\{ x \in R \,\middle|\, x > \dfrac{3}{5} \right\}$。

5.4.2 追寻分类讨论之"流"

观察例 5.26、例 5.27 的结果，例 5.27 在得到 x 的三个取值范围后，最终取了它们的"并集"，但例 5.26 却没有。这就涉及：分类讨论之"流"——即分类讨论的流程不同，所获得的各个阶段性结果的最终处理方程也不同，有时取"并集"，有时则不然。其间是否存在着某个判断标准呢？

不妨用程序框图为工具作进一步剖析。

例 5.26、例 5.27 的解答过程都运用了分类讨论，但存在着显著差异(图 5.28、图 5.29)：

(1) 例 5.26 除了未知数 x 外，还含有参数 a，b。例 5.27 只含有未知数 x；

(2) 例 5.26 的答案有多个输出端口，而例 5.27 只有一个。如果对例 5.26 的三个输出端口求"并集"，会得到 $\{x | x \in R\}$ 是 $ax = b$ 的解集，这显然是错误的。

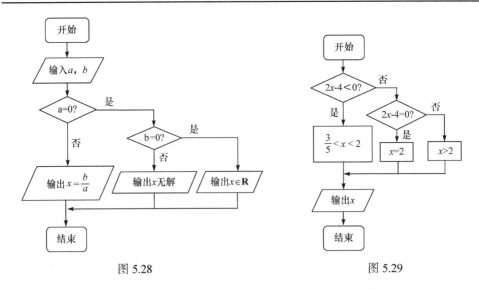

图 5.28   图 5.29

由此可以发现分类讨论最终结果的处理标准：求 x 对 x 进行讨论时取"并集"；求 x 对参数讨论时不能取"并集"。把它表述成更一般的判断标准，则有：

类型 I——求甲对甲进行讨论，最终结果必须取"并集"；

类型 II——求甲对乙进行讨论，最终结果不能取"并集"。

此外，对于例 5.27 还需注意到这样一个事实：分类讨论的每一种情形所得结果还需符合它的前提条件，例 5.27③在得到" $x > \dfrac{3}{5}$ "后，还需满足前提条件" $x < 2$ "，即取这两个范围的"交集"，才是这一类讨论的结果" $\dfrac{3}{5} < x < 2$ "。为此，不妨在解题表述上做些改良，写成：当 $2x - 4 < 0$ 即 $x < 2$ 时，原不等式可化为 $\begin{cases} 2x - 4 < 0, \\ 4 - 2x < 3x + 1 \end{cases}$ $\Rightarrow \dfrac{3}{5} < x < 2$ 。以确保各种条件不被遗漏。

例 5.28 已知 $a > 0$ ， $b \in \mathbf{R}$ ，函数 $f(x) = 4ax^3 - 2bx - a + b$ 。求证：当 $0 \leqslant x \leqslant 1$ 时，函数 $f(x)$ 的最大值为 $|2a - b| + a$ 。

解析 本题属于类型 II。与例 5.26 相同之处在于：除了 x 外，还含有两个参数 a ， b 。易得 $f'(x) = 12ax^2 - 2b$ 。而 $a > 0$ ，则

(1) 当 $b \leqslant 0$ 时，必有 $f'(x) \geqslant 0$ ，则 $f(x)$ 在 $[0,1]$ 上单调递增，故有 $f_{\max}(x) = f(1) = 3a - b$ ；

(2) 当 $b > 0$ 时，由于 $x \geqslant 0$ ，则 $f'(x) > 0 \Leftrightarrow x > \sqrt{\dfrac{b}{6a}}$ 。

考虑到 $0 \leqslant x \leqslant 1$ 的限制，必须再对 $\sqrt{\dfrac{b}{6a}}$ 与 1 的大小进行讨论。

①当 $\sqrt{\dfrac{b}{6a}} < 1$ 即 $0 < b < 6a$ 时，$f(x)$ 在 $[0, \sqrt{\dfrac{b}{6a}}]$ 上单调递减，在 $[\sqrt{\dfrac{b}{6a}}, 1]$ 上单调递增，则 $f_{\max}(x) = \max\{f(0), f(1)\}$。而 $f(0) = -a + b$，$f(a) = 3a - b$。故

(i)　当 $f(1) \geqslant f(0)$ 即 $0 < b \leqslant 2a$ 时，$f_{\max}(x) = 3a - b$；

(ii)　当 $f(1) < f(0)$ 即 $2a < b < 6a$ 时，$f_{\max}(x) = f(0) = -a + b$。

②当 $\sqrt{\dfrac{b}{6a}} \geqslant 1$ 即 $b \geqslant 6a$ 时，$f(x)$ 在 $[0, 1]$ 上单调递减，则 $f_{\max}(x) = f(0) = -a + b$。

把所得的结果进行整理。可以在数轴的上方相应地标上 $f(x)$ 的最大值(图 5.30)。

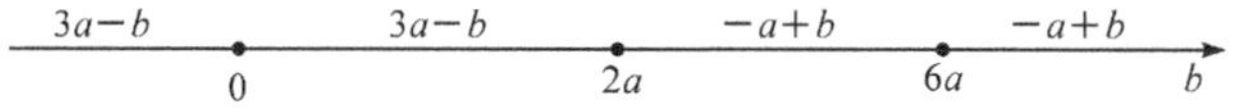

图 5.30

因此，当 $b \leqslant 2a$ 时，$f_{\max}(x) = 3a - b$；当 $b > 2a$ 时，$f_{\max}(x) = -a + b$。因此得到 $f_{\max}(x) = |2a - b| + a$。

从上述解答过程可以发现分类讨论有如下规律。

(1) 对于多参数问题，可以对这些参数依次分出先后、逐个进行讨论。例 5.26 采取的就是先对 a 讨论、再对 b 进行讨论。如果例 5.28 已知条件中没有给出 $a > 0$，也要先 a 再 b 进行讨论。

(2) 有关代数问题的讨论通常有三种分类方式。如讨论对象与某个范围(区间)的关系可分为"对象在区间的左侧、对象在区间内部、对象在区间右侧"，讨论对象与另一个数的大小可分为"大于、等于、小于"。有时三种情形可以合并为两类，如例 5.28 只分为(1)(2)两种情形，因为(1)包括了 $b < 0$，$b = 0$ 两种，例 5.28 的①②与(i)(ii)也都体现了这一特点。

(3) 较为复杂的分类讨论往往不是一蹴而就的，可以把讨论过程划分为多个层次。例 5.28 的分类讨论分为三个层次：第一层次是关于 $f'(x) = 12ax^2 - 2b$ 是否恒大于 0 的讨论，这取决于 b 的正负；第二个层次是关于 $\sqrt{\dfrac{b}{6a}}$ 与 x 的取值区间 $[0, 1]$ 的关系，即考察 $\sqrt{\dfrac{b}{6a}}$ 与 1 的大小关系；第三个层次是 $f(0)$ 与 $f(1)$ 的大小关系，较大者才是函数 $f(x)$ 的最大值。

从例 5.26 至例 5.28 的解答可以概括出分类讨论的一般模型。图 5.31 所示的是一个"三层次"分类讨论模型。

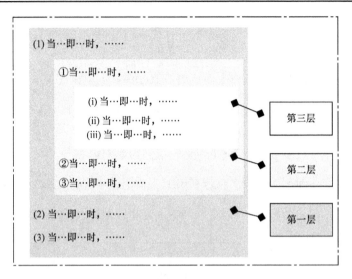

图 5.31

该模型有如下特征：

(1) 每个层次分别采用了不同的序号表示方式(1)(2)、①②、(i)(ii)；

(2) 通过各层缩进两格的书写方法分清各个层次；

(3) 每种情形的常用句型是"当…即…时，……"。

如此层层深入、环环紧扣，有助于清晰地分类、严谨地讨论。在实际问题解决中，可对上述模型进行微调。

5.4.3 解题中的运用

例 5.29 已知函数 $f(x) = ax - \ln x$ ，$x \in (0, e]$ ，其中 e 是自然对数的底数。若 $f(x) \geqslant 3$ 恒成立，求实数 a 的取值范围。

解析 本题求 a 的范围对 a 进行讨论，属于类型 I ，最终结论应将各个分类的讨论结果取"并集"。解题过程采用图 5.31 的讨论模型。由已知得 $f'(x) = \dfrac{ax - 1}{x}$ 。

(1) 当 $a \leqslant 0$ 时，总有 $f'(x) \leqslant 0$ ，则 $f(x)$ 在 $(0, e]$ 上单调递减，而 $f_{\min}(x) = f(e) = ae - 1 < 0$ ，不满足要求。

(2) 当 $a > 0$ 时，$f'(x) = \dfrac{ax - 1}{x} > 0 \Leftrightarrow x > \dfrac{1}{a}$ 。

①当 $\dfrac{1}{a} < e$ 即 $a > \dfrac{1}{e}$ 时，$f(x)$ 在 $(0, \dfrac{1}{a}]$ 上单调递减，在 $[\dfrac{1}{a}, e]$ 上单调递增，$f_{\min}(x) =$

$f(\frac{1}{a})=1+\ln a$ 。则 $\begin{cases} a>\dfrac{1}{e}, \\ 1+\ln a\geqslant 3 \end{cases} \Rightarrow \begin{cases} a>\dfrac{1}{e}, \\ a\geqslant e^2 \end{cases} \Rightarrow a\geqslant e^2$ ；

②当 $\dfrac{1}{a}\geqslant e$ 即 $0<a\leqslant\dfrac{1}{e}$ 时，$f(x)$ 在 $(0,e]$ 上单调递减，$f_{\min}(x)=f(e)=ae-1$ 。

则 $\begin{cases} 0<a\leqslant\dfrac{1}{e}, \\ ae-1\geqslant 3 \end{cases} \Rightarrow \begin{cases} 0<a\leqslant\dfrac{1}{e}, \\ a\geqslant\dfrac{4}{e} \end{cases} \Rightarrow a$ 不存在。

综上得，所求 a 的范围是 $[e^2,+\infty)$ 。

本题的讨论分为两层，每层的情形分为两种。从解题过程可以看出，在(2)的

①处用 $\begin{cases} a>\dfrac{1}{e}, \\ 1+\ln a\geqslant 3, \end{cases}$ (2)的②处用 $\begin{cases} 0<a\leqslant\dfrac{1}{e}, \\ ae-1\geqslant 3, \end{cases}$ 这种写法能有效防止"忽视前提条件"的错误。

作为高中阶段常用的思想方法，"分类讨论"以较高的频率出现于函数、不等式、方程等代数问题中，此外，在数列、解析几何、概率统计等其他板块中也能看到它的身影。分类讨论提供了解决问题的一种智慧——分而攻之、逐个突破，体现了人类不断寻求事物普遍规律的探索精神，给予我们极大的启迪。正可谓：

分类讨论源抽象，类型Ⅰ Ⅱ释疑难；

过程表述有模型，条分缕析更周详。

5.5　牛顿插值法的建模意识

牛顿插值法是数值分析中的一个重要内容，作为一种基本的插值法，尽管它属于高等数学的范畴，但从其最原始的思想出发点来看，与拉格朗日插值法一样源于初等数学，脱颖于初等数学。而且在某种程度上比拉格朗日插值法更直接、简便。它的这一系列特点，给解决初等数学问题带来了很大的方便。以下将简略地介绍牛顿插值法，并着重讨论它在中学数学中的应用。

5.5.1　牛顿插值法

牛顿插值法的实质是寻求一个图象经过 $n+1$ 个不同点的 n 次多项式函数。设这 $n+1$ 个点为：(x_0,f_0)，(x_1,f_1)，…，(x_n,f_n)，构造 n 次多项式函数 $f(x)$ 如下：

$$f(x) = a_0 + a_1(x - x_0) + a_2(x - x_0)(x - x_1) + \cdots + a_n(x - x_0)\cdots(x - x_n) \tag{5.7}$$

将各点坐标代入，即可求出 a_0，a_1，$\cdots$，a_n 的值，从而求得函数 $f(x)$。

为方便起见，先给出均差的概念。

定义 5.1　称 $f[x_0, x_k] = \dfrac{f(x_k) - f(x_0)}{x_k - x_0}$ 为函数 $f(x)$ 关于 x_0, x_k 的一阶均差；$f[x_0,$

x_1，$x_k] = \dfrac{f[x_0, x_k] - f[x_0, x_1]}{x_k - x_0}$ 称为函数 $f(x)$ 的二阶均差。一般地，称

$$f[x_0, \ x_1, \ \cdots, \ x_k] = \frac{f[x_0, \cdots, x_{k-2}, x_k] - f[x_0, \cdots, x_{k-1}]}{x_k - x_0}$$

为 $f(x)$ 的 k 阶均差。

根据均差的定义，可得到如下定理。

定理 5.1　式(5.7)中，若 $a_k = f[x_0, x_1, \cdots, x_k](k = 0, 1, \cdots, n)$，则 $f(x)$ 即为所求。式(5.7)称为牛顿差值公式。证明见[86]。

定理 5.2　过 $n+1$ 个点有且只有一个一元 n 次多项式函数。

证明　由定理 5.1 得存在性。

唯一性见[86]。

由以上论述可见，要求出 $f(x)$ 的表达式，关键在于求出 $f(x)$ 的各阶均差。根据均差定义，有如下性质[86]：

$$f[x_0, \ \cdots, \ x_k] = \frac{f[x_1, \cdots, x_k] - f[x_0, \cdots, x_{k-1}]}{x_k - x_0} \tag{5.8}$$

由式(5.8)，可列均差表如表 5.2：

表 5.2

x_k	$f(x_k)$	一阶均差	二阶均差	三阶均差	四阶均差
x_0	$f(x_0)$				
x_1	$f(x_1)$	$f[x_0, x_1]$			
x_2	$f(x_2)$	$f[x_1, x_2]$	$f[x_0, x_1, x_2]$		
x_3	$f(x_3)$	$f[x_2, x_3]$	$f[x_1, x_2, x_3]$	$f[x_0, x_1, x_2, x_3]$	
x_4	$f(x_4)$	$f[x_3, x_4]$	$f[x_2, x_3, x_4]$	$f[x_1, x_2, x_3, x_4]$	$f[x_0, x_1, x_2, x_3, x_4]$
$\vdots$	$\vdots$	$\vdots$	$\vdots$	$\vdots$	$\vdots$

注：表中有下划线的部分即为系数的 a_k 的取值。

均差表的给出，使系数之间具有一定的联系。极大地简化了运算过程，这也是它优越于拉格朗日差值法的一个方面。

5.5.2　解题中的应用

牛顿插值公式具有特殊的形式，而其系数又可由均差表这一具有规律性的数字结构给出，这种种特点，体现在中学数学应用的不同方面。本文将以此为宗旨，就牛顿插值法在中学数学中的运用予以多方位的讨论。

1. 利用牛顿插值法求过若干个点的多项式函数

这是它最基本的功能。为说明它的优越性，先举一例。

例 5.30　求一个关于 x 的二次函数 $f(x)$，使得 $f(3)=4$，$f(4)=6$，$f(6)=9$。

解析　**解法一**　(待定系数法)设所求的二次函数 $f(x) = ax^2 + bx + c$，由已知条件，代入各值，得以下方程组：

$$\begin{cases} 9a + 3b + c = 4, \\ 16a + 4b + c = 6, \\ 36a + 6b + c = 9, \end{cases} \text{解之得} \begin{cases} a = -\dfrac{1}{6}, \\ b = \dfrac{19}{6}, \\ c = -4。\end{cases}$$

故有 $f(x) = -\dfrac{1}{6}x^2 + \dfrac{19}{6}x - 4$。

解法二　(牛顿插值法)设所求的二次函数 $f(x) = a_0 + a_1(x-3) + a_2(x-3)(x-4)$，可列均差表如表 5.3：

表 5.3

n	$f(n)$	一阶均差	二阶均差
3	<u>4</u>		
4	6	2	
6	9	$\dfrac{3}{2}$	$-\dfrac{1}{6}$

即得 $f(x) = 4 + 2(x-3) - \dfrac{1}{6}(x-3)(x-4) = -\dfrac{1}{6}x^2 + \dfrac{19}{6}x - 4$。

比较以上两种方法。法一思路通俗，但解方程组得过程较为烦琐；法二可通过列均差表便能简单地求得，比法一更为方便。

2. 利用牛顿插值法求数列的通项

(1) 求有限数列的通项

例 5.31　求有限数列 2,7,10 的通项公式。

初看该数列项少，很难找到规律。事实上，若它的通项公式为 a_n，则它可以看成是一个图象过点 $(1,2)$，$(2,7)$，$(3,10)$ 的多项式函数 $f(x)$ 在 $x=n$ $(n=1,2,3)$ 时的取值。由此只需求出函数 $f(x)$ 的表达式即可。参照例 1 的解法二(过程略)，可得 $a_n=-n^2+8n-5$, $n=1,2,3$。

类似地，对于含有 n 个项的数列 $\{a_n\}$，可以看成是一个图象过 n 个点的多项式函数 $f(n)$，显然，该函数是一个关于 n 的为一元 $n-1$ 次函数。设

$$f(n)=a_0+a_1(n-1)+\cdots+a_k(n-1)(n-2)\cdots(n-k)$$
$$+\cdots+a_{n-1}(n-1)(n-2)\cdots[n-(n-1)]$$

列均差表即可求得。

需要说明的是，由于某一数列往往可以有多个通项公式，通过牛顿插值法求出的是满足条件的其中一个通项。

(2) 求形如 $a_n=a_{n-1}+P_k(n)$ 的递推数列的通项公式，其中 $P_k(n)$ 为关于 n 的 k 次多项式函数

在此，笔者给出以下事实。

定理 5.3 在上述递推数列中，若 $P_k(n)$ 为关于 n 的 k 次多项式函数，则它的通项为关于 n 的 $k+1$ 次多项式函数。

证明 由于 $P_k(n)$ 为关于 n 的 k 次多项式函数，不妨设

$$P_k(n)=C_kn^k+C_{k-1}n^{k-1}+\cdots+C_1n+C_0，$$

由递推式得

$$a_1=a_0+P_k(1)，$$
$$a_2=a_1+P_k(2)=a_0+P_k(1)+P_k(2)，$$
$$\cdots\cdots$$
$$a_n=a_0+P_k(1)+P_k(2)+\cdots+P_k(n)。$$

由于 a_0 为一常数，与 n 的次数无关，故只要证 $P_k(1)+P_k(2)+\cdots+P_k(n)$ 为 n 的 $k+1$ 次多项式函数。

$$P_k(1)+P_k(2)+\cdots+P_k(n)$$
$$=C_k(1^k+2^k+\cdots+n^k)+C_{k-1}(1^{k-1}+2^{k-1}+\cdots+n^{k-1})+\cdots+C_1(1+2+\cdots+n)+nC_0。$$

下证 $1^k+2^k+\cdots+n^k$ 为关于 n 的 $k+1$ 次多项式。

利用数学归纳法。

(1) 当 $k=1$ 时，$1^k+2^k+\cdots+n^k=1+2+\cdots+n=\dfrac{1}{2}n(n+1)$，而 $\dfrac{1}{2}n(n+1)=\dfrac{1}{2}(n^2+n)$ 为关于 n 的二次多项式，此时命题成立。

(2) 假设当 $k = N$ 时命题成立，即 $1^N + 2^N + \cdots + n^N$ 是关于 n 的 $N+1$ 次多项式记作 $P_{N+1}(n)$ 。

则 $k = N+1$ 时，

$$1^{N+1} + 2^{N+1} + \cdots + n^{N+1}$$

$$= (1^N + 2^N + \cdots + n^N) + (2^N + \cdots + n^N) + (3^N + \cdots + n^N) + \cdots + [(n-1)^N + n^N] + n^N$$

$$= P_{N+1}(n) + (2^N + \cdots + n^N) + (3^N + \cdots + n^N) + \cdots + [(n-1)^N + n^N] + n^N$$

$$= nP_{N+1}(n) - P_{N+1}(1) - P_{N+1}(2) - \cdots - P_{N+1}(n-1) 。$$

由于 $nP_{N+1}(n)$ 是关于 n 的 $N+2$ 多项式，而 $P_{N+1}(1) + P_{N+1}(2) + \cdots + P_{N+1}(n-1)$ 中的最高次也不过为 $N+1$ 次，故 $1^{N+1} + 2^{N+1} + \cdots + n^{N+1}$ 是关于 n 的 $K+2$ 次多项式。

综合 (1)(2) 即得证定理 5.3。

定理 5.3 的给出极大地简化了这类递推数列通项的求法，下举一例予以比较。

例 5.32　若数列 $\{a_n\}$ 满足 $a_0 = 0$ ，$a_n = a_{n-1} + \dfrac{1}{2}n(n+1)$ ，求该数列的通项公式。

解析　解法一(母函数法)因为 $a_0 = 0$ ，所以 $a_1 = 1$ 。由已知可得 $a_n - a_{n-1} - \dfrac{1}{2}n(n+1) = 0$ 。

又因为 $\dfrac{1}{(1-x)^2} = \sum\limits_{n=1}^{\infty}(n+1)x^n$ ，所以 $\dfrac{x}{(1-x)^3} = \sum\limits_{n=1}^{\infty}\dfrac{1}{2}n(n+1)x^n$ 是 $a_n = \dfrac{1}{2}n(n+1)$ 的母函数。

令 $f(x) = a_1x + a_2x^2 + \cdots + a_nx^n + \cdots$ ，则

$$-xf(x) - -a_1x^2 - a_2x^3 - \cdots - a_nx^{n+1} - \cdots ,$$

$$-\dfrac{x}{(1-x)^3}f(x) = -x - \dfrac{3 \times 2}{2}x^2 - \cdots - \dfrac{n(n+1)}{2}x^n - \cdots ,$$

三式相加得：$(1-x)f(x) - \dfrac{x}{(1-x)^3} = 0$ ，则 $f(x) = \dfrac{x}{(1-x)^4}$ 。

把 $f(x)$ 展开为形式幂级数：$f(x) = x \cdot \dfrac{1}{(1-x)^4} = x \cdot \sum\limits_{n=0}^{\infty}C_{n+3}^3 x^n = \sum\limits_{n=0}^{\infty}C_{n+3}^3 x^{n+1}$ ，

所以 $f(x) = \sum\limits_{n=1}^{\infty}C_{n+3}^3 x^n$ 。

故 $a_n = C_{n+3}^3 = \dfrac{n(n+1)(n+2)}{6}$ 即为所求。

解法二(牛顿插值法)根据定理 5.3，可知 a_n 是关于 n 的三次多项式函数。又由定理 5.2，只需给出 a_n 的四个取值即可唯一确定。显然，取 a_0, a_1, a_2, a_3 方便。

由递推式得 $a_0 = 0$，$a_1 = 1$，$a_2 = 4$，$a_3 = 10$。

设 $a_n = b_0 + b_1 n + b_2 n(n-1) + b_3 n(n-1)(n-2)$。列均差表如表 5.4：

表 5.4

n	$f(n)$	一阶均差	二阶均差	三阶均差
0	0			
1	1	1		
2	4	3	1	
3	10	6	$\frac{3}{2}$	$\frac{1}{6}$

由表得 $a_n = n + n(n-1) + \dfrac{1}{6}n(n-1)(n-2) = \dfrac{n(n+1)(n+2)}{6}$。

比较两种解法，显然可以看出：即使在中学数学中应用较为"先进"的母函数来解答这一类问题，仍不及牛顿插值法来得简单明了。当然，该例还可以用其他的方法，诸如高阶等差数列之类，但相形之下，无一可与牛顿插值法媲美。

3. 牛顿插值法在解析几何中的应用

例 5.33　求经过 $A(0,1)$，$B(-1,1)$，$C(1,-1)$ 三点，且对称轴平行于 y 轴的抛物线方程。

解析　由于抛物线的对称轴平行于 y 轴，根据抛物线方程与图形的关系，构造

$$y = a_1 + a_2 x + a_3 x(x+1)。$$

列均差表如表 5.5：

表 5.5

x	y	一阶均差	二阶均差
0	1		
−1	1	0	
1	−1	−1	−1

所以 $y = 1 - x(x+1) = -x^2 - x + 1$ 即为所求抛物线方程。

例 5.34　求经过点 $(2,6)$，$(4,2\sqrt{3}+3)$，且与 y 轴切于点 $(0,3)$ 且对称轴平行于坐标轴的椭圆方程。

解析 根据题意，该椭圆方程必具有如下形式：

$$\frac{(x-x_0)^2}{a^2}+\frac{(y-3)^2}{b^2}=1。$$

只需求出 x_0, a, b 的值即可。

记 $(y-3)^2=f(x)$，则 $f(x)$ 是关于 x 的二次多项式函数，且满足 $f(0)=0$，$f(2)=9$，$f(4)=12$。可设 $f(x)=a_0+a_1x+a_2x(x-2)$，列均差表如表 5.6：

表 5.6

x	y	一阶均差	二阶均差
0	0		
2	9	$\frac{9}{2}$	
4	12	$\frac{3}{2}$	$-\frac{3}{4}$

所以 $(y-3)^2=\frac{9}{2}x-\frac{3}{4}x(x-2)$，将其化成标准形式，即得所求的椭圆方程为

$$\frac{(x-4)^2}{16}+\frac{(y-3)^2}{12}=1。$$

纵观高中解析几何，其中直线点斜式方程为牛顿插值公式的初级形式，而由以上两例知，利用该法同样可以求抛物线、椭圆、双曲线的方程。因而，在中学数学范畴内探求直线、曲线方程这一问题上，牛顿插值法也不失为一个颇好的方法。

4. 牛顿插值法在恒等式证明中的应用

若某一恒等式的左右都是关于某一量(如 x)的 k 次多项式，根据定理 5.2，只要选取 x 的 $k+1$ 个不同的值代入左右两边，考虑它们是否相等即可。

例 5.35 证明恒等式

$$\frac{a^2(x-b)(x-c)}{(a-b)(a-c)}+\frac{b^2(x-a)(x-c)}{(b-a)(b-c)}+\frac{c^2(x-a)(x-b)}{(c-a)(c-b)}=x^2。$$

分析 恒等式两边都是关于 x 的二次多项式，注意到左边的特点，x 选取 a，b，c 三值进行验证比较方便。

证明 令 $x=a$，代入恒等式得左=右=a^2。

同理，将 $x=b$，$x=c$ 代入左右，仍然有左=右。故恒等式成立。

类似于例 5.35 的恒等式，在中学数学中占有不少的比例。如果采用惯常的恒等变形来证明，有些是相当困难的，而利用定理 5.2，使考虑范围缩小到 n 个特殊值中，从而避免了繁杂的恒等变形。

5. 牛顿插值法在求解线性方程组中的应用

在中学数学中，有不少是以范德蒙行列式为系数行列式的线性方程组，它的具体形式是

$$\begin{cases} x_0 + a_0 x_1 + a_0^2 x_2 + \cdots + a_0^n x_n = b_0 , \\ x_0 + a_1 x_1 + a_1^2 x_2 + \cdots + a_1^n x_n = b_1 , \\ \qquad\cdots\cdots\cdots \\ x_0 + a_n x_1 + a_n^2 x_2 + \cdots + a_n^n x_n = b_n 。 \end{cases} \tag{5.9}$$

令

$$P_n(y) = x_0 + x_1 y + x_2 y^2 + \cdots + x_n y^n , \tag{5.10}$$

则有 $P_n(a_k) = b_k \ (k = 0,1,2,\cdots,n)$。那么解线性方程组 (5.10) 的问题即可转化为求过 $n+1$ 个点：(a_0, b_0)，(a_1, b_1)，$\cdots$，(a_n, b_n) 的 n 次多项式函数的系数问题。

由牛顿插值法可设

$$P_n(y) = \omega_0 + \omega_1 (y - a_0) + \omega_2 (y - a_0)(y - a_1) + \cdots + \omega_n (y - a_0) \cdots (y - a_{n-1}) , \tag{5.11}$$

其中 $\omega_k = f[a_0, a_1, a_2, \cdots, a_k] \, (k = 0,1,2,\cdots,n)$。将(5.11)式化简，与(5.10)式相比较，即得 x_0，x_1，$\cdots$，x_n 的值。

例 5.36　解下列关于 x, y, z 的方程组

$$\begin{cases} \dfrac{x}{a^3} - \dfrac{y}{a^2} + \dfrac{z}{a} = 1 , \\ \dfrac{x}{b^3} - \dfrac{y}{b^2} + \dfrac{z}{b} = 1 , \\ \dfrac{x}{c^3} - \dfrac{y}{c^2} + \dfrac{z}{c} = 1 。 \end{cases} \tag{5.12}$$

解析　将式(5.12)变形为

$$\begin{cases} x + (-y)a + za^2 = a^3 , \\ x + (-y)b + zb^2 = b^3 , \\ x + (-y)c + zc^2 = c^3 。 \end{cases} \tag{5.13}$$

令

$$P_3(l) = zl^2 + (-y)l + x , \tag{5.14}$$

则 $P_3(l)$ 经过 (a,a^3)，(b,b^3)，(c,c^3) 三点。设 $P_3(l) = \omega_0 + \omega_1(l-a) + \omega_2(l-a)(l-b)$，列均差表如表 5.7：

表 5.7

l	$P_3(l)$	一阶均差	二阶均差
a	$\underline{a^3}$		
b	b^3	$\underline{a^2+ab+b^2}$	
c	C^3	b^2+bc+c^2	$\underline{a+b+c}$

故

$$P_3(l) = a^3 + (a^2+ab+b^2)(l-a) + (a+b+c)(l-a)(l-b)$$
$$= abc - (ab+bc+ca)l + (a+b+c)l^2，$$

与式(5.14)相比较，得

$$\begin{cases} x = abc， \\ y = ab+bc+ca， \\ z = a+b+c。 \end{cases}$$

由保留可知，对于这一类线性方程组，若用单纯的线性方程组解法，比较麻烦，就算是利用高等代数的矩阵法来解也是相当繁的，而利用牛顿插值法不仅运算快，也不易出错。

综上所述，分别从五个方面探讨了牛顿插值法在中学数学中的应用。通过举例和比较，我们发现：牛顿插值法确实给解决初等数学问题带来了方便。无论从均差的定义到均差表得给出，乃至由此得出的若干定理，都在一定程度上简化了某类具有相当难度和繁杂程度的问题，为初等数学问题的解决提供了一个新的视角。

倘若再仔细考量上述问题的解决过程，我们还将发现，以牛顿插值法为支撑的均差表的形成过程具有明显的"模式化"特点，有利于融入现代技术，从而达到机械化、自动化地解决数学问题的目的。事实上，这种建模意识和思想更为可贵，也更具有教育意义。

5.6　数学解题的眼光

莎士比亚曾言："一千个读者眼中就会有一千个哈姆雷特"，数学解题也如此。在数学爱好者看来，解题不只是巩固知识与方法的工具、训练思维的手段，更是一场登攀智力之峰的游戏、一部享受理性与激情的"大片"，是一段品味数学、生长智慧、陶冶性情的美好时光。现在，让我们试着以解题高手的视角感受他们眼中的"数学解题"。

5.6.1　题目会"说话"

数学的表达以精确而简洁著称，它能够避免日常语言可能引起的混乱和歧义，因而在其他学科中广为应用，被誉为"科学的语言"。形式化和符号化是该语言的主要特点，自然也体现在数学问题中。就此来看，解题就是解题者与数学问题的一场对话。

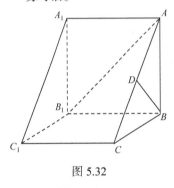

图 5.32

这种对话令人着迷之处在于：数学问题是一种科学语言，而人类在思考之时仍将保有自然语言的成分，并且这种自然语言有时会决定解题的念头或思路。因此，从数学问题的字里行间读懂它所传达的信息——"题目会说话"是解题成功的秘诀之一。

例 5.37　如图 5.32，在三棱柱 $ABC—A_1B_1C_1$ 中，$AA_1 \perp$ 底面 ABC，$AB \perp BC$，$AD=DC$，$AA_1=AB=2$，$BC=3$。

(1) 求证：$BC \perp AB_1$；

(2) $AB_1 //$ 平面 BC_1D；

(3) 求四棱锥 $B—AA_1C_1D$ 的体积。

先把注意点落在已知条件上，每句已知条件传达了什么信息呢？

已知 1：三棱柱 $ABC—A_1B_1C_1$。

题目在说："三棱柱中有很多平行，如两底面平行、线面平行、侧棱互相平行……"。

已知 2：$AA_1 \perp$ 底面 ABC。

题目在说："出现了垂直。从中得到 AA_1 与底面 ABC 的三条边垂直，结合上面的信息，还可得出 AA_1 与另一底面 $A_1B_1C_1$ 的三条边也垂直。根据"有垂线的地方必有垂面"（参见第 4 章 4.5.2 节），可以得到平面 $A_1ACC_1 \perp$ 底面 ABC、平面 $A_1ABB_1 \perp$ 底面 ABC，当然也有平面 $A_1ACC_1 \perp$ 底面 $A_1B_1C_1$……"。

已知 3：$AB \perp BC$。

题目在说："$BC \perp AB$。刚才得到 $AA_1 \perp BC$，那就有 $BC \perp$ 平面 A_1ABB_1，那么 BC 将垂直于平面 A_1ABB_1 内的所有直线，如 $BC \perp A_1B$（$\angle A_1BC=90°!$），$BC \perp AB_1$（这正是问题(1)要证的结论！）……"。

已知 4：AD=DC。

题目在说："中点。只要再取一个中点，就将出现中位线，而中位线与平行相关。另一个中点可以在点 A 出发的各条线段上取，如 AA_1，AB_1，AC_1，也可以在点 C 出发的各条线段上取，如 CC_1，CA_1，CB_1。线线平行可以得到线面平行。如取 CB_1 的中点 E，从 $AB_1//DE$ 可以得到 $AB_1//$平面 BC_1D(无意之间证出了问题(2)！)……"。

已知 5：$AA_1=AB$。

题目在说："这是一个正方形。它的边长相等，对角线互相垂直。结合上面的信息，可以产生一个有趣的结论，即从 $BA_1 \perp AB_1$ 且 $C_1B_1 \perp BA_1$ 得到 $BA_1 \perp$ 平面 AB_1C_1(居然编出了一个新问题！)。至此，已经有很多的平行于垂直供你挑选了"。

现在来看要求的问题(3)求四棱锥 $B—AA_1C_1D$ 的体积。

题目在说："BD 与平面 AA_1C_1C 垂直吗？注意 $AB=2$ 而 $BC=3$。由于平面 $A_1ACC_1 \perp$ 底面 ABC(前面已得)，根据"有垂面的地方就有垂线"(第 4 章 4.5.2 节)，只要过 B 作 $BF \perp AC$ 于 F，则 BF 就是四棱锥 $B—AA_1C_1D$ 的高"。

从上面的对话可以看出，一旦解题者领会了题目所给的信息，甚至有所"溢出"，解题难度将大大降低。当然，这种对话并非凭空而降，而要建立在必要的知识与技能之上。正如荷兰数学教育家 G·波利亚其传世名著《怎样解题》中所言："好的思路来源于过去的经验和以前获得的知识。"没有它们作为支撑，对话也将戛然而止，索然无味。

5.6.2　像"上帝"那样俯瞰

知识与技能是思维发展的基石，但若仅仅停留于此，则才叩开了解题之门。解题不只是搭建条件与结论之间的逻辑联系，还需要选择合适的路径，即解题策略。

在老练的解题者眼中，解题策略来源于日积月累的经验。这些经验并非散乱地存在于头脑中，而是凝聚为一个个特征鲜明、步骤清晰的"方法块"，进而构成一个有序的策略系统。当遇到某个具体问题时，他们能够与问题"对话"，依照问题的"指点"，从策略系统中提取相应的"方法块"。

依赖这些模块可以解决大量的数学问题，但还不足以成为解题高手。一个优秀的解题者在分析问题时会入乎其内，沉浸其间，而在决策时又能出乎其外，站在题目之上，"像上帝那样俯瞰"整个问题。

例 5.38　如图 5.33，已知抛物线 C_1：$y^2=4x$，椭圆 C_2：$\dfrac{x^2}{4}+\dfrac{y^2}{3}=1$ 与 x 轴正半轴交于点 A。过 A 作直线 l 交 C_1 于 C，D 两点，射线 OC，OD 分别交 C_2 于 E，F 两点。

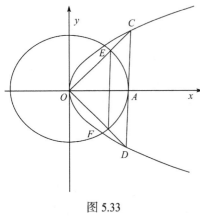

图 5.33

(1) 求证：O 点在以 EF 为直径的圆的内部；

(2) 记 $\triangle OEF$，$\triangle OCD$ 的面积依次为 S_1，S_2，若 $3S_2=13S_1$，求直线 l 的方程。

问题(1) 的一般思路：即证 $\angle EOF$ 为钝角，只需证 $\overrightarrow{OE} \cdot \overrightarrow{OF} < 0$。设 $C(x_1, y_1)$，$D(x_2, y_2)$，$E(x_3, y_3)$，$F(x_4, y_4)$，只要证 $x_3x_4 + y_3y_4 < 0$。

由于 $A(0, 2)$，可设直线 l：$x = my + 2$，与 $y^2 = 4x$ 联立消去 x 得：$y^2 - 4my - 8 = 0$。故

$$y_1 + y_2 = 4m，\quad y_1y_2 = -8。$$

由 $y_1^2 = 4x_1$ 得 OC 方程为 $y = \dfrac{4}{y_1}x$，与 $\dfrac{x^2}{4} + \dfrac{y^2}{3} = 1$ 联立消去 y 得 $x^2 = \dfrac{12y_1^2}{3y_1^2 + 64}$，

故 $x_3 = \sqrt{\dfrac{12y_1^2}{3y_1^2 + 64}}$。同理得 $x_4 = \sqrt{\dfrac{12y_2^2}{3y_2^2 + 64}}$。则

$$x_3x_4 + y_3y_4 = x_3x_4 + \frac{4}{y_1} \cdot \frac{4}{y_2}x_4 = x_3x_4(1 + \frac{16}{y_1y_2}) = -x_3x_4 < 0。$$

在解题高手看来，图 5.33 是一个整体。注意到 $\angle EOF = \angle COD$，因而不必"远途跋涉"至 $x_3x_4 + y_3y_4$，只需从 $\overrightarrow{OC} \cdot \overrightarrow{OD} = x_1x_2 + y_1y_2 = \dfrac{(y_1y_2)^2}{16} + y_1y_2 = -4 < 0$，即得 $\angle EOF$ 为钝角。

问题(2) 的一般思路：$\dfrac{S_2}{S_1} = \dfrac{|OC| \cdot |OD|}{|OE| \cdot |OF|} = \dfrac{13}{3}$。

$$|OC| \cdot |OD| = \sqrt{x_1^2 + y_1^2} \cdot \sqrt{x_2^2 + y_2^2} = \sqrt{x_1^2 + 4x_1} \cdot \sqrt{x_2^2 + 4x_2}$$
$$= \sqrt{x_1x_2(x_1x_2 + 4(x_1 + x_2) + 16)}，$$

而

$$x_1 + x_2 = \frac{y_1^2 + y_2^2}{4} = \frac{(y_1 + y_2)^2 - 2y_1y_2}{4} = 4(m^2 + 1)，\quad x_1x_2 = \frac{y_1^2y_2^2}{16} = 4，$$

故

$$|OC| \cdot |OD| = 4\sqrt{4m^2 + 9}，$$

$$|OE| \cdot |OF| = \sqrt{x_3^2 + y_3^2} \cdot \sqrt{x_4^2 + y_4^2} = \sqrt{3 + \frac{x_3^2}{4}} \cdot \sqrt{3 + \frac{x_4^2}{4}}$$

$$= \frac{\sqrt{(x_3 x_4)^2 + 12(x_3^2 + x_4^2) + 144}}{4}。$$

又

$$(x_3 x_4)^2 = \frac{12 y_1^2}{3 y_1^2 + 64} \cdot \frac{12 y_2^2}{3 y_2^2 + 64} = \frac{144(y_1 y_2)^2}{9(y_1 y_2)^2 + 64 \times 3(y_1^2 + y_2^2) + 256} = \frac{144}{48 m^2 + 121},$$

再计算 $x_3^2 + x_4^2 \cdots \cdots$ 至此，恐怕需要极大的耐心才能坚持下去。

解题高手则不然。他们通常会在估计可能面临的艰难后，先对 $\dfrac{|OC| \cdot |OD|}{|OE| \cdot |OF|}$ 作一番优化。由于 O，E，C 三点共线，O，F，D 也三点共线，利用这一特点可将问题重组为

$$\frac{|OC|}{|OE|} \cdot \frac{|OD|}{|OF|} = \left| \frac{y_1}{y_3} \right| \cdot \left| \frac{y_2}{y_4} \right| = \left| \frac{y_1 y_2}{y_3 y_4} \right| = \frac{8}{|y_3 y_4|}。$$

把 OC 方程 $y = \dfrac{4}{y_1} x$ 与 $\dfrac{x^2}{4} + \dfrac{y^2}{3} = 1$ 联立消去 x 得 $y_3^2 = \dfrac{12 \times 16}{3 y_1^2 + 64}$，同理 $y_4^2 = $

$\dfrac{12 \times 16}{3 y_2^2 + 64}$。故

$$(y_3 y_4)^2 = \frac{12 \times 16 \times 12 \times 16}{9(y_1 y_2)^2 + 3 \times 64(y_1^2 + y_2^2) + 64 \times 64} = \frac{12 \times 16 \times 3}{121 + 48 m^2}。$$

要使 $\dfrac{S_2}{S_1} = \dfrac{13}{3}$，只需 $|y_3 y_4| = \dfrac{24}{13}$。

从 $\dfrac{12 \times 16 \times 3}{121 + 48 m^2} = \dfrac{24 \times 24}{169}$ 解得 $m = \pm 1$，故所求直线方程为 $x \pm y - 2 = 0$。

"像上帝那样俯瞰"整个问题，源于高手心中的"全局视野"和"悲悯情怀"。这种俯瞰，乃是把题目所有条件与结论纳入观察视野之内，站在系统的高度思考并选择合理的解决方案。在他们眼中，解题过程中涉及的任何对象都是富有生命的"精灵"——可以转身、迂回、跳跃、重组、握手言欢……譬如人类的各种活动。为让这些精灵拥有美好的生活，他绝不强加"民意"，而是充分了解"他们"的喜怒哀乐，事先估计解题过程中可能遭遇的各种困难，以更优的方法避免烦琐，以最少的代价换取成功。

5.6.3 "浪漫"的现实主义

波利亚曾言："掌握数学意味着善于解题"。确实，解题是认识数学的一条途径，但善于解题却未必意味着掌握了数学。数学不只是知识的集合，更是一种人类活动，必然掺杂着人的情感、态度和观念，解题亦然。

从本书第 3 章的案例"数学家思维过程的仿真模拟"中即可看到，"数学家"在解题过程中，时而严苛地看待问题的条件和结论，清醒地审视连通两者的途径；但对题目所给的信息又产生了联想，忽而神游于解题外的世界；一旦有某种线索可能达成目标，又回身审视如何实施的方案，警惕可能出现的意外或错误；在达到目的之后，又能根据自己的经验作出一些近乎诗意的联想、猜想等。大胆猜想，小心论证，既是数学研究的箴言，又是解题高手浪漫而现实的一种刻画。

从数学到解题，是智力的一场角逐。从解题到数学，则是生命的一次涅槃。罗素曾说："一种真实的喜悦，一种精神上的亢奋，一种觉得高于人的意识——这些至善至美的标准，能够在诗里得到，也能够在数学里得到。"通过解题，既能"启智开慧"，更为了拥有"数学的眼光"。从解题中汲取数学的精、气、神，从数学中感悟人生的真、善、美。或许，这就是解题者追求的更高境界。

第 6 章　数学概念的 HPM 重构

课本中字斟句酌的叙述，未能表现出创造过程中的斗争、挫折，以及在建立一个可观的结构之前，数学家所经历的艰苦漫长的道路。学生一旦认识到这一点，他将不仅获得真知灼见，还将获得顽强地追究他所攻问题的勇气，并且不会因为他自己的工作并非完美无缺而感到颓丧。

——M·克莱因[87]

数学概念是构成定理、法则、公式的基础，正确理解并灵活运用数学概念，是掌握数学基础知识和运算技能、发展逻辑论证和空间想象能力的前提。

中学教师开展概念教学通常聚焦两个环节：一是概念的形成过程。教师创设问题情境，启发学生抽象出本质属性，师生共同探讨以作出准确定义；二是概念的运用。通过解决一些数学问题，进一步明晰概念的内涵和外延。随着新课程理念渐入人心，概念形成的过程日益得到重视。诚然，概念的形成离不开问题的探究、表述的打磨，然而触动概念发生的"念头"，或无从所知而不了了之，或出于设计者的"假想"，难以提供确信的依据或解释。数学概念并非"神"的存在，而是"人"的创造。怎么想到要创造某个概念？是什么力量引发了这个"念头"的产生？该如何恰当地定义这个概念？必然有某些因素激发、促使数学家创造了它。它们曾经激发前人，必能激励后人。由此看来，这些隐藏在概念发生初期的动因，往往具有更为珍贵的教育价值。

如本书前言所述，HPM 是数学史与数学教学关系国际研究小组(International Study Group on the Relations Between the History & Pedagogy of Mathematics)的简称，现在也指数学史与数学教育关系这一学术领域。华东师范大学汪晓勤教授在整合与改进前人研究的基础上，将教学中运用数学史的方法划分为附加式、复制式、顺应式和重构式四类，并指出"四种方式并无优劣之分，具体选择哪一种，取决于要达成的教学目标"。重构式是指借鉴或重构知识(概念、定理等)发生、发展的历史。概念形成的历史原貌往往曲折而复杂，"这种重构并非原原本本、精确地复制历史"[88]，因此必须进行适当的教育加工，在尊重知识自然发生的宗旨下，结合学生的认知水平、教材的编写顺序等诸多因素，重构为一种线性递进的顺序。

"HPM 视角下的数学教学实为知易行难之事"[89]。相比于其他三种运用数学史的方式，重构式更是知难行亦难，但却颇受青睐。自 2010 年以来，在汪晓勤教授的指导下，笔者带领义乌市高中数学王芳工作室的成员们开展了多个数学概念的教学尝试。在课例开发过程中，发现数学史在数学概念教学中可以发挥重要的作用，以下四个方面感触尤深，今结合课例予以阐述。

6.1　还原问题本质

以"对数与对数运算"为例，它选自人教 A 版高中数学必修①第二章"基本初等函数(I)"第二节[90]，是继"指数函数"之后的第二类基本初等函数——"对数函数"的起始课。本节通过上一节例 8 的人口增长模型 $y = 13 \times 1.01^x$，在已知底数和幂值的条件下求指数的问题引入。即先通过运算建立联系，然后再通过图象与性质的探究才明确互为反函数的关系。虽然指数函数的图象与性质的学习为研究对数函数提供了示范，但由于反函数概念被弱化和后置，因而"为何引入对数"成为这一节的主要困惑。

6.1.1　基于教材的思考

在教材"对数与对数运算"的正文部分，有以下内容：

(1) 上述问题实际上就是从 $\frac{18}{13} = 1.01^x$，$\frac{20}{13} = 1.01^x$，$\frac{30}{13} = 1.01^x$，…中分别求出 x，即已知底数和幂求指数。这是我们这一节将要学习的对数问题。

(2) 一般地，如果 $a^x = N$ （$a > 0$，$a \neq 1$），那么数 x 叫做以 a 为底 N 的对数，记作 $x = \log_a N$，其中 a 叫做对数的底数，N 叫做真数。

(3) 于是得到如下的对数运算性质：……

$$\log_a(M \cdot N) = \log_a M + \log_a N。$$

在教材的"阅读与思考"部分，专题介绍了"对数的发明"，其中提到：

(1) 16，17 世纪之交，随着天文、航海、工程、贸易以及军事的发展，改进数字计算方法成了当务之急……为了简化其中的计算而发明了对数；

(2) 对数的发明是数学史上的重大事件，天文学界更是以近乎狂喜的心情来迎接这一发明；

(3) 建立对数与指数之间的关系的过程表明，使用较好的符号体系对于数学的发展是至关重要的。

参照这两部分，学生方面可能存在如下问题：

(1) 教材给出了一个数学应用的情境，与"指数与指数运算"之间形成呼应，但实际问题的数据比较复杂，一定程度上阻碍了学生对"简化计算"的认识；

(2) "已知底数与幂求指数"容易给学生一种解方程的既视感，这将导致对"对数"的必要性认识不够；

(3) 在教材正文中并未提及对数与天文学的关系，对于天文学界"近乎狂喜的心情"感到突兀迷茫；

(4) "较好的符号体系"需要建立在比较、选择的基础上，并且初入高中的学生对数学符号的抽象性的认识还远未成熟。

此外，"对数"作为一种新的运算，它的表示及其运算规则都是之前所不熟悉的，不如指数那样在初中已有一定的认知基础，出现了诸如

$$\log_a(M+N) = \log_a M \cdot \log_a N, \quad \log_a(M \cdot N) = \log_a M \cdot \log_a N$$

之类的错误。

看来，通过指数引出对数的方式太过抽象和形式化，英国数学史家 John Fauvel 认为这"造成了学生在对数概念学习上的内在洞察力的丧失，无法带给学生任何的启蒙"。解决问题的关键在于让学生领悟对数所具有的"算理"上的优越性，但从实施情况来看，教师常常因为课时的限制未将"阅读与思考"纳入课堂，而学生有的直接忽视，有的无法看懂那些涉及高等数学的内容而不了了之，辜负了教材编写者的良苦用心。那么，能否寻求这样一种方式，既不挤占教学时间又能清楚地诠释"对数"的算理，既不至于让本课异化为"数学史课"，又能还学生一个"有血有肉"的对数？

6.1.2 来自数学史的启迪

对数概念的发生源于人们对计算方法的改良。早在公元前 3 世纪，古希腊数学家阿基米德(Archimedes)已经认识到等差数列和等比数列之间的对应关系，并提出指数律。15 世纪，法国数学家许凯 (N. Chuquet) 在著作《算学三部》中给出了双数列 1，2，4，8，16，32，…，1048576 和 0，1，2，3，4，5，…，20 之间的对应关系，如：4 对应的 16 自乘，等于 8 对应的 256；7 对应的 128 乘以 9 对应的 512，等于 16 对应的 65536，等等。16 世纪，许多欧洲数学家都曾利用等差数列和等比数列的对应关系来简化计算。其中，德国数学家施蒂费尔(M. Stifel)针对双数列…，-3，-2，-1，0，1，2，3，4，5，6，…和…，$\frac{1}{8}$，$\frac{1}{4}$，$\frac{1}{2}$，1，2，4，8，16，32，64，…，明确提出了 4 条一般的运算法则：①等差数列中的加法对应于等比数列中的乘法；②等差数列中的减法对应于等比数列中的除法；③等差数列中的乘法对应于等比数列中的乘方；④等差数列中的除法对应于等比数列中的开方。

由于人们常用的等比数列，其公比都是大于 1 的正整数，随着项数的增大，相邻两项的间隔越来越大，因而在实际计算中用处不大。鉴于此，苏格兰数学家

纳皮尔(J. Napier)采用了十分接近于 1 的公比，将递减的等比数列10^7，$10^7(1-10^{-7})$，$10^7(1-10^{-7})^2$，$10^7(1-10^{-7})^3$，…，$10^7(1-10^{-7})^n$，… 与首项为0、公差为1的等差数列相对应，保证在一定范围内相邻两项的间隔非常小，在该范围内小于10^7的任何整数均在同一个等比数列中找到。这样，就可以利用对应关系来简化乘除运算了。此外，纳皮尔还将离散的数列模型转化为连续的运动模型。1614 年，纳皮尔出版《奇妙的对数定律说明书》，成为了对数的发明者。为了这一具有划时代意义的发明，纳皮尔整整花费了 20 年时间! 不久,布里格斯(H. Briggs)改造了纳皮尔的对数，发明了常用对数表。

虽然对数的发现早于指数，但直到 1728 年，大数学家欧拉理顺了指数与对数的关系，提出了"对数源于指数"之后，"对数"才被世人广泛接受。

由上可知，对数的发展大体上可分为简化运算思想的形成、对数表的发明、指对关系的发现三个阶段。随着计算工具的不断变革与普及，对数表逐渐淡出了人们的视野，新版教材也应时而变，略去了对数发展的前两个阶段。但这段横跨两百多年跌宕起伏、动人心魄的发展史，仍然令人回味，而其间每个阶段所凝聚的思想、智慧与精神，至今闪烁着动人的光芒。

6.1.3 对数概念的 HPM 重构

通过对教材、历史的顺序进行分析、整合，我们把前两个阶段也纳入到课堂教学之中，尝试了对数概念的 HPM "重构"，形成了如图 6.1 所示的教学序。

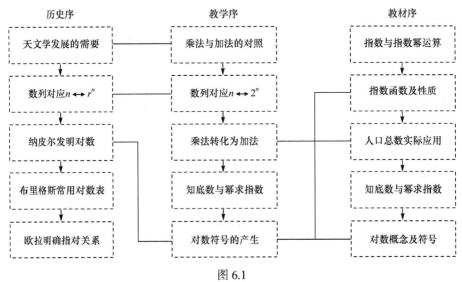

图 6.1

"对数"概念的引入分三个阶段实施。

阶段一，遵照当时的历史事实，设计了一个"天文数字计算"情景，以烦杂的计算为映衬，凸显出"简化运算"的迫切性。

阶段二，针对高一学生的认知水平对对数历史进行了适当加工，设计了一场从"指数表"演化为"对数表"的探究活动。用"以 2 为底"代替"以 10 为底"，提高规律的识别度，突出数表的强大作用，使学生的思维专注于"算理"的探究与运用上。"指对关系"并不刻意呈现，而是将之作为一种思想方法，渗透其中。

阶段三，在感受了运用数表解决某些特殊数据的乘法运算的便利之后，反思数表中存在的问题，发现任何人工制造的数表都无法穷尽或精确地表达"知底数和幂求指数"的缺憾，通过回顾、借鉴符号"$\sqrt{2}$"，产生了引入对数符号的需要。

6.1.4　课堂教学实录[①]

1. 阶段一：迫切需要简化运算

(1) 感受运算之繁

师：今天老师想考验大家的速算水平，请计算：299792.468+31536000=？

生：31835792.468。

师：那把"+"变成"×"的话呢？

生：……(众说不一，抱怨数据太大)

师：看来乘法比加法要难。数据太大，但来自生活，299792.468 是光在真空中的速度(km/s)，31536000 是一年的总秒数，因此两数的乘积就是天文学中一光年的大小。光年是天文学单位。天文学中计算的数据是以这个数据为基础的。

生：这么大，难怪叫天文数字。

师：在 16-17 世纪，天文学开始迅速发展，并带动了很多领域的发展。天文学家为了计算一个行星的位置，时常需耗费几个月甚至几年的时间，问题主要集中在复杂的数据运算上。改进数字运算成为数学家们的当务之急。

(2) 发现数表之妙

师：当时的数学家也在试图改进运算，并在研究中发现了一些规律。请大家填写下表(表 6.1)，并找出它的规律。

表 6.1

x	1	2	3	4	5	6	7	…
y	2	4	8	16	32			…

---

① 华东师范大学汪晓勤教授与浙江省义乌市王芳数学工作室合作开发 HPM 课例之一，执教者为浙江省义乌中学金惠萍老师。

生：分别填 64，128，规律是 $y = 2^x$。

师：那你能继续算一下 x=10 时，y 所对应的数是多少?

生：1024。

师：那 15 对应的呢? (稍顿)大家能算吗? 动手试试?

生 1：15 个 2 相乘可得(大家都笑了)。

生 2：2^{15} 可拆成 $2^5 \times 2^{10}$(新颖的想法激起很多同学的兴趣)。

生 3：我觉得它可以有很多种拆法。只要拆出来的两个数对应的指数之和等于 15 就可以。

师：很好，那还能算 2^{13}，2^{14} 以及其他的数吗?

生：可以，只要像上面一样拆就可以了。

师：通过这种方法，我们可以制作成一张表格。

2. 阶段二：探寻数表中的算理

(1) 享受用表之乐

师：同学们来看第二个问题：16×128=?

生：2048。

师：算的很快，能不能再算一个，128×256=?

生：32768。

师：我们请这位同学说说他的方法，怎么可以算的这么快。

生：$128 = 2^7$，$256 = 2^8$；由 $7 + 8 = 15$ 得到 $2^7 \times 2^8 = 2^{15}$，可以从表格中查得(表现得颇有成就感)。

师：是吗? 居然不用计算，查查表就可以了! 你们愿意再挑战一下吗?
$0.125 \times 1024 = ?$

生：$2^{-3} \times 2^{10} = 2^7 = 128$。

师：那 $4096 \times 16384 = ?$

生：16384 是 2 的几次?

师：同学们请拿出课前发给大家的表格(表 6.2)，同学们看看有没有?

表 6.2

x	−10	−9	−8	−7	−6	−5	−4	−3	−2	−1
$y=2^x$	0.00097656	0.00195313	0.0039063	0.0078125	0.015625	0.03125	0.0625	0.125	0.25	0.5
x	1	2	3	4	5	6	7	8	9	10
$y=2^x$	2	4	8	16	32	64	128	256	512	1024
x	11	12	13	14	15	16	17	18	19	20
$y=2^x$	2048	4096	8192	16384	32768	65536	131072	262144	524288	1048576

续表

x	21	22	23	24	25	26	27	28	29	30
$y=2^x$	2097152	4194304	8388608	16777216	33554432	67108864	134217728	268435456	536870912	1073741824

(该表在课前发放,查表应用时只涉及 2^{12},2^{14},2^{26} 对应的数据,下面表6.3 相同)

生：有。$2^{12}\times2^{14}=2^{26}$，查得 67108864。(感觉表 6.2 很好用)

(2) 体验造表之难

生 4：若要算 67108864×512 呢？表中没有啊。

生 5：这个表最大只能查到 2^{29}，如果要算 2^{35} 就不行了。有没有更大的表？

师：请看下表(表 6.3)。

表 6.3

x	31	32	33	34	35	36	37	38	39	40
$y=2^x$	214748 3648	429496 7296	85899 34592	17179 869184	34359 738368	68719 476736	13743 8953472	27487 7906944	54975 5813888	10995 11627776

x	41	42	43	44	45	46	47	48	49	50
$y=2^x$	2199023 255552	4398046 511104	879609 3022208	1759218 6044416	3518437 2088832	7036874 4177664	1407374 88355328	2814749 76710656	5629499 53421312	1125899 906842620

x	51	52	53	54	55	56	57	58	59	60
$y=2^x$	22517998 13685250	45035996 27370500	90071992 54740990	18014398 509482000	360287970 18964000	720575940 37927900	144115188 075856000	288230376 151712000	576460752 303423000	115292 150460 6850000

生 6：表 6.3 也只能算到 2 的 60 次幂,虽然数据已经很大,但还是不够用啊？

生 7：我认为这个问题还可以解决,只要我们按上面的方法把表格造出来就可以了。但我觉得有个更大的问题——这个表只能查 2 的整数指数幂,对于其他数值,比如 3×5 就不行。

师：看来还有大问题。那怎么办？

生 8：能不能把表做得更细一点,把 3 是 2 的几次方,5 是 2 的几次方都做进去？

师：可以。16 世纪数学家已经可以借助微积分计算出分数,小数指数幂的近似值。这个是《中学数学用表》(展示《中学数学用表》),里面有张表格可以用来查询你所需要的数,其实初中时大家也都发过,只是很少应用。但要说明一下,它是以 10 为底的,原理是一样的。

生 9：哇,好厉害。

师：表虽然好用,但造表的难度却相当大,不过一旦做好了就能一劳永逸。500 年前苏格兰的数学家纳皮尔,他用了人生中宝贵的 20 年时间,研究运算规律,并制作了一张可查的表格。数学家拉普拉斯说："对数用缩短计算的时间来使天文学家的寿命加倍"。伽利略更是发出了豪言壮语："给我时间、空间和对数，我可以创造出一个宇宙来"。对数表曾在几个世纪内为数学家、会计师、航海家和科学家广泛使用。想象纳皮尔的整整 20 年时间，每天在不停地计算，计算……而我们有时候可能算五分钟的计算时间就已经没有耐心了。如果我们也能花这样的精力去做一件事情的话，每个人或许都能成为伟大的人。(学生们被历史故事深深吸引，连连点头表示认同，部分学生陷入沉思之中)

师：纳皮尔把表上行的数称为"logarithm"。在康熙年间传入中国，《数理精蕴》中把这个数表下行称之为真数，上面那个借来用一下的数称为"借数"，也是下面的数所"对应的数"，后来简称为"对数"。

生 10：(顿悟)原来"对数"的"对"不是指"对"（"错"的反义词)的数，而是"对应"的数啊！

3. 阶段三：从数表到定义

(1) 反思查表之缺

师：请思考之前的问题 299792.458×31536000，如何解决？

生 11：如果有表格，则只需要找到 299792.458 对应的 x。同理找到 31536000 对应的 y。只需求得 $x+y$ 的值，查表即得 299792.458×31536000 的结果。

师：我们采用 excel 模拟操作。请同学们观察这个计算存在什么问题？

生 12：查表所得到的乘积跟手工算得值不相等，查表只是近似值。

生：那能不能精确表示呢？(师生共同讨论，发现数表解决不了这个问题，感觉比较失望)

(2) 引入符号之需

师：大家一起回顾一下初中里学习无理数时的场景，$\sqrt{2}$ 表示什么？

生 13：它是一个符号，表示 $x^2=2$ 的正解。

师：是估计值吗？

生 13：是精确值。

生 14：对了，我们是不是也可以找一个记号来表示它们？(小声嘀咕，不太敢说)

师：嗯，你的意思是通过"定义"一个记号来表示新产生的对数。如何表示呢？历史上采用了 logarithm 的缩写 log 来表示对数。例如 $2^x=3$ 中 x 就表示为 $\log 3$，那 $2^x=5$ 呢？

生 14：$x=\log 5$。

生 15：老师这样好像有问题。如果我要表示 $3^y = 3$，那不也是 $\log 3$ 吗？重复使用了。

师：　是有这个问题，怎么解决呢？

生 15：我觉得是不是可以把底数也表示进去？

师：嗯，数学家也这么认为。他们把底数也写入到记号中，例如 $2^x = 3$ 中的 x 表示为 $x = \log_2 3$，而 $3^y = 3$ 中 $y = \log_3 3$。

师：把这些记号一般化，就有了"对数"的定义：若 $a^x = N$，则数 x 就叫做以 a 为底、N 的对数。记作：$x = \log_a N$，其中的 a 称为底数，N 称为真数。

6.1.5　课后调查反馈

本节课的授课对象是一所普通高中的高一普通班学生，课后的问卷调查结果显示：

(1) 在概念的理解上，86.4% 的学生认同符号"log"，95.5% 的学生能够准确判断"log"与"a""N"的关系，87.7% 的学生在看到对数式"$x = \log_a b$"时，第一反应是"$a^x = b$"，4 题"指对互化"小题的答题正确率达 98%——这说明本节课的教学并未影响学生对指对关系的认识。虽然本课未讲授对数运算法则，但有 75% 的学生认为 $\log_2 (a + b) = \log_2 a \cdot \log_2 b (a > 0, b > 0)$ 是"错误的"——这一数据明显高于该年级的其他班，表明学生已充分认识了对数中的简化运算思想，基本理解了对数"化乘法为加法"的"算理"。

(2) 在数表的应用上，89.5% 的学生认为"数表在课前发的，且上课时仅仅用到了表中的若干数据，并无烦杂之感"；92% 的学生认为"这些貌似冰冷的数字居然蕴含了如此丰厚的数学思想"，觉得大开眼界；54% 的学生"突然明白了初中时发下来的那本数表居然这么有用"，有 3 位同学提出"把那本陈旧的'数表'翻出来再研究一番"——这一结果令人惊喜，也打消了笔者课前存有的顾虑：对数表中的数据多，会不会让学生感觉烦杂？教材中已经略去了"对数表"，现在虽经改良，但在短暂的时间内能不能起到应有的价值？

(3) 在教学形式的认可上，95.5% 的学生表示适应这样的课堂形式，93.2% 的学生认为这节课的内容比教材介绍的丰富多了，93.2% 的学生对课堂所涉及的数学史知识，包括纳皮尔的故事、课堂开始时制作的简易对数表格、常用对数表的查表等，很感兴趣。

在进一步的访谈中，有不少学生认为，现在的数学课比较单调，像这样有生动背景的课正是他们所喜欢和想要的；很多学生认为，这种授课方式可以拓宽他们的知识面，增进他们对数学的理解；所有的学生都认为纳皮尔的执着与坚持给了他们很大的触动，要学习科学家们潜心研究、创新的精神。

6.1.6　数学史的作用

本课的 HPM 重构实施了四个还原。

(1) 还原问题的背景。对数的发明先于指数，是数学史上的珍闻。看似深奥的对数理论，其起源却是朴素的。从"299792.468+31536000=？"变为"299792.468×31536000=？"，依然简单到小学生人人可做却相当地繁，这足以吸引全体学生。在得知诸如这样的运算只是 16，17 世纪天文学家的日常计算之后，使学生瞬间穿越回三百多年，天文学家埋头苦算的情境恍若眼前。

(2) 还原设想的初衷。即使问题变式为乘法，最初给人的感觉也不过是一种运算的操作而已，但"可否把乘法运算转化为加法运算？"却试图在两者之间架起一座桥梁，这对当时无数天文学家而言不啻一个疯狂的幻想，而问题一旦解决，则成为一个天才的设想。这一引发对数概念的"念头"，令天文学家们侧目，也震撼了学生。在这一"念头"指引下，开始了创立对数概念的征途。

(3) 还原研究的场景。本课的探究活动着力于从"指数表"演化为"对数表"。从表 6.1 到表 6.2、表 6.3，指数从"正整数"扩张到"整数"。不断扩大的表格，解决了越来越多的乘法，但缺点也逐渐浮出水面——幂值的间隔越来越大。貌似"强大"的表格能解决 $2^{12} \times 2^{14} = 2^{26}$，居然不能解决 3×5，这个硬伤如何补救？此时，指数函数的图象与性质呼之欲出，$\sqrt{2}$ 的经验应声而来，对数概念的创立终于水到渠成。

(4) 还原"查表"的经历。课堂的"造表"活动重演了历史上数学家创立对数概念的关键进程，在催生"造表"活动的同时，学生也体验了一回"查表"的经历。本课虽然查的是"指数表"，但原理相似，操作手法基本相同。在计算器出现之前，"对数表""计算尺"是近代科学家们案头常备的计算工具。如今这些计算工具已淡出人们视野，但当教师在课堂上实物展示《中学数学用表》时，此表已去也不过三十余年。

6.2　重建概念关系

以"抛物线及其标准方程"为例，它选自人教 A 版高中数学选修 2-1 第二章"圆锥曲线与方程"第四节[91]。通过前面三节的学习，学生理解了曲线与方程之间的关系，认识到椭圆、双曲线的焦点在不同的坐标轴上对应于不同的标准方程，并能解决有关直线与椭圆、直线与双曲线的简单问题。

学生对抛物线并不陌生。在初中，抛物线是作为二次函数的图象纳入到他们的知识体系之中的，但在高中则作为圆锥曲线的一类。学生可以理解抛物线因开口方向不同而分为四类不同的标准方程，解决直线与抛物线的位置关系问题也积累了一定的经验，对于抛物线的疑惑更多的是"同样的抛物线，为什么要再次进行研究？"

6.2.1　基于教材的思考

本节教材以"二次函数 $y = ax^2 + bx + c$ 的图象是一条抛物线"为切入口，通过作图法简要说明了抛物线的几何性质，然后引入抛物线的定义，进而推导其标准方程。本节是继"椭圆""双曲线"之后的第三类圆锥曲线——"抛物线"的起始课。抛物线作为圆锥曲线中的一员，有必要将之置于整个章节的背景下予以探讨和分析。

(1) 从概念的归属来看，抛物线与圆锥截口曲线的关系不明。教材在椭圆及其标准方程一节后交代了"为什么截口是椭圆"，并未类似地介绍双曲线、抛物线。直至章末"阅读与思考"中通过介绍从焦点发出的光线经反射后分为聚焦、发散、平行光这三种不同的光学性质，才将三类曲线归置到一起。实际教学中，多数教师会补充说明何种情况下圆锥的截口曲线是抛物线，但若在新授抛物线时将之视作显要的信息，即可对"为什么截口是椭圆"进行承继与呼应，也能回答抛物线何以列入"圆锥曲线"。

(2) 从定义的方式来看，抛物线与椭圆、双曲线有较大差异。椭圆、双曲线采用了第一定义，即平面内与两个定点距离之和(之差)为常数的叙述方式，这两类曲线之间的衔接顺畅自然，但抛物线采用的是圆锥曲线的统一定义，即平面上到一个定点 F 的距离和它到一条定直线 l(直线 l 不经过定点 F)的距离之比是定值 c 的点的轨迹。教材通过 2.2.2 节例 6 让学生感受椭圆的另外一种定义方式，并指出"教学时要注意控制难度，不要对学生提出椭圆的'第二定义'的概念，更不要提出建立圆锥曲线统一方程的要求"[92]。在 2.2.3 节的例 5 中也设置了类似问题，虽然提示了"该道例题的教学可以与椭圆的例 6 类比"[92]，但统一定义在椭圆和双曲线中均被明显弱化，因而提出定点、定直线、距离之比就显得比较突兀。

(3) 从方程的结构来看，抛物线与椭圆、双曲线有明显的区别。椭圆与双曲线的标准方程中均有 $\dfrac{x^2}{m}$ 与 $\dfrac{y^2}{n}$，形式接近，而抛物线则显得比较"另类"，x，y 只有其中之一的幂指数为 2。教材的"阅读与思考"[93]中介绍了圆锥曲线的统一定义，也给出了在直角坐标系中的统一方程 $(1 - e^2)x^2 + y^2 - 2pe^2 x - p^2 e^2 = 0$，但如上所言，已经不作要求。至于圆锥曲线所具有的统一的极坐标方程，也在现行教材中删去了(部分省份列入选学、选修内容)。

抛物线与椭圆、双曲线本是一个关系紧密的群体，由于三类曲线的教学要求不同而略显疏远。但细观教材便不难发现，以上分析中貌似的"不足"，恰恰也是编写者精心预设的课程资源。从 2.2.1 节后"探究与发现"中的"截口曲线"，到 2.4.2 节后"阅读与思考"中的"圆锥曲线的光学性质及其应用""圆锥曲线的离心率与统一方程"，"探究与发现"中"为什么二次函数的图象是抛物线"，乃至教材中的例题、练习等，显然是编写者有意设置以给予教师进行课程二次开发的机会。如何在不超越《课程标准》和《学科教学指导意见》的前提下，理顺初、高中抛物线的关系，抛物线与圆锥截口曲线的关系，抛物线定义与光学性质之间的关系，是解决学生疑惑的关键所在。

6.2.2 来自数学史的启迪

公元前 4 世纪，古希腊数学家梅奈克缪斯 (Menaechmus)，利用垂直于母线的平面去截顶角分别为锐角、钝角和直角的圆锥，发现了三种圆锥曲线。之后，数学家亚里士塔欧 (Aristaeus) 以及欧几里得(Euclid) 等对圆锥曲线进行了深入的研究。阿波罗尼奥斯(Apollonius) 在前人工作的基础上，对圆锥曲线进行了更为系统的研究，写出了经典之作——《圆锥曲线论》。阿波罗尼奥斯采用的是原始的截线定义，当时他对圆锥曲线的焦点——准线性质一无所知，甚至只字未提抛物线的焦点。直到 3 世纪末帕普斯(Pappus)才在其《数学汇编》中首次证明：与定点和定直线的距离成定比的点的轨迹是圆锥曲线，定比小于、大于和等于 1 分别对应椭圆、双曲线和抛物线。

16 世纪以后，解析几何的创立使人们对圆锥曲线的认识进入了一个新阶段：先建立坐标系，得出圆锥曲线的方程，再利用方程，研究圆锥曲线的性质，从而摆脱几何直观，达到抽象化的目标。

历史告诉我们，古希腊人最先是从平面截圆锥的截口上发现圆锥曲线的，并直接采用了三种曲线的截线定义，而圆锥曲线的焦点——准线性质的发现是相当滞后的。

6.2.3 抛物线定义的 HPM 重构

通过教材分析，结合抛物线的历史，我们希望能够承继之前学生已有的认识"为什么截口是椭圆"，并结合初中的二次函数图象认识抛物线，通过对抛物线光学性质的探究，重构抛物线的定义，形成了如图 6.2 所示的教学序。

"抛物线"定义的重构分四个阶段实施：

阶段一：发现抛物线。利用实物模型，用平行于圆锥母线的平面截圆锥，用学生已有的知识进行截口曲线的拟合，让学生探求出该截口曲线的解析式是初中已学的二次函数。

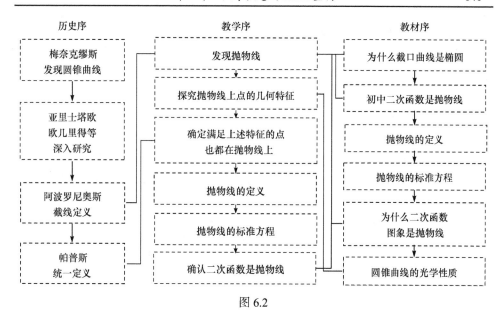

图 6.2

阶段二：探究抛物线上的点所满足的几何性质。将反光纸弯成如上所得的截口曲线，然后照射光线，观察并发现反射光线恒过某点。运用几何画板作出上述曲线，根据"入射角等于反射角"这一光学原理，再次核实观察所得的结论。用数学方法找到恒过的定点的虚像，发现虚像在某定直线上，从而得到抛物线上点都满足"到定点和到定直线的距离相等"。

阶段三：确定满足上述性质的点都在抛物线上。用几何画板作出满足上述几何性质的点，观察这些点是否在截口曲线上，从而得到"到定点和到定直线距离相等的点"都在抛物线上。至此，从概念的纯粹性和完备性两个角度，得到抛物线的定义。

阶段四：确认二次函数是抛物线。在建立直角坐标系求得抛物线的标准方程后，让学生回顾截口曲线所拟合的二次函数，发现是抛物线四种形式之一。教师在本课的延伸作业中可让学生继续探求初中所学抛物线的焦点和准线。

6.2.4　课堂教学实录[①]

1. 阶段一：发现抛物线

师：我们最近学习过椭圆，知道它是圆锥曲线的一种，那么它与圆锥有什么关系呢？

[①] 华东师范大学汪晓勤教授与浙江省义乌市王芳数学工作室合作开发 HPM 课例之一，执教者为浙江省义乌市大成中学徐超老师。

生：是用平面截圆锥得来的。

师：用平行于底面的平面截圆锥得到的是什么曲线？如果用与底面成一定角度的平面去截圆锥，又会得到什么曲线呢？

生 1：用平行于底面的平面去截是圆，如果平面与底面夹角较小得到的是椭圆，如果平面与底面角度较大如垂直，得到的是双曲线；还可能得到其他类型的曲线(图 6.3)。

师：好的，今天我们再来看一种特殊的截法，这里有一条母线，如果我们用平行于母线的平面去截(图 6.3)，得到一条曲线，那么这条曲线是什么呢？(略顿)请同学们思考下，我们研究曲线最基本的方法是什么？

生 2：建立坐标系，列表，描点，作图，求出它的方程，再判断是什么曲线。

师：现在作一平面使之与截面完全贴合，并描出这条截口曲线。将之放于坐标系中(图 6.4，教师在带方格的纸上手描截口曲线)，请同学们观察它经过哪些特殊点？

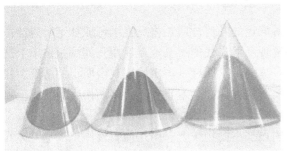

图 6.3

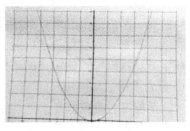

图 6.4

生 3：原点，(4，4)，(-4，4)，(8，16)，(-8，16)，而且 y 轴左右两边是对称的。

师：能不能试着写出方程呢？

生 3：猜测 $y = \frac{1}{4}x^2$。

师：这是我们初中学的二次函数，那么它是什么曲线？

生：抛物线。

2. 阶段二：探究抛物线上的点所满足的几何性质

师：我们知道，椭圆、双曲线都有严格的几何定义，而且是根据它们直观的几何定义得到抽象的解析定义(方程)的。那么，抛物线又有怎样的几何定义呢？要回答这个问题，可以先找出抛物线的一些几何性质。(学生思考)

师：记得举办奥运会时都要进行一项神圣的仪式，就是火炬传递，2008 年中国举办奥运会时就传递经过了 131 个国家，那么奥运火炬最开始的时候是怎么取火的呢？(教师用 PPT 呈现"火的起源"的故事，并旁白) 普罗米修斯盗取火种成为了神圣的元素。古希腊人在主神庙前燃烧着永不熄灭的火焰，其火种是通过一种叫做 skaphia 的凹面镜将阳光集中采集而成的，因为他们认为太阳神赐予的神圣方式是圣火纯洁性的重要保证。

师：那么凹面镜是如何把光聚集成火的呢？下面我们做一个实验，把这个截口曲线做成一个可以反射光线的小型抛物面 (取出教具，同步播放视频)。

师：请同学们观察反射光线，能否看出这些光线具有怎样的位置关系？

生 4：反射光线有交点，现在看去这个交点的位置似乎是定的(图 6.5 为教师在暗室中拍摄而成的光线反射视频截图)。

师：为了看的更清楚，我们用几何画板来模拟这个实验。先做出 $y = \frac{1}{4}x^2$ 的图象。任作一条入射光线，在截口曲线上取点 A，经镜面反射之后作出它的反射光线，现在我们平移入射光线，同学们观察反射光线能发现什么？

生：确实相交，而且都经过同一点(图 6.6 为教师用几何画板演示的截图)。

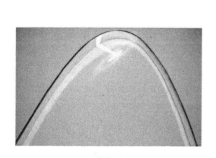
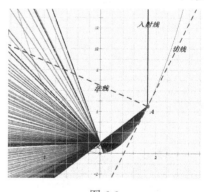

图 6.5　　　　　　　　　　　　　　　　图 6.6

师：好。那我们把这个点用 B 来表示。我们知道光线的传播路径是直线，并且光线是可逆的。如果在 B 点处放一个光源的话，那么这个光源就可以发出一些平行光线，根据这个原理，能做出一些东西，同学们都见过什么？

生 5：手电筒，还有军事上有的探照灯，汽车的远光灯……

师：我们在入射光线与截口曲线的交点即 A 点处作一镜面，找寻它的虚像。设 B 关于该切线的对称点为 B'，这就是虚像所在的位置。连接 BB'，易知 $AB = BB'$。平移这些入射光线，发现这些虚像会连成一条直线(图 6.7 为教师用几何画板演示的截图)。请写出这条直线的方程。

生 6：$y = -1$。

师：现在我们可以得到 $y = \frac{1}{4}x^2$ 上的点，到定点 $B(0,1)$ 的距离和到定直线 $y = -1$ 的距离相等。

3. 阶段三：确定满足几何性质的点是否在抛物线上

师：现在我们逆向思考，到定点 $E(0,1)$ 的距离和到定直线 $y = -1$ 的距离相等的点都在抛物线曲线 $y = \frac{1}{4}x^2$ 上吗？在 $y = -1$ 上取一点 M，连接 EM，该如何检测我们的思考是否正确？

生 7：可以作 EM 的中垂线，中垂线上的点到 M，E 的距离相等。

师：你所说的是到 E 与 M 这两个点的距离相等，而我们需要做的是到 E、到直线 $y = -1$ 的距离。

生 7：可以作 $y = -1$ 的垂线，它与中垂线的交点就是满足我们要求的点。

师：很好！现在我们移动点 M，你们观察一下能发现什么？

生 8：都落在前面得到的那条抛物线 $y = \frac{1}{4}x^2$ 上(图 6.8 为教师用几何画板演示的截图)。

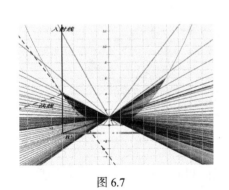

图 6.7　　　　　　　　　　　　　　　图 6.8

师：请总结刚才逆向检验得到的结论。

生 8：到一个点$(0，1)$的距离和到直线 $y = -1$ 的距离相等的点的轨迹方程是 $y = \frac{1}{4}x^2$。

师：到此为止，我们从正向、逆向即纯粹性和完备性两个角度探讨了抛物线与"到定点和到定直线距离相等"的关系，请你们总结出抛物线的定义。

生 9：平面内与一个定点和一条定直线的距离相等的点的轨迹叫做抛物线。

4. 阶段四：确认二次函数是抛物线

师：刚才我们通过选择不同的坐标系得到抛物线四类不同形式的标准方程。请你们把课初的抛物线方程也改写成标准方程的形式。

生 10：$x^2 = 4y$。

师：想起我们初中时熟悉的二次函数 $y = x^2$，请写出它的焦点坐标和准线方程。

生 10：先转化成标准形式 $x^2 = y$，然后得到焦点坐标是 $(0, \frac{1}{4})$，准线方程是 $y = -\frac{1}{4}$。

师：很好!同学们还可以考察一般形式的二次函数 $y = ax^2 + bx + c$ 的焦点和准线，参照本课采用的方法，利用得到的焦点、准线逆向求出其轨迹方程，看来初中和高中所学的"抛物线"并无差异，只是身份不同罢了。你们认为高中再次研究抛物线意义何在？

生 11：可以统一归类为圆锥的截口曲线，即圆锥曲线。

师：请同学们课后自学教材中的"圆锥曲线的离心力和统一方程"，你们会发现，椭圆、双曲线、抛物线既可统称为圆锥曲线，又具有不同的离心率。

6.2.5　课后调查反馈

课后，我们采用问卷和访谈两种方式，就抛物线图形的获得、抛物线概念的生成和对抛物线定义的理解等对学生进行了调查。

关于抛物线的获得，92%的学生反映由于有椭圆和双曲线作为铺垫，图象的获得比较自然，贴合思维发展的过程，与自己思考问题的方法基本一致；8%的学生则认为图象的获得比较新奇，与自己探索问题的方向不大一致。

关于抛物线概念的生成，86%的学生对利用几何画板作图取得抛物线的几何性质，特别是对焦点的生成，留下了深刻的印象；14%的学生基本能够理解抛物线的几何性质，对焦点有比较模糊的认识。

关于抛物线的定义，96%的学生能够很好地理解抛物线的几何定义，根据所学的知识正确地写出抛物线的焦点和准线；4%的学生能够较好地理解和接受抛物线的几何定义。

此外，虽然学生基本没有接触过 HPM 教学，但是 82%的学生认为 HPM 视角下的教学对掌握教材中的基本概念和基础知识很有帮助，18%的学生认为有一定的帮助。

6.2.6　数学史的作用

本课通过 HPM 重建了三组概念关系。

(1) 抛物线与圆锥曲线。梅奈克缪斯与阿波罗尼奥斯都运用截面法得到圆锥曲线，简略地来看，若前者是固定截面、变换圆锥，那么后者则是固定圆锥、变换截面。本课在回顾椭圆"是用平面截圆锥得来的"基础上，运用实物模型，让学生观察截面与圆锥的相互位置关系。在圆锥的母线上任取点 P(图 6.9)，当截面垂直于锥轴时截口曲线是圆。当截面渐渐倾斜，得到椭圆，直至截面倾斜到"和且仅和""圆锥的一条母线平行时，截口曲线不再闭合。在截面倾斜过程中，过点 P 可以得到无数个椭圆(如过 P_n)，而 P_0 与 P_1 是截口曲线发生质变的两个极端位置，具有特殊的几何意义。"圆"在必修②中已经学习，因此一个自然的想法是研究"平行于母线的截口曲线"，这就回答了为什么要研究抛物线的问题。采用阿波罗尼奥斯的截法，可以通过同一个圆锥建立起抛物线与椭圆之间的承继关系，也有助于把双曲线纳入其中，从而梳理出清晰的圆锥曲线体系。

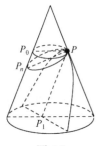

图 6.9

(2) 抛物线的初、高中定义。教材先回顾初中的二次函数图象是抛物线，并暂时搁下不表。在得到抛物线标准方程后，再反观方程形式，发现初中的二次函数图象是抛物线的某种特殊情形。简言之，即通过方程来发现、检验初中的抛物线。本课通过平行于母线的截面切割圆锥得到截口曲线后，教师并未断定抛物线。先让学生探究，通过手工描图、建系找点、根据点的坐标猜想曲线的方程。此时，学生对图象会产生多种猜想，如椭圆或双曲线的局部、幂指对函数图象的拼接、三角函数等，当然还有熟知的二次函数图象，这就避免了上课伊始教师复习二次函数图象的突兀。通过物理实验，正面回应了二次函数图象上的点都满足"到定点和到定直线的距离相等"，让新知识生长于已有的认知基础上，顺利统一初、高中对于抛物线的认识。

(3) 截线定义与统一定义。本课先认识截线定义，再探究统一定义，这一顺序与历史一致。所不同的是，在两种定义的衔接过程中，介入了解析几何的思想方法。其一，运用坐标法猜想、探寻截口曲线的类型。虽然坐标法比帕普斯的统一定义晚了数千年，但学生此时已有函数图象、直线与圆、椭圆双曲线等的坐标法经验，这样处理更贴近学生的学习实际。其二，借鉴曲线与方程的思想探讨抛物线的定义。"曲线"与"方程"是解析几何中具有奠基意义的一对概念。只有同时满足"曲线上的点的坐标都是方程的解"与"以方程的解为坐标的点都在曲线上"这两个条件，"方程的曲线"与"曲线的方程"才能形成唯一的对应关系。以这一思想为指导，通过光学实验发现"截口曲线上的点到定点与到定直线的距离相等"之后，教师并未罢休，而是要求学生逆向思考，追问"到定点 $E(0,1)$ 的距离和到定直线 $y = -1$ 的距离相等的点都在抛物线曲线 $y = \frac{1}{4}x^2$ 上吗？"使定义兼具了纯粹性和完备性，让学生更好地理解两种定义的演变进程，深刻体会到帕普斯统一定义的数学价值和历史意义。

6.3　推进数学探究

以"基本不等式"为例，它选自人教 A 版高中数学必修⑤第三章"不等式"第四节[94]。通过前面三节的学习，学生认识到自然界中存在着大量的不等关系，积累了一些关于不等式的基本知识，能求解一元二次不等式，理解二元一次不等式(组)与平面区域的关系，借助几何直观解决简单的线性规划问题。

基本不等式 $\sqrt{ab} \leqslant \frac{a+b}{2}$（$a > 0$，$b > 0$），当且仅当 $a = b$ 时取到等号，这是解决最大(小)值问题的有力工具，俗称"最值定理"。因其运用广泛，教师常将之口语化为"和定积最大，积定和最小"，或"求最值，凑定值"，或"一正、二定、三相等"，说法不一而足。一些学生虽然可以用它解决简单的最值问题，但仍然不能理解"为什么要凑定值"，"为什么要先凑成定值，之后才能运用取到等号的条件"。例如"已知正数 a，b 满足 $2a + b = 3$，求 ab 的最大值"，有以下解法：令 $a = b$，解出 $a = b = 1$，则 ab 的最大值为 1。访谈中解题者并不承认"没有用过 $\sqrt{ab} \leqslant \frac{a+b}{2}$"，认为 $\sqrt{ab} \leqslant \frac{a+b}{2}$ 中的不等关系就意味着最大值，而最大值在 $a = b$ 时取到。此类错误在 a，b 具有对称轮换性的问题中往往能够获得正确答案，变成不少学生求解最值问题的"捷径"。这一错误暴露了学生并未真正理解基本不等式。加之多数学生能轻易证明该基本不等式，这使得教师在强调"凑定值"时显得"理壮而词穷"，导致本节课教学重心后移，异化为解题训练课。久而久之，用基本不等式求最值也变得盲目冒进、机械操作。

6.3.1　基于教材的思考

本节教材内容依序梳理如下。

(1) 运用会标及代数替换得到基本不等式。教材首先就第 24 届国际数学家大会的会标(图 6.10)设计了一个探究活动，让学生从中找出相等关系和不等关系。根据大正方形面积大于 4 个直角三角形面积之和，得到 $a^2 + b^2 > 2ab$。当直角三角形变为等腰直角三角形时即 $a = b$ 时，内部小正方形缩为一个点，得到 $a^2 + b^2 = 2ab$。把不等关系和相等关系分开探讨，突出强调取到"等号"的条件。

将两个关系合并为 $a^2 + b^2 \geqslant 2ab$，则是对任意实数 a, b 均成立的关系式。再用 $\sqrt{a}$，$\sqrt{b}$ 分别代替 a, b，就得到了 $\sqrt{ab} \leqslant \dfrac{a+b}{2} (a > 0, b > 0)$。显然，取到等号的条件仍然需 $a = b$。把会标作为基本不等式的几何背景，既弘扬了我国古代数学成就，又挖掘了会标的数学含义，可谓一箭双雕。

(2) 运用不等式相关知识证明基本不等式。一是间接证明，先证明 $a^2 + b^2 \geqslant 2ab$ 再用 $\sqrt{a}, \sqrt{b}$ 分别代入；二是直接证明，教材给出了分析法，学生也可用比较法或综合法等。

(3) 运用圆半径与半弦几何解释基本不等式。教材设计的第二个探究活动针对一个几何图形(图 6.11)。因为线段 CD 的长度小于或等于圆的半径，故得到 a，b 的算术平均数 $\dfrac{a+b}{2}$ 与几何平均数 $\sqrt{ab}$ 的大小关系，此即基本不等式的几何解释。

图 6.10

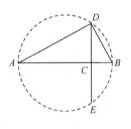

图 6.11

(4) 通过实际问题体会基本不等式的广泛应用。例 1 就"篱笆围菜园"设计了两个小题：①用篱笆围一个面积为 100m² 的矩形菜园，问这个矩形的长、宽各为多少时，所用篱笆最短？②一段长为 36m 的篱笆围成一个矩形菜园，问这个矩形的长、宽各为多少时，菜园的面积最大？例 2 有关一个无盖长方体形储水池的造价最低问题。

由上可知，教材既从数、形两个角度诠释了基本不等式，又运用推导、证明两个方面确保其正确性，还采取分、合两种方式强调了取到等号的条件，如此安排可谓严谨细致，寓意深远。但为什么学生对"最值定理"仍然心存疑惑？虽然他们对基本不等式的证明、取等号的条件皆不感觉困难，但这一结论是自然而然的吗？其中是否存在着认识误区？基本不等式中的"定值"与"取等"并非相互依存，而有先后之别，如何解释这一关系？"定值"这一概念是如何出现的？图 6.10、图 6.11 对"定值"的解释有何独特作用？概言之，如何发挥教材四个部分内容的作用，以促进基本不等式的理解？

6.3.2　来自数学史的启迪

基本不等式 $\sqrt{ab} \leqslant \dfrac{a+b}{2}$ 是均值不等式 $\dfrac{2}{\dfrac{1}{a}+\dfrac{1}{b}} \leqslant \sqrt{ab} \leqslant \dfrac{a+b}{2} \leqslant \sqrt{\dfrac{a^2+b^2}{2}}$ 的

局部，它既体现了任意两个正数之和与积的永恒关系，又可用于解决最值问题。以下数学史料将围绕这两个方面展开。

人类对于均值不等式的认识历史悠久，早期数学史料中就有它的身影。古巴比伦时期，祭司通过和差术得出均值不等式，古巴比伦数学泥版 YBC 4675 上梯形分割问题中也得到了均值不等式。公元前 6 世纪，古希腊的毕达哥拉斯学派已经研究过算术中项、几何中项与调和中项的值。虽然他们没有关注这些数值之间的不等关系，但距均值不等式已经近在咫尺。

公元前 3 世纪，古希腊数学家欧几里得在《几何原本》卷二中提出相当于

如下恒等式的命题(命题 5)：$\left(\dfrac{b-a}{2}\right)^2 + ab = \left(\dfrac{b+a}{2}\right)^2$，可得不等式 $\left(\dfrac{a+b}{2}\right)^2 \geqslant ab$

$(a>0, b>0)$，但该不等式并未见于《几何原本》。不过，欧几里得在《几何原本》卷六命题 13 中给出了两个正数的几何平均数的几何表示的作图方法(图 6.12)，在半圆的直径 AC 上取点 B，记 $AB=a$，$CB=b$，则 DB 为正数 a，b 的几何平均数，这为从几何角度理解 $\sqrt{ab} \leqslant \dfrac{a+b}{2}$ 提供了启发。阿基米德在《论球与圆柱》中，为了用穷竭法证明球体积公式，利用了两个命题，其中利用比例的性质很容易得出结果，而均值不等式的得出是更为简单的情形[95]，由此推断阿基米德可能是最早知道均值不等式的古希腊数学家。

毕达哥拉斯学派的后继者又陆续研究了另七类中项，尼科马库斯(Nicomachus)统

一了各类中项的定义，继而推得均值不等式 $\dfrac{2ab}{a+b} < \sqrt{ab} < \dfrac{a+b}{2} < \dfrac{a^2+b^2}{a+b}(b>a>0)$

的其中四项。公元 3 世纪末，古希腊亚历山大时期几何学家帕普斯在其《数学汇编》卷三第二节讨论各种中项问题。帕普斯讨论了在同一个圆内表示这三个中项的图形及证明(图 6.13)。作 $BF \perp OD$ 于 F，则 $DO = \dfrac{a+b}{2}$，$DF = \dfrac{2ab}{a+b}$。过点 D 作圆 O 的切线交 AC 延长线于 G，在 GD 延长线上取点 E，使得 $DE=DG$，设 BE 与 OD 交于点 K。帕普斯运用图中的 6 条线段 DO，OK，OF，AB，BC，BD 还得到其他中项的几何作图法。

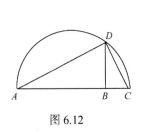
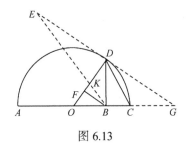

图 6.12　　　　　　　　　　　　　　图 6.13

"等周问题"是联系均值不等式与最值问题的重要纽带。史料表明，古人对等周问题普遍存在误解。公元前 5 世纪，古希腊著名历史学家修昔底德(Thucydides)通过绕岛航行一周所需时间来估算西西里岛的大小。公元前 130 年古希腊著名历史学家波里比阿(Polybius)发现，有人对于周长相等的营地可以容纳不同人数的事实感到困惑不解。公元 1 世纪，罗马著名博物学家普林尼 (Pliny) 也根据周长来估算不同地区的面积。公元 5 世纪古希腊哲学家普罗克拉斯(Proclus)曾提到，过去有人通过周长来推断城市的大小；而在他自己所生活的时代，有人在分配土地时，将周长大、但实际上面积更小的土地分配给他人，而将周长更小、但面积更大的土地分给自己，还被人们视为大公无私。

公元前 2 世纪左右，数学家芝诺多鲁斯(Zenodorus)写了一本名为《论等周图形》的书，专门研究等周问题。书中给出了许多命题，其中一个是：在边数相同、周长相等的所有多边形中，等边且等角的多边形的面积最大，并运用两个引理进行证明，从中得出均值不等式。关于等周问题，还有一个广为人知的传说，数学家欧拉小时候放羊，在篱笆长度确定的情况下如何让矩形的面积更大，聪明的欧拉发现只需将其围成正方形即可。

东汉末至三国时代，中国数学家赵爽在《周髀算经》作注时给出了"大方图"，又称"弦图"，即教材中的会标，可推得均值不等式。公元 263 年中国数学家刘徽为《九章算术》作注，在注中证明了"勾股容方"公式，即得均值不等式。

6.3.3　$\sqrt{ab} \leqslant \dfrac{a+b}{2}$ 的 HPM 重构

由上所述，学生在学习、运用基本不等式时的困惑与古人在"等周问题"上的误解相似，若能在新授课时予以点明，有利于化解疑惑。

在相关史料的查找、浏览、对照中也看出，编写者已经在本节教材中置入了丰富的数学史内容，只不过未一一点明罢了。如教材中对于基本不等式的几何解释，分别采用了欧几里得等比中项(图 6.12))的做法、帕普斯同一圆作各类中项(图 6.13)的思想。教材例 1 的"篱笆围菜园"问题与欧拉的传说类似。

同时，就基本不等式的理解及运用而言，都涉及两个关键概念——"定值"与"最值"。以"定值"为前提，"$b=a$"决定了取到最值的充要条件，而a与b的不等关系恰恰是描述向最值变化过程的重要因素。

综合以上三个因素，设计了如图 6.14 所示的教学序。

基本不等式$\sqrt{ab} \leqslant \dfrac{a+b}{2}$的重构以教材为纲、史料为鉴，用"问题串"的方式，设计了五个环环相扣的问题。

(1) 让学生思考环岛一周时周长与面积关系，以更好地展现基本不等式的来龙去脉；

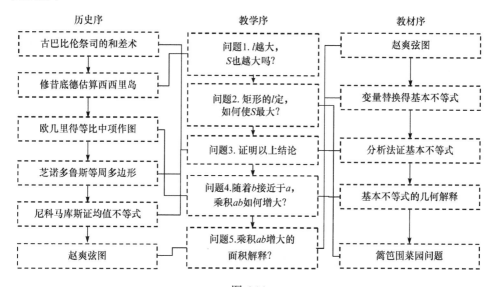

图 6.14

此处用 l 表示周长，S 表示面积，a, b 分别表示矩形的长与宽

(2) 从教材例题受到启发，通过欧拉羊圈问题(等周问题)，引出"周长定，面积最大"问题，猜想得出基本不等式；

(3) 通过代数证明基本不等式，发现算术平均数和几何平均数两者的变化关系，与古巴比伦时期的和差术不谋而合，体会代数证明的简洁与直接；

(4) 通过几何角度，分析欧几里得的半圆模型，了解$\sqrt{ab} \leqslant \dfrac{a+b}{2}$的几何解释，感受基本不等式背后蕴含的文化内涵与价值；

(5) 通过代换得到$2ab \leqslant a^2+b^2$，从勾股定理联想到赵爽弦图，再通过弦图的多次迭代，感受几何证明的巧妙与美，领略中国传统文化与古代先民的智慧。

6.3.4　课堂教学实录①

问题一：周长越大，面积也越大吗？

师：同学们，你们可能听说过国外某某小岛低价出让使用权。岛主梦，确实令人向往！设想我们正坐在轮船上，前面有两个小岛——绿岛和蓝岛，想选择面积较大的岛屿当岛主，又一时无法测出面积，该怎么办？(教师略顿，看到学生的目光都聚集过来，教师接着说)我提供一个方案：在航速相同的情况下，绕岛航行一周所需时间越长，即环岛海岸线越长，面积一定越大吗？

生1：不一定，岛是弯弯曲曲的，不能确定。

师：能否举一个同学们熟悉的反例？

生1：例如长12、宽1的矩形，与长10、宽3的矩形，周长虽然相等，面积却不同。

生2：有时周长小但面积可能更大。例如长5、宽4的矩形，周长比(生1的)第一个矩形小，但面积反而大。(教师在黑板上整理成表6.4)

表 6.4

类别	矩形 1	矩形 2	矩形 3
长	12	10	5
宽	1	3	4
周长	26	26	18
面积	12	30	20

师：看来周长大、面积也大的观点是不对的。古人也犯过这样的错误。公元前5世纪古希腊著名历史学家修昔底德通过绕岛航行一周所需时间来估算西西里岛的大小。公元5世纪有人在分配土地时，将周长大、实际上面积更小的土地分配给他人，而将周长更小、但面积更大的土地分给自己，还被人们称颂为大公无私。如果有了今天的认识，我们就能识破他的诡计。

师：与同学们得到的结果类似，这两个岛可通过现在的技术进行测量，绿岛海岸线3991 km，蓝岛为1440 km，绿岛面积58.7万 km^2，蓝岛为74.3万 km^2，绿岛的海岸线比蓝岛长，但面积反而更小。

---

① 华东师范大学汪晓勤教授与浙江省义乌市王芳数学工作室合作开发 HPM 课例之一，执教者为浙江省义乌市第二中学吴静波老师。

问题二：矩形的周长为定值时，如何使面积最大？

师：现在限定矩形的周长为定值，它的面积会怎样？

生 3：如果让矩形的一边无限接近于 0，即给人一种变得越来越细的感觉，那么面积也无限接近于 0。

师：当然不可能取到 0，不然就"瘦"成线段了。那么面积有最大值吗？

生 3：正方形时最大。

师：数学家欧拉小时候放羊也遇到了类似的问题。欧拉的爸爸养了有 100 只羊，按每只羊占地 $6\,m^2$ 计算，需要一个面积为 $600\,m^2$ 的羊圈。欧拉的爸爸想用篱笆围一个长 40 m、宽 15 m 的矩形羊圈，但篱笆只有 100 m，不够围。在只有 100 m 篱笆的情况下，怎样能保证每只羊占地面积不少于 $6\,m^2$？

生 4：围成正方形，这个正方形的边长为 25，面积为 $25^2 = 625 > 600$。

师：欧拉和你想得一样。我们把它推广到一般的情形。对于周长相等长方形和正方形，记长方形的长为 a、宽为 b，正方形边长为 $\dfrac{a+b}{2}$。则 $S_{正方形} = ab$，

$S_{正方形} = (\dfrac{a+b}{2})^2$。按照同学们的猜想，则有 $ab < (\dfrac{a+b}{2})^2$。当 $a = b$ 时取到等号，即 $ab \leqslant (\dfrac{a+b}{2})^2$。

问题三：证明以上结论。

师：数学是一门严谨的学科，不仅要大胆猜想，还需小心论证。请同学们证明这个猜想。(教师巡视，展示学生的证法)

生 5：我采用差值比较法，$(\dfrac{a+b}{2})^2 - ab = \dfrac{(a-b)^2}{4} = (\dfrac{a-b}{2})^2 \geqslant 0$，当且仅当 $a = b$ 时取 "="。

生 6：我采用了分析法(过程略)。

师：在周长为定值的条件下，矩形面积的取值范围是 $(0, (\dfrac{a+b}{2})^2]$。当矩形的长与宽相等时面积有最大值，即取到区间的右端点。现在我们来考察面积从 0 向 $(\dfrac{a+b}{2})^2$ 的变化情况。请问，图形从很"细"的长方形逐渐变化至正方形的过程中，面积一直是递增的吗？会不会出现波动？例如，先变大、再变小、又变大……到正方形的时候达到最大呢？

生 7：一直变大。

师：请说明你的依据。

生 7：可以用生 5 的式子。面积之差 $\left(\dfrac{a+b}{2}\right)^2 - ab = \left(\dfrac{a-b}{2}\right)^2$，当 $a-b$（教师更正为 $|a-b|$）越小，$S_{矩形} = ab$ 越接近于 $S_{正} = \left(\dfrac{a+b}{2}\right)^2$。

生 8：也可以把这个式子化为 $ab = \left(\dfrac{a+b}{2}\right)^2 - \left(\dfrac{a-b}{2}\right)^2$，当 a 与 b 越来越接近，$\left(\dfrac{a-b}{2}\right)^2$ 越来越小，则 ab 越来越大，当 $a=b$ 时达到最大。

师：很好！古巴比伦时期的数学泥版上也记载着像你这样的看法呢！（教师 PPT 呈现）$\begin{cases} a = \dfrac{a+b}{2} + \dfrac{a-b}{2}, \\ b = \dfrac{a+b}{2} - \dfrac{a-b}{2}, \end{cases}$ 两式相乘，即 $ab = \left(\dfrac{a+b}{2}\right)^2 - \left(\dfrac{a-b}{2}\right)^2$，这种做法称之为"和差术"。因为 $(\dfrac{a-b}{2})^2 \geq 0$，故 $ab \leq (\dfrac{a+b}{2})^2$。这是古巴比伦时期的祭司用"和差术"证明上述猜想。

问题四：随着 b 接近于 a，乘积 ab 如何增大？

师：从这个式子（指 $ab = (\dfrac{a+b}{2})^2 - (\dfrac{a-b}{2})^2$）可以看出，随着宽 b 越来越接近于长 a，$(\dfrac{a-b}{2})^2$ 越来越趋向于 0，因此面积呈现出递增的态势——越来越接近于 $(\dfrac{a+b}{2})^2$。我们对于递增有着不少经验，请你们画出一些具有递增特点的曲线（学生画图，教师巡视，并挑选出较具代表性的图象予以展示）。

师：同学们所画的这些曲线都是函数图象（图 6.15），同样是增函数，但表现递增过程的曲线却可以千姿百态。今天我们无意于从函数的角度、通过设 $|a-b| = x$ 来绘制面积 ab 的函数图象，这比较复杂。我们试着从几何角度直观地了解，随着 b 与 a 接近，面积是怎样向 $(\dfrac{a+b}{2})^2$ 递增的。

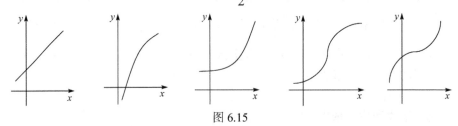

图 6.15

师：初中时我们称 $\dfrac{a+b}{2}$ 为两个数的算术平均数，现在又称 $\sqrt{ab}$ 为几何平均数。几何平均数？难道和几何有关？(学生疑惑，又期盼)数学家欧几里得在《几何原本》中给出了两个正数的几何平均数的作图方法(图 6.16)：$AC = a + b = 20$，点 B 是 AC 上的一个动点，取 $AB = a$，$BC = b$，以 AC 为直径作半圆。过 B 作 AC 的垂线交半圆于点 D。请同学们思考为什么 $DB = \sqrt{ab}$？

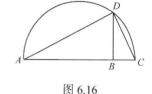

图 6.16

生 9：利用 $\triangle ADB$ 与 $\triangle DCB$ 相似，求出 $BD = \sqrt{ab}$。

师：对，请问可以用哪条线段表示 $\dfrac{a+b}{2}$？

生 10：OD（图 6.17）。根据直角三角形斜边长度大于直角边，就有 $\sqrt{ab} < \dfrac{a+b}{2}$；当点 B 与点 O 重合时 $\sqrt{ab} = \dfrac{a+b}{2}$。

生 11：也可以用 OE。这时，$OE // BD$，根据半径大于半弦，就有 $\sqrt{ab} < \dfrac{a+b}{2}$；当 B 与点 O 重合时也是 $\sqrt{ab} = \dfrac{a+b}{2}$。

师：请同学们比较生 10 与生 11 的方案，认为哪个方案更直观地表现出"随着 b 与 a 接近，$\sqrt{ab}$ 向 $\dfrac{a+b}{2}$ 接近"？

生 12：生 11 的方案更好些。过 D 作 $DF \perp OE$ 于 F，则 $EF = \dfrac{a+b}{2} - \sqrt{ab}$（图 6.18），随着 b 与 a 接近，点 D 沿着四分之一圆弧从 C 走向点 E，EF 就越来越短，这样既直观也方便。

师：嗯，很好！变化态势一目了然。增长的幅度沿圆弧的走势一直变大。

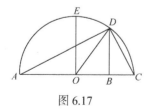

图 6.17

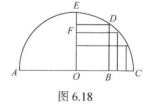

图 6.18

问题五：随着 b 接近于 a，乘积 ab 增大的面积解释？

师：对于 $\sqrt{ab} \leqslant \dfrac{a+b}{2}$，用 a^2 代替 a，b^2 代替 b，即 $ab \leqslant \dfrac{a^2+b^2}{2}$，适当的变形为 $a^2 + b^2 \geqslant 2ab$。看到 $a^2 + b^2$ 你们想到了什么？

生 13：勾股定理。

师：是的，我国数学家赵爽在证明勾股定理过程中，也发现了这个关系(图 6.19)。直角边 a，b，由勾股定理得斜边 c 满足 $a^2+b^2=c^2$。这个称为"弦图"，它含有三个正方形，斜放着的正方形的边长为 c，它的面积是 $S_{斜}=a^2+b^2$。大正方形边长为 $a+b$，小正方形边长为 $a-b$，它们的面积之差 $S_{大}-S_{小}=4ab$，则位于斜正方形与小正方形之间的四个直角三角形面积为 $2ab$。从图中可以直观看出 $a^2+b^2>2ab$，a^2+b^2 与 $2ab$ 的差就是小正方形面积，a^2+b^2 比 $2ab$ "多了多少"一目了然! (教师见很多学生点头认同，又采用几何画板对赵爽弦图进行动态演示如图 6.20，以及由它延伸出的迭代图形 6.21。在图形的动态演示过程中，学生们不禁被图形之美感染，发出阵阵感叹。)

师：这个图形巧妙地回答了我们的猜想和疑惑。它实用而且体现了对称、和谐的视觉之美，宛如中国传统的风车图案。旋转的风车意味着悠久历史的东方古国好客热情，欢迎来自全世界的朋友，因此在 2002 年在北京召开第 24 届国际数学家大会时作为会标(图 6.10)，以显示中国古代数学家的鲜明特色及中国古人的聪明才智与独具匠心。

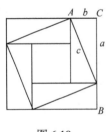

图 6.19

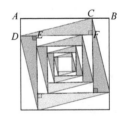

图 6.20

图 6.21

6.3.5　课后调查反馈

课后，我们对全班学生做了问卷调查及部分访谈。

关于"周长越大面积也越大"。94%的学生能够认识到周长越大并不能说明面积越大，80.2%的学生能够举出反例，但 30.6%的学生觉得通过绕岛时间来判定岛面积大小时容易产生错觉。

关于"矩形的周长为定值时，如何使其面积最大"。98%的学生凭直觉认定为"正方形"，80%的同学因为与欧拉的看法一致感到自豪，24%的学生一时找不到证明的方法，但经提示后大都能顺利证明结论。

关于基本不等式的获得。95.6%的学生认为基本不等式的获得自然生动，令人印象深刻，4.4%的学生认为可以接受。

关于基本不等式的运用。本课的后半部分为"运用基本不等式"求最值、证明不等式，课后练习检测显示，88.9%的学生对于基本不等式的理解过关，11.1%的学生基本达标，这样的效果已明显高于平行班。

大部分学生认为 HPM 视角下的教学有助于概念的形成与知识的理解，数学史可以让他们更有兴趣去学习，发现、理解新知识，体会到一个简单的不等式背后竟蕴含着这么多丰富的内容与数学家们思考问题的精神。

6.3.6　数学史的作用

本课借助数学史，围绕五个问题，层层深入展开了五次探究。

(1) 探究问题之源。"周长越大，面积也越大吗？"数学史告诉我们，这是一个极易发生错觉的问题。它是"和定积最大"的前身，从学生运用基本不等式的情况来看，不少解题错误的根源恰恰在于此。正因为这样，本课没有直奔"和定积最大"，而是借助数学史追溯问题之源，从古人的错误中得到启发，把修昔底德绕岛航行估算西西里岛大小的历史典故置换为贴近学生生活的场景。问题的情境既没有限定几何图形(平面)的形状，也没有限定周长是"定值"，吸引了全班学生的积极参与。在得到正确的结论后，教师适时补充了"公元 5 世纪有人分配土地、自私反被赞颂为无私"的故事，让学生认识到数学知识的科学价值。

(2) 探究研究之道。"矩形的周长为定值时，如何使其面积最大？"，学生对此并不感觉困难，但教师把教材中"篱笆围菜园"提前，与欧拉的传说结合，便有了一种浓浓的生活情趣，问题的解答也颇具实用性。在解决限定的几何图形、实际应用问题之后，再让学生猜想一般化的结论，体现出"先特殊后一般""先具体后抽象"的数学研究方法。本课把数学史有机地融入这一研究过程之中，不仅使学生增强了自我体验，也认识到他们与数学家的直觉相通。

(3) 探究证明之法。对于"证明以上结论"，教师在看到学生用分析法、比较法证明不等式 $\sqrt{ab} \leqslant \dfrac{a+b}{2}$ 后，把"差值比较法"与古巴比伦祭司的"和差术"联系起来，并介绍从二维推广到 n 维的结论，即芝诺多鲁斯关于多边形等周问题的论述。以等周问题的之"形"联想、介绍欧几里得的中项作图法，启发学生从几何的角度证明该不等式，借鉴帕普斯的思路开展教材的第二个探究活动。

(4) 探究递增之势。"随着 b 接近于 a，乘积 ab 如何增大？"这涉及递增的过程。高中学生对于"递增"的认识尚未成熟，教师引导学生继续挖掘欧氏图 6.12 的提供的信息，与学生共同观察、讨论 $\sqrt{ab}$ 向定值 $\dfrac{a+b}{2}$ "递增"的变化态势。这样做有助于学生直观理解其变化过程，又能形象地看到" $a=b$ "对取到"最值"的重要作用，还能丰富他们对于"递增"的多元认识。

(5) 探究变化之态。如何实现"乘积 ab 增大的面积解释？"教师引导学生观察图 6.12，发现它运用了两条线段的长度分别代表两个值 $\sqrt{ab}$ 与 $\dfrac{a+b}{2}$。以乘积 ab 为线索，启发学生从面积的角度寻找几何解释，从而想到以 a^2 替代 a、以 b^2 替代 b，得出公式 $2ab < a^2 + b^2$。回顾初中的勾股定理，引出赵爽的弦图。利用几何画板呈现弦图的动态效果，进一步理解在"定值"的前提下从"$b<a$"渐变到"$b=a$"、取到最值的动态过程。这样一来，赵爽弦图成为促进知识理解的重要载体，充分体现了我国古代先民的智慧。

6.4　再现数学创造

以"数系的扩充与复数的概念"为例，它选自人教 A 版高中数学选修 2-2 第三章"数系的扩充与复数的引入"第一节[96]，是该章的起始课。本章分两节，第二节为"复数代数形式的四则运算"。在此之前，学生头脑中仅有实数的概念，复数的引入是中学阶段数系的又一次扩充，可以使学生对于"数"的概念有一个初步的、完整的认识，也为进一步学习数学打下基础。

本节教材通过提供问题"方程 $x^2 + 1 = 0$ 在实数集中无解。联系从自然数系到实数系的扩充过程，你能设想一种方法，使这个方程有解吗？"展开教学。与学生访谈发现，他们的真实感受是：既然初中教材已经明确这个方程没有实根，到了高中何必非得使它有根？如何使学生认识"引入新数"的必要性是本课教学的难点。

此外，该教材将"复平面"安排在下一节，删去了复数的三角形式，复数内容被缩减，要求相应降低，学生无法充分感受复数的应用价值，导致学完了复数仍然觉得虚数"飘渺而无用"。如何诠释"虚数不虚"有助于理解引入新数的必要性。

6.4.1　基于教材的思考

在教材"数系的扩充与复数的概念"的正文部分，有以下内容：

(1) 回顾自然数系逐步扩充到实数系的过程，可以看到，数系的每一步扩充都与实际需求密切相关。随后，教材通过回顾有理数系扩充到实数系后，不仅解决了使方程 $x^2 - 2 = 0$ 有解的代数问题，也解决了正方形对角线的几何度量问题，使学生认识到数系扩充的作用，以及数系扩充时在运算方面必须满足的要求。

(2) 依照这种思想，我们来研究把实数系进一步扩充的问题。随后，提出了使方程 $x^2 + 1 = 0$ 有解，设想引入一个新数，并希望引进的新数 i 和实数之间仍然能像实数系那样满足运算方面的要求。

(3) 依照上述设想，把实数 a 与 i 相加，结果记作 $a+i$；把实数 b 与 i 相乘，结果记作 bi……新数集应该是 $\mathbf{C}=\{a+bi \mid a, b \in \mathbf{R}\}$。

在教材的"章头图"部分，有以下内容：

(1) 我们知道，在实数集内，像 $x^2+1=0$ 这样的方程是没有根的。因此在研究代数方程的过程中，如果限于实数系，有些问题就无法解决。一个自然的想法是，能否像引进无理数……引进新的数……复数概念的引入与这种想法直接相关。

(2) 复数是 16 世纪人们在讨论一元二次方程、一元三次方程的求根公式时引入的。它在数学、力学及其他学科中都有广泛的应用。

(3) 本章我们将通过解方程等具体问题，感受引入复数的必要性……感受人类理性思维在数系扩充中的作用。

在教材的"小结"部分，再次提到"数系扩充的过程体现了实际需求与数学内部矛盾对数学发展的推动作用，同时也体现了人类理性思维的作用"。

综上所述可以看出，本课教学需解决三个问题：

(1) 引入新数的根源在于解决方程根的问题的需要，考虑到学生对初中在 $\Delta<0$ 时一元二次方程没有实根已形成根深蒂固的观念,而高中阶段对求解一元三次方程根不作要求，如何阐明引入新数的必要性？

(2) 如何把一元二次方程、一元三次方程有根问题归结到使方程 $x^2+1=0$ 有根？

(3) 运算法则决定了复数的代数形式，但学生对运算要求的观念比较淡薄，如何使复数的代数形式自然地生成？

6.4.2　来自数学史的启迪

虚数的引入并非一帆风顺。在 16 世纪以前的数学家看来，负数开平方就是一个"不可能"问题。12 世纪印度数学家婆什伽罗(Ⅱ)(Bhāskara Ⅱ)认为 $x^2+1=0$ 在实数范围内没有解，他指出："正数与负数的平方都是正数，正数的平方根有两个，一个正，一个负。但是负数没有平方根，因为它不是一个平方数。"在欧洲，12 世纪西班牙犹太学者希亚(A. bar Hiyya)、13 世纪意大利数学家斐波那契(Fibonacci)、15 世纪意大利数学家帕乔利(L. Pacioli)和法国数学家许凯在讨论一元二次方程的根时，都遇到了 $\Delta<0$ 的情形，他们也不承认方程的负数开平方根的存在。

复数的真正开端始于 16 世纪。意大利数学家卡丹(G. Cardan)在 1545 年出版的《大术》中给出了三次方程 $x^3=px+q$ 求根公式 $x=\sqrt[3]{\dfrac{q}{2}+\sqrt{\dfrac{q^2}{4}-\dfrac{p^3}{27}}}-\sqrt[3]{\dfrac{q}{2}-\sqrt{\dfrac{q^2}{4}-\dfrac{p^3}{27}}}$。

1572 年邦贝利(R. Bombelli)提出三次方程 $x^3 = 15x + 4$ 有三个根 $x = 4$ 与 $-2 \pm \sqrt{3}$，但是用 $p = 15$，$q = 4$ 代入式得到的却是 $x = \sqrt[3]{2 + \sqrt{-121}} + \sqrt[3]{2 - \sqrt{-121}}$ 与 $-2 \pm \sqrt{3}$。16 世纪至 17 世纪数学家们对于卡丹公式"不可能"情形以及邦贝利三次方程根之间的矛盾感到困惑，这驱使莱布尼茨以及之前的邦贝利对虚数进行深入研究并最终解决矛盾，这是研究负数开平方根问题的直接动因。

1629 年荷兰数学家吉拉德(A. Girard)在《代数新发现》中提出了代数基本定理。之后，瑞士著名数学家约翰·伯努利(John Bernoulli)、英籍法国数学家棣莫弗(De Moivre)、瑞士数学家欧拉都做出了努力。欧拉在《无穷分析引论》中给出了著名公式 $e^{i\theta} = \cos\theta + \sqrt{-1}\sin\theta$，证明了吉拉德提出的代数基本定理，还证明了方程的根是成对出现的(教材的"阅读与思考"栏目介绍了这些结论)。在复数的几何表示方面，挪威名不见经传的测量员韦塞尔(C. Wessel)、瑞士簿记员阿甘德(J. R. Argand)、德国大数学家高斯给出了复数的类似几何解释，哈密顿将复数建成为一个完善的、逻辑上更为严谨的数学理论。

随着科技的不断进步，复数理论已越来越显得重要。18 世纪法国数学家达朗贝尔(D'Alembert)将复变函数理论应用于流体力学。复数理论也被广泛的应用于电磁学、热学等领域。爱因斯坦的相对论在运用了虚数以后也变得容易被人理解了。20 世纪以后出现了必须要使用复数的量子力学，它的基本方程——薛定谔方程

$$ih\frac{\partial}{\partial t}\varPsi(r,t) = \hat{H}\varPsi(r,t)$$

中必须用到虚数单位 i。

6.4.3 数系的扩充和复数概念的 HPM 重构

在分析教材、回顾数学史的过程中，有四点值得注意：

(1) 虚数引入之前的历史与学生学习虚数之前的认识相似，对 $\Delta < 0$ 都采取了不承认有根、或是无须让它有根的想法，这可以成为引发学生共鸣的教学起点；

(2) 尽管卡丹的三次方程求根公式超出教学要求，但学生对于邦贝利的三次方程 $x^3 = 15x + 4$ 尚有可入手。用观察法得出它的一个根 $x = 4$，从而把一元三次方程转化为一元二次方程。教师不必在公式 $x = \sqrt[3]{\dfrac{q}{2} + \sqrt{\dfrac{q^2}{4} - \dfrac{p^3}{27}}} - \sqrt[3]{\dfrac{q}{2} - \sqrt{\dfrac{q^2}{4} - \dfrac{p^3}{27}}}$ 上纠缠太多，不妨直接介绍即可；

(3) 复数的代数形式以"运算"为基础，有必要让学生体验这一知识的形成过程；

(4) 复数理论的运用非常广泛，但多体现在高等数学、现代高科技领域，与

学生的知识水平、日常生活都有一定的距离，把下一节"复数的几何意义"的部分内容前置以诠释"虚数不虚"，也不失为值得尝试的方案。结合教材、数学史及学情，设计了如图 6.22 所示的教学序。

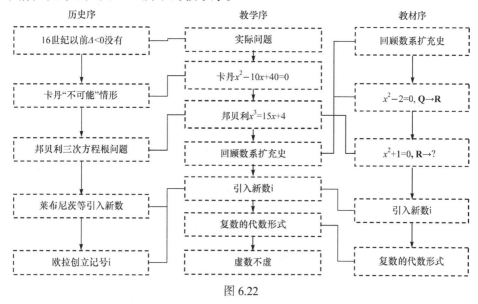

历史序　　　　　　　　　教学序　　　　　　　　　教材序

图 6.22

本课教学分三个阶段实施。

阶段一：引入虚数的必要性。教师通过创建一个实际问题情境，引出卡尔丹的一元二次方程。在学生认为 $\Delta<0$ 方程无实根之后，教师揭示问题，并结合邦贝利的三次方程根的问题，寻找问题的根源所在，概括出使方程 $x^2+1=0$ 有解的必要性。借鉴数系扩充的历史经验，引入新数 i。

阶段二：复数的代数形式。教师给出三个数 2，3，i，让学生添加运算符号进行重组，探讨可能出现的新数。教师对学生设计出的新数进行总结、分类，归纳提炼出复数的代数形式。

阶段三：澄清虚数不虚。简单介绍复数的几何表示，用复数方法解决一个学生熟悉的物理问题，让学生认识到复数在解决实际问题中的作用。

6.4.4　课堂教学实录[①]

1. 阶段一：引入虚数的必要性

师：为欢庆元旦，我们要用 20 分米长的彩带制作一个面积为 24 平方分米的

---

① 华东师范大学汪晓勤教授与浙江省义乌市王芳数学工作室合作开发 HPM 课例之一，执教者为浙江省义乌市大成中学方国青老师。

长方形框架。请问该如何确定这个框架的长和宽？

生 1：设长为 x 分米，宽为 y 分米，则有 $\begin{cases} x+y=10, \\ xy=24, \end{cases}$ 解得长为 6 分米，宽为 4 分米。

师：1545 年意大利数学家卡丹在《大术》中也提到这样一个类似的问题"将 10 分成两个部分，使它们的乘积等于 40，如何求这两个数？"

生 2：方法一样。设其中一个数是 x，则另一个数为 $10-x$，得到 $x^2-10x+40=0$。但这里的 $\Delta=-15<0$，方程无解。

师：如何理解"方程无解"？

生 2：就是没有实根的意思。

师：是的，当时卡丹也这么认为，但他运用二次方程的求根公式，却发现

$$(5+\sqrt{-15})+(5-\sqrt{-15})=10，\quad (5+\sqrt{-15})\cdot(5-\sqrt{-15})=40。$$

生：怎么能这样？！(教室内一片质疑之声)

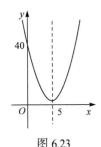

图 6.23

师：这确实令人匪夷所思。方程的根即函数图象与 x 轴交点的横坐标。函数 $f(x)=x^2-10x+40$ 的图象表明(图 6.23)，方程两根之和 $x_1+x_2=10$ 是对称轴的 2 倍，两数之积 $x_1\cdot x_2=40$ 是图象与 y 轴交点的纵坐标。我们可以清楚地从直角坐标系中看到这两个根之和与积所在的位置，却找不到这两个数……它们跑哪儿去了呢？

师：事情还远不止此。我们知道，一元二次方程的根有三种情形：①当 $\Delta>0$ 时有两个相异实根；②当 $\Delta=0$ 时有两个相等实根；③当 $\Delta<0$ 没有实根。对照前两种情形，第三种显得不太和谐。你们认为这里的理想情形是怎样的？

生 3：最好 $\Delta<0$ 时也有两个什么根。可惜它们并不存在！

师：看来，我们已经开始希望它们存在了。接下来请同学们尝试着解方程 $x^3=15x+4$ (教师巡视，发现不少学生感觉困难，于是提示学生能否先找出它的一个根)。

生 4：我得到了一个根 $x=4$，这样一来方程就可以因式分解为 $(x-4)(x^2+4x+1)=0$，因此该方程有三个根 $x=4$，$-2\pm\sqrt{3}$。

师：很好！其实三次方程也有求根公式，也叫卡丹公式，$x=\sqrt[3]{\dfrac{q}{2}+\sqrt{\dfrac{q^2}{4}-\dfrac{q^3}{27}}}-$ $\sqrt[3]{\dfrac{q}{2}-\sqrt{\dfrac{q^2}{4}-\dfrac{q^3}{27}}}$ (学生先感到好奇，继而又皱眉头)。同学们不要觉得它繁，用处可大着呢！今天我们并不学习这个公式。16 世纪意大利数学家邦贝利用这个公式也得

到了三个根 $x=-2\pm\sqrt{3}$，$\sqrt[3]{2+\sqrt{-121}}+\sqrt[3]{2-\sqrt{-121}}$。对照一下，你们发现了什么?

生：$\sqrt[3]{2+\sqrt{-121}}+\sqrt[3]{2-\sqrt{-121}}=4$(众人脱口而出，齐刷刷盯着这个等式，眼中充满疑惑和神奇)。

师：同一个方程，根当然相同，这是一个不争的事实。但这个式子一边是实数 4，一边是用两个负数的平方根组合而成的数，它们居然"站"到了一起。卡丹、邦贝利及他同时代的数学家也和你们一样对此感到惊讶，但解三次方程又必须弄清这个困惑。种种矛盾摆在我们眼前，你们觉得这些矛盾指向哪里?

生 5：矛盾就是负数开平方。如果负数可以开平方就好了。

师：但-121，-15，-16，-17，-17.777(教师随口说出一串数字)……负数不胜枚举，我们显然无法逐个解决，怎么办?

生 6：只要-1 能开平方，那么所有的负数都可以开平方。

师：我也赞同! 现在的问题是如何让-1 可以开平方，即使方程 $x^2+1=0$ 有解? 历史上出现这样的矛盾冲突不止一次。前事不忘，后事之师。从解方程的角度回顾数系的扩充，或许对我们会有所启发。

(1) 在自然数域 **N** 中 $x+4=1$ 无解，引入负整数后方程有解。**N** 扩充到 **Z**，可实施加法、减法和乘法;

(2) 在整数域 **Z** 中 $3x-2=0$ 无解，引入分数后，方程有解。**Z** 扩充到 **Q**，可实施加、减、乘和除法(除数不为零);

(3) 在有理数域 **Q** 中方程 $x^2-2=0$ 无解，引入无理数后，方程有解。**Q** 扩充到 **R**，可实施加、减、乘法、除法和开方运算。

看来每一次数的概念扩充，都是在原来数集基础上"添加"新数得来。在新的数集中，原来的运算和性质仍然使用，同时解决了某些运算在原来数集中不可以实施的矛盾。今天我们遇到了负数开平方这个超越实数集范围的问题，怎么办呢?

生 7：我们也可以添加新数，对实数集进行扩充。

师：很好! 刚才我们已经把问题聚焦于"使方程 $x^2+1=0$ 有解"，那么我们也可以引入这样一个新数"i"，使"i²=-1"。新数 i 是 1777 年欧拉提出的，他用了"imaginary"一词的首字母，本意是它只是存在于"幻想之中"。

教师作以下总结：引入这样一个新数 i，把 i 叫做虚数单位，并且规定:

(1) i²=-1;

(2) 实数可以与 i 进行四则运算，运算时原有的加法与乘法的运算律(包括交换律、结合律和分配律)仍然成立。

2. 阶段二：探索复数的代数形式

师：请同学们用 2, 3, i 这三个数中的若干个进行四则运算，看看谁写的运算关系式更加丰富多彩。

生 8：2, 3, i, 2+i, 2−i, 3×i, 3÷i。

生 9：3i+2, 2i−3, 2i×3, 2i÷3。

生 10：i^2, i^3, 还有 2^i, 3^i。

师：指数运算不属于四则运算，但这位同学的想法很有意思。如果将 i 的次数从小到大排列成：i^1, i^2, i^3, i^4, i^5, ……，可以发现什么规律？

生 11：哦，以 4 为周期，i, −1, −i, 1 循环出现。

生 12：可以总结成 $i^{4n}=1$, $i^{4n+1}=i$, $i^{4n+2}=-1$, $i^{4n+3}=-i$。

师：对于 2^i, $3^i=?$ 我们尚在探究中。这让我想起了 1988 年在美国举办的数学公式选美大赛的冠军——欧拉公式 $e^{i\pi}+1=0$，来自数学各个领域的五朵金花"i, e, π, 0, 1"在此同放异彩，珠联璧合，玄妙奇妙，完美地体现数学家的智慧！

师：现在我们一起来看前面的几个数。能否通过适当的变化，使它们具有统一的结构？

生 13：对照 $2\pm i$，$3\pm i$，还有 $2=2+0\cdot i$，$i=0+1\cdot i$，$3\div i=\dfrac{3\cdot i}{i\cdot i}=0-3\cdot i$，都可以写成"实数+实数×i"。

师：是的，我们用字母 a, b 代表实数，可以写成 $z=a+bi(a,b\in \mathbf{R})$，这就是复数的代数形式。其中 a 叫做复数的实部，b 叫做复数的虚部，i 称为虚数单位。

师生对上述各数进行归类分组，总结成图 6.24 和图 6.25。

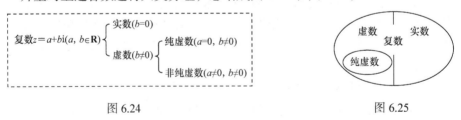

图 6.24　　　　　　　　　　　　　　　　　图 6.25

通过例题"当实数 m 为何值时，复数 $z=m(m-1)+(m-1)i$ 是(1)实数？(2)虚数？(3)纯虚数？(4)0？(5)6+2i？"巩固上述知识，并探讨复数相等的充要条件。

3. 阶段三：澄清"虚数不虚"

师：现在我们已经可以像卡丹一样来解决他的问题。

$$(5+\sqrt{-15})+(5-\sqrt{-15})=(5+\sqrt{15}\cdot i)+(5-\sqrt{15}\cdot i)=10，$$
$$(5+\sqrt{-15})\cdot(5-\sqrt{-15})=(5+\sqrt{15}\cdot i)\cdot(5-\sqrt{15}\cdot i)=25-15\cdot i^2=40。$$

对于邦贝利的三次方程中的问题，也有

$$x = \sqrt[3]{2 + \sqrt{-121}} + \sqrt[3]{2 - \sqrt{-121}} = \sqrt[3]{2 + 11 \cdot i} + \sqrt[3]{2 - 11 \cdot i} = (2 + i) + (2 - i) = 4 。$$

(首尾呼应解决数学家的问题，学生积极性很高)

师：我们知道，所有的实数都可以与数轴上的点一一对应，而复数的代数形式告诉我们，它由两个实数确定。我们是否也像实数一样，为复数建立一个与之对应的几何模型？

生 14：这样的话就需要再引入一根数轴……直角坐标系就是用两根数轴的，行吗？

师：看看能否一一对应(图 6.26)，你们的想法与高斯不谋而合！我们称之为复平面。这样一来，虚数也能看得见啰！

师：下面我们来看人教版必修一《高一物理实验手册》第 42 页中的一个实验，如图 6.27。

图 6.26   图 6.27

(1) 把方木板放在桌面上，用图钉把白纸钉在方木板上；

(2) 用图钉把橡皮条的一端固定在方木板上 A 点，橡皮条的另一端 B 栓上两根细绳；

(3) 用两把弹簧秤分别勾住两根细绳，沿两个不同方向拉橡皮条，使橡皮条的结点 B 拉到点 O，记下两根弹簧秤读数和两根细绳方向。

师：若已测得实验数为 F_1=7N，F_2=25N，$\cos \angle F_1 O F_2 = -\dfrac{7}{25}$，请用力的合成探求合力的大小及方向。

学生用平行四边形法则做出力的合成图(图 6.28)，并计算

$$BC = \sqrt{OF_1^2 + OF_2^2 - 2OF_1 \cdot OF_2 \cos \angle F_1 O F_2}$$

$$= \sqrt{7^2 + 25^2 + 2 \times 7 \times 25 \times (-\frac{7}{25})} = 24 ，$$

故 $\angle FOF_1$=90°，得合力方向与橡皮条方向相反。

师：借助复平面，我们也可以这样处理，如图 6.29。则 F_1=7+0·i，F_2=-7+24i，F_1+F_2=24i，结论也是相同的，但它的运算相对快捷。

师：高斯提出复平面的概念，终于使复数有了立足之地，也为复数的应用开辟了道路。请同学们课后参考书籍资料、网络资源完成一个复数学习总结报告。建议学习方向有数系发展的历史轨迹与发展展望，数学大师谈虚数，复数与其他学科的联系，虚数在物理学多个领域中的应用。

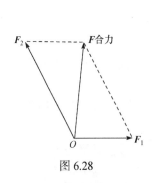

图 6.28

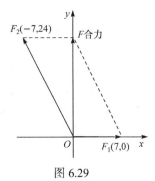

图 6.29

6.4.5　课后调查反馈

课后，我们采用问卷和访谈两种方式对学生进行了调查，结果表明：

(1) 虚数的引入方式。46%学生认为"三次方程负数开平方根"更易于接受，54%学生认为三次方程根的问题虽没有学过，但教师在教学中已将难点弱化，并未增加思维负担。

(2) 概念的探究过程。82%学生认识到数系的扩充经历了一个从无到有、从模糊到清晰、从矛盾冲突产生到问题解决的过程，76%学生认识到每一个数学知识背后都包含诸多艰辛与曲折。

(3) 虚数概念的理解。21%学生认为尚不能完全理解"虚数"这一新概念，如欧拉所言"本质上它们是不可能的，它们只存在于想象之中"；79%学生认为虚数还是可用的，学习后对虚数所持的态度由怀疑转为接受；83%学生认为虚数在物理力学中的简单应用有助于减弱其排斥心理,并体会到不同学科之间的神奇联系；8%学生认为数学法则是一种人为的规定，这也验证了高斯说的"对许多人来说，虚数似乎只是一种符号游戏"。

(4) 数系扩充的规律。81%学生认为运算过程是系统化的传承过程，通过自我建构复数的代数形式，有助于他们认识复数；19%学生认为教师直接给出形式更能够接受，不需要通过复杂的探究，通过练习强化记忆即可。

(5) 课后延伸学习。本课小结部分，教师为学生提供了一个学习指南，要求学生参考书籍资料、网络资源等完成一个复数学习总结报告。24%学生查阅了虚数发展过程中的历史人物与事件。如莱布尼茨认为："虚数是美妙而奇异的神灵隐蔽所，它几乎是既存在又不存在的两栖物。"如爱因斯坦评价"虚数不虚"等内容。18%学生查阅了解了狭义数与广义数，向量、张量、矩阵、群、环、域等概念，并写了数系展望小论文，把数的概念研究推向新的高峰。36%学生了解复数可以作为二维复平面上的坐标点操作的运算工具，在物理学、水利学、地图学、航空学中应用十分广泛。22%学生了解了虚数角和乘方表示方式在处理交流电问题时很方便，虚数表示的质量和长度是一种描述具有负重力的物体的办法等物理学方面知识。汉纳(Hanna)和杰勒克(Jahnke)认为物理应用可以"揭示复杂数学结构的本质特征，提供可以从整体上把握的证明"，"对于促进学生的理解具有很大的潜力"。

6.4.6　数学史的作用

弗赖登塔尔认为，数学教学方法的核心是学生的"再创造"。数学是人创造的，是现实世界的抽象反映和人类经验的总结，数学教育应该让学习者在实践的过程中，自己"再创造"出各种运算法则或定律、数学知识。但任何创造并非从天而降，而是要受到某些因素的刺激才能产生动机、开展行动。本课在利用数学史激励学生进行数学"再创造"方面进行了积极的尝试。

(1) 再现三大冲突，让"引入新数"成为不得不为之事。

冲突一："数"与"形"的冲突。在学生得到方程 $x^2 - 10x + 40 = 0$ 并根据 $\Delta = -15 < 0$ 认为它无解后，教师追问"如何理解方程无解？"并告知学生"卡丹也这么认为"。师生产生共鸣后，教师话锋一转，挑出了其中的问题所在：函数图象上明明可以看到两个数的和与积，但这两个数却"找不到"。换言之，不存在的两个"数"，它们的和与积却有实实在在的"形"，自然会问"它们跑哪儿去了？"就此埋下疑惑的种子。

冲突二："数"与"数"的冲突。虽然一元三次方程求根公式属于"超纲"内容，但教师并未在公式上纠缠。教师先让学生解出 $x^3 = 15x + 4$ 的根 $x = 4$，$-2 \pm \sqrt{3}$。然后换种做法——把数字代入求根公式，直接给出了三个根 $x = -2 \pm \sqrt{3}$，$\sqrt[3]{2 + \sqrt{-121}} + \sqrt[3]{2 - \sqrt{-121}}$。一对照，几乎全班学生都脱口而出 $\sqrt[3]{2 + \sqrt{-121}} + \sqrt[3]{2 - \sqrt{121}} = 4$，等式的左边是"不存在的数"，右边是切切实实的"实数4"。如果说冲突一与学生的初中经验矛盾，那么冲突二则与学生的小学经验形成矛盾，这让学生意识到"何必非得让 $\Delta < 0$ 也有根"的看法难以站住脚。

冲突三："有"与"无"的冲突。一元二次方程的根的三种情形种，当 $\Delta > 0$ 与 $\Delta = 0$ 时均"有两个"实根的结论，但 $\Delta < 0$ 却"没有"实根。倘若前两个冲

突是对矛盾的理性审视，那么此处则从数学美学的角度发现了"不和谐"，从而希望"最好 $\Delta < 0$ 时也有两个什么根"。

三次冲突聚焦于"使方程 $x^2 + 1 = 0$ 有解"。通过一番围追堵截，学生头脑中出现了新的假想或期待，但如何解决尚不明晰。教师适时地回顾数系扩充的历史，以史为鉴，使引入新数成为学生自然而然的想法。通过教学，让学生感受到，数系扩充的过程体现了实际需求、数学内部矛盾催生了数系的扩充，而数系扩充也体现了人类理性思维的作用。

(2) 再现"运算法则"指导下复数的代数形式的形成过程。

项武义先生认为："运算律就是整个代数学的基础"。他指出，在数系的逐阶扩充中，可以清楚地看到下述两点："'后者的运算律之普遍成立'是由'前者运算律之普遍成立'"推导而得的"，"使得运算律在逐步扩张的过程中得以保持其运算律的普遍成立，其实就是每一步扩张的做法的一个指导思想。"[97]。让学生经历复数代数形式的形成过程，实质上是体验运算法则对于复数代数形式的决定性作用，感受引入新数时需能传承、包容既有数系中的运算关系，这些观念远非教学语言可以形容与传递。

对于高中学生而言，四则运算是基础中的基础。因为基础，反而容易忽视；也正因为基础，恰恰可以启动学生全身心的投入。在本课，教师并未将事先说明各种运算规则，而是给出了三个数"2，3，i"，放手让学生添加四则运算符号。通过学生创造"关系式"，涌现了许多具体的例子。然后师生一起对这些"关系式"进行变形、归类。

例如 $2\mathrm{i} \times 3 = 6\mathrm{i}$，$3 \times \mathrm{i} = 3\mathrm{i}$，$2\mathrm{i} \div 3 = \dfrac{2}{3}\mathrm{i}$，归类为"实数×i"。则 $3 \div \mathrm{i} = \dfrac{3}{\mathrm{i}} = \dfrac{3 \times \mathrm{i}}{\mathrm{i}^2} = -3\mathrm{i}$，属于该类。

对 $3\mathrm{i} + 2$，$2\mathrm{i} - 3$ 的位置进行调整，+、-合一，归类为"实数+实数×i"。把上面一类理解为"0+实数×i"，则这些数均可写成"实数+实数×i"。

另外几个看似不和谐的数也能纳入上述形式。$2 = 2 + 0 \times \mathrm{i}$，$\mathrm{i} = 0 + 1 \times \mathrm{i}$，$\mathrm{i}^2 = -1 = -1 + 0 \times \mathrm{i}$，$\mathrm{i}^3 = -\mathrm{i} = 0 + (-1) \times \mathrm{i}$，因此发现四则运算后的数可统一概括为"实数+实数×i"。再用字母代表数，抽象出" $z = a + b\mathrm{i}\,(a, b \in \mathbf{R})$ "。

但教学并未就此结束。形式 $z = a + b\mathrm{i}\,(a, b \in \mathbf{R})$ 可以容纳这些具体的数，能否容纳所有的实数？除了实数外，其他的是什么数？追问下去，就得到了图6.24、图6.25所示的数的分类，因而把" $z = a + b\mathrm{i}\,(a, b \in \mathbf{R})$ "称为复数的代数形式。

最后，教师跨学科引入了一个物理问题。该问题把复数的几何意义巧妙地糅合到力的合成之中，隐含了复数加减运算与平面向量加减运算的关系。通过两种方法对比，凸显了复数运算之快捷便利，进一步让学生从几何角度感受复数代数形式的科学意义。

6.5　HPM 课例开发的阶段特征与实践启思

6.5.1　研究的缘起

为进一步推进 HPM 走进高中课堂，2010 年始笔者主持的义乌市高中数学王芳工作室与华东师范大学汪晓勤教授带领的 HPM 研究团队结盟，采用"三试三议"模式进行 HPM 课例开发，迄今已完成如上分享的四个课例及"椭圆及其标准方程"[98]、"三角函数的定义"[99]、"棱柱的定义"[100]、"不等号的设计"[101]共计八个课例。

所谓"三试三议"，即执教者先进行第一次试教，经集体议课后进行第二次试教，再经集体议课⋯⋯如此循环三轮以求不断完善。这些课例直接取材于人教 A 版课程标准实验教科书，执教者皆为高中一线教师，三次试教均在不同学校进行。其间，高校学者提供史料检索与科学性方面的帮助，而工作室成员则从课堂教学的可行性上进行尝试。

"三试三议"的主要目的是提高课例的普适性，为众多教师进行该内容的教学提供参考。课例开发过程中，我们发现，尽管这些课例的内容并不相同，同一课例的三次试教也发生了变化，但八个课例的横向比较上却表现出某些共性。那么，这些共性之中是否蕴含着数学史作用于数学教育的某种规律？这些规律表现出哪些具体特征？这些特征又如何促进了数学教育？为此，通过课堂观察、问卷调查与访谈等方式进行了跟踪研究。

6.5.2　研究的方法

1. 课堂观察

借鉴沈毅、崔允漷的"课堂观察框架"[102]，我们选择了学生学习、教师教学、课程性质三个维度并进行了适当改良：

(1) 尽可能选择与课堂观察者个人因素无关的量化指标；

(2) 项目设置上既突出 HPM 特性又立足当前课堂实际；

(3) 有利于描述三次试教的动态演变过程。经过筛选整合，设立了 26 项观察指标，形成"基于 HPM 的课堂观察量表"(表 6.5)。用此来观察后五个课例的三次试教，观察者随堂采集量表数据，再根据录像核对校正(最初的三个课例因条件所限未能录制)。

表 6.5

观察维度	观察项目	观察指标
学生学习	倾听	学生倾听教师讲解或同伴回答问题的次数、时间
	互动	学生参与小组讨论的人数、次数、时间
	自主	学生进行自主学习的形式(概念学习/解题训练/教材阅读)、次数、时间
教师教学	环节	教学环节中具有 HPM 特征的创意设计、次数、时间
	呈示	HPM 的运用方式(附加式/复制式/顺应式/重构式)、次数、时间
	对话	基于 HPM 内容的师生沟通方式(教师单向提问/学生主动提问/师生多向交互)、次数、时间
	指导	基于 HPM 内容的指导学生学习方式(自主学习/合作学习/探究学习)、次数、时间
课程性质	内容	借助 HPM 处理教材的策略(增/删/换/合/立)、比例、次数
	实施	利用 HPM 引发的教材知识的教学方法(讲授/讨论/探究)、次数、时间
	评价	检测学习目标所采用的评价方式(即兴对话反馈/随堂检测练习)、次数、时间

2. 问卷调查与访谈

问卷调查与访谈的对象是已完成 HPM 课例开发的八位执教者。问卷主体依照三次试教相应分成三个部分,下设"试教前""试教中""试教后"三个子项。大都采用选择或填空的形式,某些问题可作多项选择,其中穿插了"干扰项",以辨析被调查者的真实动机。访谈内容包括历次试教的成功、不足、变动之处及原因,课例开发的收获与建议,以及对答卷访模糊信息进行的澄清等。

为使调查与课堂观察有效统一,问卷与访谈的结果也划分为"史料维度""学生维度""教材维度"与"教法维度",以便分析教师在这四个方面的实际情况。

最后,利用 Excel 工具对所得全部信息进行汇总与分类统计。

调查问卷参见附录,今择下文将分析的六个主要问题如下。

问题 1　在备课过程中,以下项目对您备课所产生的作用较为重要的三项是(　　　)。

A. 教材中的本课内容　　　　B. 《作业本》[①]　　　　　C. 《教学指导意见》

D. 《教师用书》　　　　　　E. 以往的备课材料(如教案、课件等)

F. 教材中的阅读材料　　　　G. 网络资源　　　　　　　H. 数学史书籍

---

① 《作业本》是浙江省教育厅教研室组织编写的配套教辅用书,为浙江省中学数学教师的常备用书。

问题 2　在备课过程中，您最希望获得他人提供的帮助是(　　)。

　　A. 教材中关于数学知识方面的见解　　　B. 本课教学设计方面的建议

　　C. 本课有关的数学史料　　　　　　　　D. 查阅本课相关史料的建议

　　E. 本课已有的 HPM 课例　　　　　　　F. 其他内容的 HPM 课例

问题 3　在备课过程中，您认为自己最需要做的工作是(　　)。

　　A. 尽可能多地获得所教内容的(非数学史)数学知识

　　B. 尽可能多地获得本课教学法方面的参考资料

　　C. 充分估计学生的认知困难

　　D. 尽可能多地搜集本课有关的史料

问题 4　在课堂教学中，对于以下项目，您当时特别关注的(至多三项)是(　　)。

　　A. 本课知识或技能的教材内容　　　　　B. 本课过程或方法的教材内容

　　C. 本课知识或技能的数学本质　　　　　D. 本课过程或方法的数学本质

　　E. 教材中知识或技能的数学史料　　　　F. 教材中过程或方法的数学史料

　　G. 学生的情感态度与价值观　　　　　　H. 学生的认知困难

　　I. 学生的学习状态

问题 5　对问题 4 所列的项目，您试教后认为应予重视的(至多三项)是(　　)。

问题 6　这次试教后，对于以下项目，您认为较为成功的(至多三项)是(　　)。

　　A. 教材知识的教学效果　　　　　　　　B. 体现数学的学科特点

　　C. 体现数学学习的探究性　　　　　　　D. 课堂的组织形式

　　E. 学生的活动参与　　　　　　　　　　F. 解决学生的学习困难

6.5.3　研究结果与分析

　　通过量表、问卷与访谈的多方互证，研究发现三次试教呈现出动态变化，且具有明显的阶段特征。

　　1. 阶段一：高度关注数学史料，并尽可能多地运用于教学

　　表 6.6 是问卷中八位执教者在第一次试教前与试教中对问题 1～4 的频数统计。

表 6.6

问题序号 ＼ 选项	A	B	C	D	E	F	G	H	I
问题 1	4	0	1	0	1	4	4	6	
问题 2	0	2	3	2	1	0			
问题 3	0	0	0	8					
问题 4	2	0	2	4	4	3	0	0	0

表 6.7 是五位执教者第一次课堂观察量表部分数据。

表 6.7

观察项目 ＼ 执教者序号	1	2	3	4	5	平均值
运用 HPM 的次数	3	2	4	5	2	3.2
运用 HPM 的课堂时间占比	0.67	0.58	0.83	0.70	0.81	0.72
以 HPM 处理教材的知识占比	0.81	0.73	0.62	0.75	0.42	0.67
HPM 的主要运用方式	重构式	重构式	重构式	重构式	重构式	
运用 HPM 的主要教学方法	探究式	讲授式	讨论式	讲授式	讲授式	
推进教学的主要因素	教师	教师	教师	教师	教师	

结合表 6.6、表 6.7 可以发现：

(1) 执教者备课时高度关注数学史，较为清晰地建构了本课相关史料的自我认知。表 6.6 中，问题 1 选项 H，F，G 频数之和占该题总频数的 $\frac{7}{10}$，问题 2 选项 C，D，E 频数之和占该题总频数的 $\frac{3}{4}$，问题 3 全部执教者选择了 D，这些选项均属于"史料维度"，各题被选的频数平均值达 82%，明显高于其他维度。访谈得知，2 人查阅和整合史料占其备课时间达 80%。这表明执教者意识到数学史知识的匮乏，在"竭力搜寻相关史料"，产生了积极的学习心向。3 人认为对其开发课例的史料"已能满足本节课的教学需要"，4 人认为"还不够，但知道从哪些方面进行充实"。尽管这些教师对高中数学课程所涉及的数学史知识仍极为匮乏，但就本课而言，与其他一线中学教师相比，已拥有较多的史料储备。

(2) 执教者在教学中尽可能地运用数学史。表 6.7 中，五位执教者运用 HPM 次数的平均值达 3.2 次，课堂时间占比平均值达 72%，以 HPM 处理教材的知识占比也为 67%。从借助 HPM 处理教材的策略来看，只有 1 人选择了"合"，4 人选择了"增"，其中 1 人所增补的数学史内容"超纲"。访谈得知，执教者研读相关史料后发现了它的教育价值，因而努力地将其运用到课堂。

(3) 执教者预设运用史料与实际运用史料之间出现反差，在教学中表现出明显的"不适应"。表 6.6 问题 4 选项 E，F 频数之和占该题总频数的 $\frac{7}{15}$。访谈得知，教学设计所用史料占其所知(与本课相关)史料比例的平均值仅为 0.31，其原因是他们根据教学实情进行了调整，删减了某些预备使用的史料。尽管执教者都选择了"重构式"，但在行为上却较多地依赖"讲授式"，课堂中大都通过教师单方力量推进教学，而学生较多时间处于"倾听"的状态，这与他们的备课初衷相距甚远。虽然学生对数学史知识表现出浓厚兴趣，但在执教者的自我评价中，4 人认为"不满意，需要较大改进"，只有 1 人认为"比较满意"，有教师认为"用数学史设计的部分在教学中不够顺畅，有点别扭"。

简言之，在第一阶段，史料成为执教者的主要研究对象。经过研读，教师认识到史料的教育价值，产生了积极运用数学史的心向。课堂中数学史所占比例大幅增加，但多以素材的形式穿插介绍，与数学教材知识的学习、解题等之间切换的痕迹较为明显。

2. 阶段二：以数学史料为指导，关注教材知识的数学本质

我们比较了问卷中八位执教者在第一次试教后、第二次试教前与试教中相关问题的频数变化，发现表 6.6 问题 1—4 中"史料维度"的频数之和从 14，6，8，7 急剧下降到 6，1，1，2，而其他一些数据却发生了变化。表 6.8 显示了第二次试教阶段问卷中频数变化明显的部分。

表 6.8

问题序号	选择支	原频数	现频数
问题 1	E	1	4
问题 2	A	0	5
问题 3	A	0	4
问题 4	C	2	5
问题 5	C	4	0
问题 5	D	0	4

这些变化也体现在课堂教学之中。表 6.9 所列"第二次试教课堂观察量表"中，与表 6.7 相同的栏目显示"本次减去上次的差"，以便对照，并增加了"第二次试教与第一次试教在教学设计上的改动占比"。

表 6.9

观察项目 \ 执教者序号	1	2	3	4	5	平均值
运用 HPM 的次数(比较数据)	−1	0	−1	−2	0	−0.8
运用 HPM 的课堂时间占比(比较数据)	−0.16	−0.11	−0.08	−0.07	−0.17	−0.118
以 HPM 处理教材的知识占比(比较数据)	−0.06	−0.16	−0.03	−0.11	+0.09	−0.054
教学设计的改动占比	0.4	0.6	0.3	0.5	0.3	0.42
HPM 主要运用方式	重构式	重构式	重构式	重构式	重构式	
运用 HPM 的主要教学方法	探究式	讲授式	讨论式	讨论式	讨论式	
推进教学的主要因素	数学	数学	教师	数学	教师	

综合分析表 6.8、表 6.9 发现:

(1) 执教者关注对象从"史料"转向"教材"。表 6.9 频数上升最明显的是问题 2 选项 A,其次是问题 3 选项 A,分别有 5 人、4 人从"没有关注"转向"关注"。访谈中 4 人认为第一次试教"数学史实与教学内容衔接比较生硬",2 人认为"数学史占用了过多的时间,来不及讲教材中的数学知识"。从表 6.9 看到,3 人减少了运用 HPM 的次数,HPM 占用的课堂时间减少了 11.8%。这表明执教者将上次试教的"不满意",更多地归因于"数学史"与"教材内容"的冲突,他们意识到"自己教的是数学而非数学史",必须重新回归教材。

(2) 执教者通过数学史挖掘教材内容的数学本质。表 6.8 中,问题 5 选项 C 的频数从 4 下降到 0,而选项 D 则从 0 上升到 4。问题 4 选项 C,D 均指向数学本质,两项频数之和为 9。这表明教师对数学史的教育价值依然持肯定态度,但希望其更多地作用在"过程或方法"上。问题 1 选项 E 表明 4 人试图把第一次所用得数学史与已有的教学经验结合起来,他们认为"应当通过融入数学史来呈现具体的数学概念",需要"让数学史更多地呈现于知识的架构过程,使学生理解得更彻底"。

(3) 历史相似性成为促进数学教学的重要借鉴。表 6.9 显示,以 HPM 处理教材的知识占比仅减少了 5.4%,但教学设计的改动占比则高达 42%,两者之间出现明显差异。执教者精简了数学家生平介绍等素材,但保留或借鉴了数学家在概念构建或方法探寻等方面的核心思想。在"数系的扩充与复数的引入"中,"三次方程求根公式及韦达定理"改为课前阅读,着重突出"引入虚数"的必要性;在"不等关系与不等式"中删去了"不等号"的介绍,注重公理化方法推导不等式的基本性质。此类迹象与执教者运用重构式的设想已开始接近。在运用 HPM 主要教学方法中,2 人从"讲授式"改为"讨论式",而推进教学的主要因素从"教师"变为"数学"。从教学设计上看,各环节所设计的问题大多具有浓烈的数学色彩,逻辑性强但抽象度也较高。从课堂观察来看,大部分"讨论"仍以教师为主导,尤其当"讨论"难以获得结论时,教师往往直接告知学生或引用数学家的观点。尽管如此,与上次试教相比,执教者在知识挖掘上更具深度,在数学本质剖析中更显自信。

综上可知,在第二阶段,执教者借助数学史反思所教知识的数学本质。同时,受历史相似性的启发,执教者能快速发现并理解学生的认知困难,努力进行及时纠正。在该阶段,数学史被结合到数学知识的发生、发展过程之中,课堂呈现出浓郁的数学学科特性。

3. 阶段三：融入数学史，关注学生的学习体验，提升数学的教育价值

表6.10显示了调查问卷中八位执教者三次试教部分项目的数据比较,其中"百分比"为 8 份调查问卷所得数据的平均值。

表 6.10

问卷调查项目	第一次试教	第二次试教	第三次试教
查阅史料及整合 HPM 占总备课时间的比例	66%	35%	20%
教学设计所用史料占所知史料的比例	31%	41%	48%
教学设计改动(占上次教学设计)的比例		42%	15%
问题 4 选项 G, H, I 频数之和	0	4	
问题 5 选项 G, H, I 频数之和	6	15	
问题 6 选项 A, B, C 频数之和	4	10	
问题 6 选项 D, E, F 频数之和	2	3	

在 15 份课堂观察量表的数据整理中，我们将涉及时间的指标按每一节课 40 分钟进行了比例换算。表 6.11 是第二次、第三次试教课堂观察量表中的时间分配，该时间是 5 个课例的平均值，为一节课中同类学习或教学方式的时间之和，依次与观察指标的顺序对应。对某些具有多重特征的行为(如某些讨论中含有探究，而某些探究学习也可以采用合作学习的方式)用*标注。

表 6.11

观察维度	观察指标	第二次试教	第三次试教
学生学习	倾听, 互动, 自主	28, 9, 3	7, 25, 8
	概念学习, 解题训练, 教材阅读	21, 18, 1	30, 9, 1
教师教学	附加式, 复制式, 顺应式, 重构式	4, 0, 0, 36	3, 0, 0, 37
	自主学习, 合作学习, 探究学习	5, 27*, 11*	6, 28*, 17*
课程性质	讲授, 讨论, 探究	28, 10*, 6*	5, 13*, 29*
	即兴对话, 随堂检测	25, 15	31, 9

结合表 6.10、表 6.11 和课堂实际情况，可以发现：

(1) 执教者关注对象从"教材"转向"学生"。问题 4 选项 G, H, I 第一次试教中三项频数之和居然为 0，第二次试教也仅为 4，问题 6 选项 D, E, F 两次回答均处于低位，这些选项均指向"学生维度"，这多少与常理相悖。所幸的是他们

及时发现了这个问题,问题 5 三项频数之和从 6 迅速上升至 15。表 6.11 中第三次试教学生互动时间明显增加,概念学习占用课堂时间的 $\frac{3}{4}$,合作与探究、讨论与探究同时进行的时间明显增加(如表 6.11 第 6 行从第二次试教的 6 分钟增长到第三次试教的 29 分钟)。

(2) 执教者在教学设计中端正了数学史的教育价值观。表 6.10 中教学设计第一次改动了 42%,而第二次仅为 15%,数学史运用比例逐渐趋于稳定。访谈证实,执教者 20%的备课时间基本花在了"如何使史料更好地融入教学过程"上。一些史料"之前被忽视了,但现在却需要用到它们","应使数学史给学生以学习数学的乐趣","让学生自己去经历和体验知识的形成过程",从中习得"对事物进行理性、客观地评价"。这表明执教者在该阶段更倾向于发挥数学史对于数学教育的作用,数学史从提升教师教学品位的"添加剂"变为促进学生学习的"推进器"。

(3) 执教者运用数学史还原知识的形成过程。"复数的引入"之前,教师设计了一个可以因式分解的三次方程。在学生所得结论与三次方程求根公式矛盾之际,适时回顾数系扩充史,让学生主动提出"创造一个新数"的设想。在"椭圆的定义"的探究中,新课从圆球的椭圆阴影引入,教师借助几何画板与学生共同计算椭圆上的点到两个焦点的距离,让学生从中作出"距离之和为定值"的猜想,再抽象至旦德林(Dandelin)双球模型进行严格的几何证明。执教者通过重演历史,培养学生的探究能力和科学精神。

(4) "附加式"与"重构式"的运用相得益彰。鉴于课堂探究的过程并非一帆风顺,新观念的出现也难免遭遇质疑,此时穿插的史料可以让学生与数学家进行"隔空对话",引发思想共鸣。在"不等关系与不等式"中,教师把学生设计的不等号与历史上数学家创用的不等号进行对照,体会他们与数学家的思维方式的相似性,亲历数学符号创造的过程,使学生认识到"数学是人类的文化活动"。

综上可得,在第三阶段,执教者将绝大多数史料移至幕后,力图使之有机地融入数学知识形成的过程。通过学生自身的体验和经历,像数学家那样地去探索未知,以改进其情感、态度和价值观。在该阶段,课堂呈现出较浓的探究风格。

6.5.4 研究的结论

本研究所涉八位执教者在课例开发之前均未接受专业的 HPM 培训,但正因为如此,我们才得以细致地考察数学史作用于数学教育的过程。概览上述三个阶段特征,可以发现:

(1) HPM 的课例开发并非一蹴而就,往往需要经历一番曲折和探索。执教者在第一阶段高度关注"数学史",符合人类认识新事物的普遍心理。后两个阶段回归到教学的内容——数学，教育的对象——学生，也体现了人类将新事物与原有经验相结合的实践规律。但从理性的角度而言，在对数学史进行专题研究之后，数学史、数学、学生三者即应被置于同等的地位，而非存有先后、主次之别。以此为鉴，可以减少 HPM 试教所付出的代价。

(2) HPM 的目的在于促进数学教育，但数学史自身也必须经历从"学术形态"到"教育形态"的蜕变。以数学史为导引，教师对数学知识、数学思想的内在本质挖掘得越深刻，数学的教育价值也体现得越充分。前两个阶段为第三阶段提供了重要的基础。当然这也意味着，在教师进行足够充分的准备下，前两个阶段未必是 HPM 课堂实施的必经之路，而可以进行适当的跨越。

(3) 数学史与数学教育之间存在着彼此促进的关系，而课堂实践则是链接两者的重要纽带。尽管上述三个阶段描述了数学史进入数学教育的动态过程，但从课例开发全程来看，数学史对于数学教育的作用不止体现在课堂中，还渗透到教师的教学设计、教材的数学理解、课堂的文化交流等各个方面。这表明，课堂实践把数学史与数学都推向了更高层次的"学术形态"和"教育形态"。

在此必须强调，在"三试三议"的过程中，高校研究团队对各阶段的顺利转变起到了关键的推动作用。实践证明，中学与高校的合作是促进数学史融入数学教育的现实之选。

第 7 章　数学史料的理性体验

对于每一个希望了解整个人类文明史的人来说，数学史是必读的篇章。

——李文林[103]

　　数学史是数学文化的代言。在我国新课程改革中，数学史正随着数学文化教育的开展不断升温，尤其是《数学史选讲》[104]进入高中数学课程体系之后。从我国中学实际情况来看，数学史的教育状况并不尽如人意。一项关于"当前课改中数学史教学现状的调查分析"表明，学生对数学史的内容表现出浓厚的兴趣，教师也普遍认可数学史的教育价值，并对新教材中出现的这一板块内容大部分持支持态度，但实施意愿不强，"导致数学史知识的教学成了过过场的花招而已。"[105]

　　笔者的调查与访谈也证实了上述结论。排除一些众所周知的因素，当前的主要障碍，一是没有在数学课程与数学史之间建立有效的文本对接，缺乏援引数学史实的途径；二是没有认识到数学史在培养数学能力中的重要作用，局限了数学史与数学解题、数学探究等方面的内在联系；三是固守于惯有的"纯理科"教学模式，对富有人文色彩的数学史内容缺乏教学上的同化与顺应。

　　在探讨如何突破数学史教育困境的问题上，可以把"双基"纳入研究视野。"双基"是中国数学教育特色之一，拥有广泛的群众基础。但在教育实践中大力提倡"自主、探究、合作"的今天，数学双基教学几乎成了保守落后的代名词。事实上，这种矫枉过正的看法并不是"双基"本身的错，而是在教学中缺乏对"双基"进行理论的总结和教育层次的提升。从"双基"的人文内涵来看，它表现了不同数学对象或同一对象的不同组成部分之间存在的内在联系或共同规律，是数学发现与创造的美学方法之一。把数学史与"双基教学"结合起来，不仅可以寻找到课堂实践的最大支持，也可以提高"双基"的教育品位，达到两者的"双赢"。

　　基于上述考虑，本章在数学史的课程整合、问题设计、教学设计等方面开展了研究和尝试。

7.1　数学史与非数学史的文本耦合

7.1.1　在教材章节的断层处铺垫数学史实

高中数学课程包括了代数、概率统计、微积分初步、平面向量、立体几何、解析几何等板块。这些板块的内部遵循着学生的认知规律，但在各章节之间，未必都有明显的逻辑联系，这为数学史进入数学课堂开辟了空间。有的内容学生刚刚接触不易理解，这时他们往往把原因归咎到自身，觉得智力不如人，思维不适宜学数学。其实，他们是用短暂的时间重演数学发展史，所遇到的一些困难，也曾经困扰当时的数学界。例如不少学生觉得虚数很"虚"。其实 18 世纪对于它的争论同样让许多数学家非常困惑，到 19 世纪他们仍对此喋喋不休。有趣的是，对此抱否定态度的爱因斯坦，却恰恰是他先把复数运用到了物理领域。让学生了解这些史实，可以增进他们学习数学的信心，使他们感觉到数学并不是一种神化的科学。当数学沿着历史的台阶走下神坛时，也揭开了数学文化神秘的面纱。

7.1.2　在数学课程的衔接处补充历史素材

高中数学课程既是初中数学的生长，又是高等数学的基础，这为数学史知识的介入提供了机会。例如"函数"概念到了高中为什么要用"集合"来定义？这可以从康托尔创立集合论的初衷找到答案。一些学生认为对书本上的数学知识应抱毋容置疑的态度，其实不然。笔者在立体几何的"球"中谈及"三角形的内角和也可以小于 180°"时，几乎遭到了所有学生的强烈反对，但球面三角形提供了无以反驳的事实。学生惊异地看到：在欧氏几何之外居然还存在着非欧几何。由于这种几何的内容过于"另类"，当时的数学家们"宁可相信，或者说是希望某一天能在非欧几何中发现矛盾，这样它就成了一纸空文。"重述数学家的只言片语，可以成为课堂教学的润滑剂，激发学生对数学史知识的渴望，为他们打开了解现代数学的窗户，让学生认识数学确定性的丧失并不是一种悲哀，而是推动数学不断发展的不竭动力。

7.1.3　组织若干数学史专题活动

新版高中数学教材在每个章节中增加了前言或阅读材料，其中大部分与数学史有关。《普通高中数学课程标准(实验)》列举了"数学史选讲"目录，《中学新课标资源库(数学卷)》大篇幅概述了数学史，一些教学参考资料如《高中数学新学案》等也配备了丰富的数学史知识，更多的内容可以通过互联网方便地索取。

外部条件的改善为师生搜寻资料提供了方便，组织数学史知识专题活动也有了可能。例如，在人民教育出版社普通高中课程标准实验教科书选修 2-2 第二章 "推理与证明" 一节后可让学生上网查询资料，开展 "勾股定理" 的专题活动。

笔者在 "不等关系和不等式"[106] 一课之前，曾布置一个 "设计不等号" 的活动，向学生提出："如果不知道现在所用的不等号，你将如何用符号表达两个数值之间的大小关系？"。然后将学生所创造的符号与历史上数学家创造的符号进行比较，并在课堂上予以展示。最后，我们对学生进行问卷调查，收集学生的反馈信息。

全班 45 名学生中，每一位学生都至少创造了 "大于" 和 "小于" 两种不等号，包括手势(如大于☝，小于☝)、几何图形(如大于◖，小于◗)、汉字(如表现 "义乌" 地域特色的大于╳，小于╳)、字母(如大于Ⅱ，小于Ⅱ)、商标(如大于🍎，小于🍎)、谐音(如大鱼◁，小鱼◁)等等，可谓精彩纷呈。学生的想象力和创造力令人赞叹不已，有不少与历史上数学家的创意相似[101]。

考虑到学生早已熟知不等号，教师以为学生未必有太大兴趣，因此在问卷中并没有单独列出有关符号设计的问题。但在回答 "你对本节课的哪个内容感兴趣？" 时，84%的学生明确指出了不等号的历史以及不等号创造活动，认为 "数学符号的演变过程很曲折，很吸引人"，"从数学家创造的符号中可以看出，他们当时的思维模式与我们现在有些相似"，"符号正是数学的魅力之所在，符号的演变象征着数学的发展，简洁的符号是人类智慧的结晶"，"不同的符号展示了数学家丰富的想象力和创造力，使我们有一种与先贤促膝交谈般的感受"。貌似简单的符号设计，却激发出学生强烈的创造欲。这从一个侧面反映了学生对于数学史的渴求，也折射出当前数学课堂教学融入数学史的薄弱现状。学生对符号设计活动的认识，并未停留在成果欣赏上，而是在与数学家设计符号的对照中获得文化认同。从问卷反馈来看，高中学生对符号设计活动的反思，已经能够上升到一定的理性高度，甚至超出了教师最初的预期。

通过活动可以让学生认识到，数学是一门不断演进的学科，而不是一个僵化的真理系统；数学是人类的文化活动，我们在课本上所见到的数学符号、数学术语、数学语言、计算方法、表征方式等并非从天而降，而都有其漫长的创造和演进过程；而展现数学和数学活动的本质，将使数学变得更亲和、更令人愉悦、更激动人心。

7.2　数学史的问题设计

数学史的问题设计是学生理解数学思想、感悟数学文化的有效载体，是贯穿数学史教学过程的一项重要任务，不仅直接关系到数学史的教育效果，也将对学生的数学观产生深远的影响。

嵌套于"双基"的数学史问题设计，必须体现数学史知识"历史的"和"数学的"双重特质，坚持以三维目标为导向，以体现数学史的教育实质为宗旨，进行辨证施治。不妨适当降低"知识与技能"的要求，强化"过程与方法"的思想，突出"情感、态度与价值观"的体验和感悟，着力于实现数学史的教育功能。同时改良惯有的数学问题设计思路，通过传承与创新，为数学史教育寻找到恰当的问题设计方式。

下文中探讨的数学史问题源于人教 A 版高中数学选修 3-1《数学史选讲》一书。

7.2.1　数学史问题设计的基本原则

问题指向的科学性。科学性是对数学问题的结构、指向及叙述的合理性、严谨性和清晰性的要求。鉴于数学史知识不同于数学定义或定理，尤需注重问题指向的科学性。《数学史选讲》择其精要编拟成书，必将受制于整体布局，对于"A 是 B"之类的问题，不能随意改编。例如，对于"笛卡儿和费马共同分享了创立解析几何的殊荣"，我们可以认为"费马是解析几何的创始人"，但设计成"费马是＿＿＿的创始人"则是错误的。作为 17 世纪上半叶最伟大的数学家之一，费马还与帕斯卡分享了概率论开创者的荣誉，奠定了数论的基础。

材料组织的思想性。数学史实际上是与人类的各种发明与发现、人类经济结构的演变、以及人类的信仰相互交织在一起的。通过有效地组织素材，把数学史实串联集中起来，可以揭示数学形式之中蕴涵着人类的思想和精神，展现数学史中最激动人心的部分。例如勾股定理在教材中并没有专题介绍，而是逐步渗透穿插于各个章节：先在第一讲中点出普林顿 322 号数学泥版所刻的勾股数表，再在第二讲中指出勾股定理可能是所有数学定理中证法最多的，然后在第三讲又提及了赵爽弦图的"无字证明"，在第四讲中又延伸至"费马猜想"。从远古的发现到无数人投入其中的证明乃至它产生的广泛的应用价值，勾股定理折射出人类文明的发展历程。

呈现方式的人文性。彰显数学的人文色彩可以提高学生对数学文化的感知能力。例如在设计"⊥川＿ｍ表示什么数？"时，不妨借鉴语文中"起、承、转、合"的写作手法，进行"文学"地处理：(起)早期数的概念总是与具体的事物紧密相连的。(承)罗素曾说："不知道要经过多少年，人类才发现一对锦鸡和两天是数字 2 的例子。"研究表明，一般人的数觉不超过四。(转)但人类有一种独具的特性——计数。从计数到丰富多彩的记数制度，是古代人民长期实践和智慧的结晶。中国古代用算筹表示数，算筹记数法就是现代的十进位值制。(合)如果你生活在春秋时期，能说出"⊥∥◡皿"表示什么数吗？平和的表述增加了信息承载量，让学生认识到"数"的概念来之不易，也能体会到数学与人类文明发展的联系。

7.2.2　数学史问题设计的基本策略

1. 化虚为实，感受数学思想

数学思想是数学精神的高度概括，也是数学史的精华所在。值得注意的是，作为抽象层面的数学思想，因为数学史的描述而有了直接表露的机会。公理化思想、数形结合思想、极限思想、集合论思想——在数学史中熠熠生辉。与学生之前的解题经验相比，他们更为全面地了解数学思想的发生、发展、成熟的动态过程。与单纯地以解题来直观认识数学思想不同的是，这里的问题设计还可以置之于广阔的历史视野中，通过历史的洗礼以诠释数学思想所具有的巨大的社会文化价值。

例如公理化思想。"欧几里得与《原本》"一节介绍了欧几里得用公理化方法把过去的知识系统化、条理化地整理在一个严密的系统之中。展示其原汁原味的证明可以加深学生对公理化思想的理解。

如图 7.1，在 $\triangle ABC$ 中，若 $AC=BC$，求证：$\angle A=\angle B$。

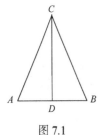

图 7.1

下面是欧几里得对该命题的证明过程。

因为任何角都能被平分(前已证)，$\angle C$ 是一个角，因此它也能被平分。

作角 C 的平分线 CD。

因为任何两个三角形的两边和这两边所夹的角，与另一个三角形的两边和这两边所夹的角相等，则这两个三角形全等(前已证)，而 $AC=BC$，$\angle ACD=\angle BCD$，$CD=CD$，所以 $\triangle ACD \cong \triangle BCD$。

因为两个全等的三角形对应边相等，而 $\triangle ACD$ 与 $\triangle BCD$ 全等，所以 $\angle A=\angle B$。

这种推理模式就是学生熟悉的"三段论"，过程之严谨赫然在目，材料中出现的"前已证"隐含了公理化的方法，学生自然能够理解《原本》中为什么作出一些定义、公理和公设。

除了推理的严密性，这种思想令人着迷之处还在于：它只需从尽可能少的原理出发，借助正确的推理就可以得出正确的结论，因而赋予了人类不必依靠实验就能预见事物、寻找真理的能力。它的历史示范作用如此巨大，甚至被引用到其他学科中。史料表明：牛顿所著《自然哲学的数学原理》的结构是一种标准的公理化体系。"现代哲学之父"笛卡儿也深受启发，在《方法论》中建立了其哲学体系的基础。

2. 化一般为特殊，理解数学家的眼光

数学的历史也是数学家的思想史。数学的每一分支打上了它的奠基者的烙印，并且杰出人物在确定数学的进程方面起决定性作用。在数学发现或数学创造的背后，蕴涵着数学家睿智的思想、敏锐的视角和独特的行为方式。把数学问题进行特殊化处理是理解数学家的眼光的有效途径。

阿基米德创立的"平衡法"首开积分学的先河，是数学与物理的完美结合。教材中仅给出了"抛物弓形的面积是等底等高三角形的 $\frac{4}{3}$"这个结论，教师可以把斜线段 AC 特殊化成与 x 轴平行，探索特殊弓形 AOC 面积。

如图 7.2，过点 A 作抛物线的切线交 y 轴于 N，欧几里得已在《二次曲线》中证明得出 $MO=ON$。作 $CE//MN$ 交直线 AO 于 F。过弦 AC 上任意点 D，作 $DQ//MN$。则线段 CF 与 FE 的长度关系是_____①_____。延长 AF 至 R，使 $FA=FR$。

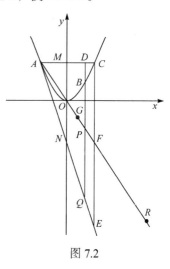

首先，阿基米德证明了：$FR \cdot DB = FP \cdot DQ$。其物理意思是：把 FR 和 FP 看作以 F 为支点的杠杆的两臂，若把 DB 看作是放在 R 处的重物，它就会与放在 P 处的重物 DQ 相平衡。然后，阿基米德把弓形 AOC 与 $\triangle AEC$ 的面积一起进行比较。他把弓形 AOC 的面积看作是由 DB 这种线段积成的，把 $\triangle AEC$ 面积看作是由 DQ 这种线段积成的，因此，$FR \cdot$ 弓形 AOC 的面积 $=FP \cdot \triangle AEC$ 的面积。

现在，阿基米德把所有线段 DQ(的质量)集中于重心 G，则弓形 AOC 的面积：$\triangle AEC$ 的面积 $=FP$：$FR=FP$：$FA=FG$：$FA=1$：3。又因为 $\triangle AOC$ 与 $\triangle AEC$ 的面积的比例关系满足_____②_____，故弓形 AOC 面积是 $\triangle AOC$ 面积的_____③_____。

图 7.2

在设计中，较难的知识直接陈述给出，基本体现了"平衡法"中用微分思想和杠杆原理求弓形面积的主要脉络，把接近学生认知水平的部分交给学生完成，他们凭借初中知识就能解决上述问题，从而对阿基米德解决该问题技巧之高超、方法之妙产生共鸣。

3. 化陌生为熟悉，锤炼理性精神

数学中充满着猜想、发明和探究，研究性学习与数学史相结合是践行新课程理念的理智选择。它使"数学"与"文化"在历史的背景中有机地融合起来，既提升理性思维，又带有浓郁的文化色彩，从而能够深入到精神层面。借鉴海克尔的"生物发生学基本定律",从"早期的算术与几何"到"康托尔尔的集合理论",《数学史选讲》涉及了自小学到高中的主要数学知识,并昭示着这些知识的后继发展方向,这无疑是开展研究性学习的良好机会,也是数学史问题设计的绝佳模板。在问题设计中,以数学史为"源",以熟悉的数学知识为"根",可以调动学生的主观能动性,开展积极的思考和探索。

算筹与算盘的相似之处显而易见,算筹中一根上筹当五,一根下筹当一;而算盘中,梁上一珠当五,梁下一珠当一。为提高运算速度,我国古代先民还编制出了各种口诀。不妨让学生反观熟悉的"珠算加法口诀表",这些的规律是如何得到的呢?以"加四"中的"四下五去一"为例。

记某档的梁下算珠有 $n(0 \leq n \leq 5)$ 个,梁上算珠有 $N(0 \leq N \leq 1)$ 个,该档表示的数字是 x,则 $x = n + 5N$。

当 $x = 2$ 时,$n = 2$,$N = 0$。因为 $x + 4 = 6$,而 $6 = 1 + 5 = 1 + N$,只需把梁上的算珠拨下一个,把梁下的 2 个算珠拨去一个,俗称"下五去一";

当 $x = 3$ 时,$n = 3$,$N = 0$。因为 $x + 4 = 7$,而 $7 = 2 + 5 = 2 + N$,只需把梁上的算珠拨下一个,并把梁下的三个算珠拨去一个,仍然是"下五去一";

同理,当 $x = 4, 5$ 时也是"下五去一"。那么 x 取哪些的值时采用"四去六进一"?

通过验算这些口诀,回答了学生儿时的懵懂记忆,获得了数学的明证,从而认识到"归纳——猜想——证明"乃是科学发现的通途、理性思考的借鉴。把中国古代数学崇尚"技艺实用"的价值取向与西方文化注重"演绎思辨"的数学价值观结合起来,锤炼出当代社会需要的理性精神。

4. 化散为聚,体验多元文化

数学是全人类共同的遗产,不同文化背景下的数学思想、数学创造都是根深叶茂的世界数学之树不可分割的一枝。从多元文化的角度认识数学,会让我们的学生以平等、开放的眼光看待本民族与其他民族文化传统之中的数学成果,树立正确的数学观,实现多元文化观点下的数学教育目的。

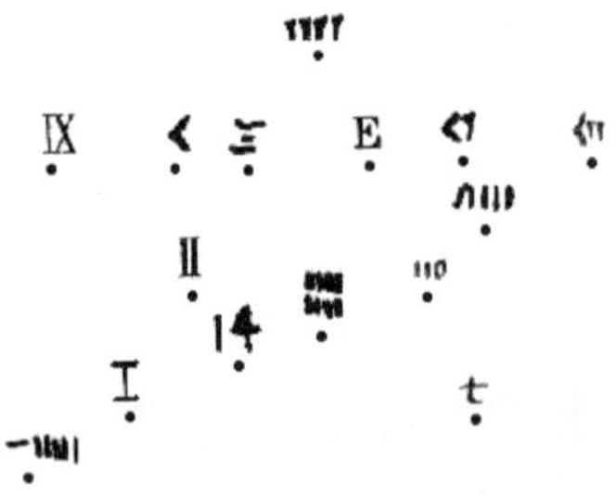

在"丰富多彩的计数制度"一节,教师把各种记数制度整合在一起,设计问题:图 7.3 看似散乱的图画中,内容是从 1 到 15 的连续的自然数,用不同的数字系统写成:罗马数字(1,2)、中国汉字(3,7)、古巴比伦楔形文字(4,10,11,12)、古希腊数字(5)、二进位制(6)、古埃及象形文字(8,13)、

图 7.3

玛雅数字(9)、阿拉伯数字(14)与中国算筹数码(15)等。当学生依数的大小顺序用折线连接数字下方的打点号时，就会洞悉这个奇妙的谜底。

数学史中的"多元"现象还表现在数学史家就同一历史现象的多角度、多层次的研究成果上。它们是数学史问题设计的宝贵资源，散见于各种论文或专著，课堂中让学生阅读这些资料当然是不现实的。教师可以选其精华、集中材料，以适当的方式予以呈现。例如可以让学生选择适合《九章算术》和《原本》风格的某些说法，如注重演绎推理与注重实际应用，几何代数化与代数几何化，依算法或公理化方法组建理论体系等等，通过整体感知，提高学生多元化分析与评价事物的能力。

7.3 数学史的教学设计

7.3.1 数学史教学设计的基本原则

科学性与趣味性协调原则。以科学理性的态度选择数学史研究中公认的、有定论的、符合历史事实的正确史料与结论作为教学内容。在此前提下，所选史料的内容与形式应不拘一格、灵活多样、情节生动、引人入胜，除文字表述史料外，更应突出图形、图表与图象史料。

匹配性与创新性结合原则。所选取的数学史知识应紧扣中学数学教材中的非数学史内容，对其中蕴涵的重要思想方法相匹配的数学史知识应重点引入。既要怀古抚今，还可以结合现代社会中与学生生活联系密切的数学新应用、新科技和新发展，开拓学生视野。

多时空与多功能复合原则。所选取的数学史内容力求反映不同时期、不同国度、不同民族、不同文化背景的数学历史，使之同时具有知、情、意等多方面的教育功能，有利于启迪数学思维，感悟数学精神，理解数学是几千年来全人类孜孜探索、交流学习的智慧结晶。

7.3.2 基于史实的数学史教学设计

在高中阶段并不要求学生系统学习数学史。但随着中学阶段多元化课程开发的推行，把数学史作为一门独立开设的选修课程渐趋可行。人民教育出版社出版的普通高中课程标准实验教科书选修 3-1《数学史选讲》相对比较集中地将数学发展中一些能够体现重大数学思想发展，又比较贴近高中学生水平和实际的选题汇串在一起学习，是对必修部分、选修系列 1、系列 2 中数学史内容的有机补充和整理，对教师开展数学史课程开发具有重要的示范意义和借鉴价值。

《数学史选讲》是数学文化从零星渗透到集中学习的具体尝试，其教材的编写风格与其他必修课程有较大的差异。因此，"怎样上好数学史的课"就成为高中数学教师普遍关注的话题。以下是笔者基于该教科书《古希腊数学》一课的教学尝试。

1. 基于教材与学情的思考

本课是普通高中课程标准实验教科书《数学史选讲》第二讲"古希腊数学"的第一课时，内容包括"希腊数学的先行者"与"毕达哥拉斯学派"两部分。《浙江省学科教学指导意见》认为：古希腊数学是论证数学的发端，要让学生了解毕达哥拉斯的数学贡献，了解第一次数学危机的背景、产生以及解决的简要历史过程，了解"多边形数"的构造方法。为此，确定本节课教学目标为：了解泰勒斯与毕达哥拉斯的数学贡献及两大学派在古希腊数学中的重要作用；了解勾股定理、勾股形数、多边形数、不可公度的概念内涵；认识命题证明思想的历史意义，感受古希腊人的数学观和希腊数学的基本精神。教学重点是通过"形数"的构造、推理与探究，丰富对数学的理解。

本课教学将面临的主要困难，一是学生匮乏古希腊数学史知识，易导致史实学习的被动性；二是教科书编写的亲和性在增加学生自学兴趣的同时也可能降低课堂内史实介绍的新鲜感；三是学习数学史这一新增内容的短期不适有可能阻碍数学思想方法的顺利迁移，从而在"形数"探究中缺乏必要的参与度。针对这些问题，可以利用高中学生的心理特点和学习能力，通过预习或借助网络以增加学生的史实贮备，以不同学生所提供素材的多样性提高课堂交流的积极性；借鉴友邻学科如语文、历史等科目的教学方式开展阅读、剖析与评价，避免在课堂上简单重复教材中现成的史实，而是着力于"重要事件、重要人物与重要成果"的提炼；突出"形数"的"数学味"，降低思维起点，增加问题的变式梯度，逐步提升探究高度，凸显数学思想的强大作用；始终强调学习共同体内部的合作交流，浓缩历史，还原典例，用心体会数学家的眼光，让学生在潜移默化中接受数学精神的濡染。

2. 教学设计及解析

为把新课程的"数学史"与我国的教育传统"双基教学"结合起来，本课尝试了"时尚引路，历史为铺，名句过渡，思想为点，思维为线，活动为体"的教学设计范式(图7.4)。以数学史为"明线"展开课堂的教学序，通过"时尚引路"接轨当代流行文化，借用"名句过渡"串联重要人物与事件，赋课堂以强烈的"历史"色彩。其间又平行铺设了以数学思维为脉络的"暗线"，利用数学解题，搭建交流平台，形成了一个由数学家、教师、学生多元参与的"学习共同体"，通过群体活动结晶出重要的数学思想方法，使学习具有鲜明的"数学"特色。以"史"引人，以"数"动人，两线相辅相成，旨在最大化发挥数学史的教育功效。

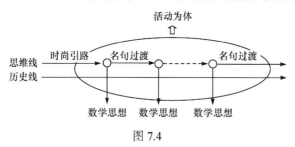

图 7.4

时尚引路 使教学内容与现代流行文化接轨。本课采用了 2004 年雅典奥运会圣火采集并传递的视频。在其他章节，也可以用这种方法拉近数学史与学生生活的距离，如用周杰伦的"爱在西元前"引入"古埃及数学"，从"黑客帝国"引入"近代数学两巨星"，从我国的"神舟七号"引入"非欧几何"……数学与时尚文化间千丝万缕的联系，可以突破时空限制，赋数学以鲜活的面孔，瞬间吸引学生注意力。

历史为辅 以数学史为明线，铺设整个课堂的知识序列。从相邻学科的历史知识出发，延伸至数学史范畴，并以数学史的发展为递进，始终与学生的认知水平相协调，来贯穿教学设计全程。课堂上先让学生回顾"希腊文明"的辉煌成就，再追溯到"古希腊数学"，以体现数学是人类文化的重要组成部分。然后从泰勒斯的命题证明思想到毕达哥拉斯的"形数"之研究，乃至欧几里得的《原本》，逐步诠释了古希腊的理性精神。

名句过渡 一个数学体系的形成往往需要经历漫长的历史过程，而数学史通常选择的只是其中的典型片段，较大的时间跨度，极易出现史实衔接不自然的问题。由于杰出人物在确定数学的进程方面所起的决定性作用，在教学中穿插他们的观点或建议，可以弥补其间出现的空白，可以加深理解，让学生领略到数学家的数学观、世界观和价值观。

思想为点 学习数学史，最重要的不是史实本身，而是史实中蕴涵的数学智慧和数学思想。所有观念最初出现时，多为草创的形式，知识经过长期的改进，才结晶为确定的思想方法，成为大家熟悉的有系统的形式。以数学思想的萌芽、发展、形成、应用为教学设计的节点，可以清晰地重现这种思想的历史脉络，感悟数学思想，认识数学思想在数学问题解决中强大的指导作用，丰富学生的数学修养。

思维为线 数学思维是与数学史知识序列平行的教学设计暗线。数学史的课堂教学不排斥数学解题，关键是在设计数学问题时不能仅仅照搬史实，使数学史沦落为识记的样板，而应挖掘史实的内在本质，以灵活多变的呈现形式，激发学生思考。例如把握"记数法"中符号可以人为设置的实质，设计"古境寻踪""尝试借鉴""趣味运算"等问题，而它们实际上与当前高考"自概念命题法"设计的考题是相通的。以问题为载体，以思维为线，可以使数学史上升到数学思想的高度，提高学生的数学能力。

活动为体　群体的合作是数学文化重要的表现形态，也是数学史教学的主流课堂组织形式。在教师的指导下开展学生群体的交流、借鉴与合作，这不仅可以弥补客观条件的不足，更具意义的是，它恰恰成为数学史一种真实的"观照"。例如，在"多边形数"的学习中，不同的学生发现了不同的"形数"规律，由此产生了一个热烈探讨甚至争议的场面，并最终达成了一致的看法，这正是当初毕达哥拉斯学派研究数学的情景再现。另外，对于一些必要的史实，不妨采取论坛或"访谈"的方式，让学生发表他们的学习感受。通过数学史课堂中的群体合作，增加了"人"的成分，添加了个性化色彩，突出了"多元"意韵，使数学显得更加浅显而生动，也为学生提供了一个开展研究性学习的机会。

3. 课堂教学实录

1) 阶段一：从古希腊文明到古希腊数学

上课伊始，播放 2004 年雅典奥运会主题曲《Pass the Flame》，视频显示奥运圣火在奥林匹亚采集后，沿着悉尼→墨尔本→……路径传递，最后定格于终点雅典。

师：同学们，奥运圣火从哪里来？

生：古希腊。

师：古希腊在公元前 8 世纪就进入奴隶社会，科学、文化、生产力得到极大发展，出现了众多城邦，这些城邦虽相互独立，却有着共同的习俗、文化和宗教信仰(PPT 显示"宙斯神殿"的图片)。

师：这就是宏伟的宙斯神殿。到公元 6 世纪，这些城邦又逐渐形成以雅典为中心的古希腊，从此出现了欧洲文明的第一次高潮。当时，有人问，人类最大的希望是什么？成为希腊人。人类最幸福的是什么？我是希腊人。可见当时的希腊文明是多么的辉煌！记得英国著名数学史家 M·克莱因曾说：一个时代的特征在很大程度上与数学有关。那么，在古希腊灿烂文化之中，它的数学是怎样的？古希腊数学对后世数学的发展产生了怎样的影响？今天，让我们沿着宙斯神殿的阶梯，走进古希腊数学的殿堂(在屏幕上显示 M·克莱因的名言：希腊人在文明史上首屈一指，在数学史上至高无上。……数学作为一门有组织、独立的和理性的学科来说，在古希腊学者登场之前是不存在的)。

师：尽管古埃及人运用数学建造了雄伟的金字塔，古巴比伦将楔形文刻在了黑色的玄武岩上，那时的数学凭借的是经验和耐心，他们的成就令人赞叹却不使人信服。数学系统的、理性的华章将由希腊人来谱写(屏幕中逐渐移入油画，图 7.5)。

师：这，就是拉斐尔的《雅典学院》。居中的两位中心人物，左边是我们熟悉的柏拉图，右边是他的学生亚里士多德，他们都曾研究过数学。这位是苏格拉底，斜卧的是犬儒学派哲学家狄奥吉尼。一时间，学者云集，群贤毕至，多少英雄豪杰！出现了许多数学学派：柏拉图学派、亚里士多德学派、欧多克斯学派、埃利亚学派、诡辩学派等等。尤其

图 7.5

要指出的是毕达哥拉斯学派，它存世最久，长达 200 多年，影响最远，直至今天。还有伊奥尼亚学派，它是这些学派中最早成立的一个。

注：对于古希腊在欧洲文明中的重要地位，教师并未罗列其辉煌历史，而是用自问自答的寥寥数语予以佐证。通过奥运视频、数学家名言与巨幅油画，建立了古希腊的灿烂文明与数学成就之间的联系，形象诠释了"数学是人类文化的重要组成部分"。

2) 阶段二：希腊数学的先行者

屏幕显示泰勒斯(Thales)的头像(图 7.6)与泰勒斯简介：古希腊数学的先行者，伊奥尼亚学派创始人，"希腊七贤"之首，古希腊最早的数学家、哲学家。

师：他站在古希腊广场上向世人传播：万物之源，终归于水。他研究过商业，垄断了古希腊的橄榄油贸易，拥有倾城之富。关于他的传说很多，你们能说出其中若干的事迹吗？

生：他测量了金字塔的高度，还有一个是预报了千年后的一次日食。

师：泰勒斯身世不明，没有著作传世，从而披上了神秘的

图 7.6　　色彩。但，确凿无疑的是，泰勒斯最先证明了如下的定理：

(1) 两直线相交，对顶角相等；

(2) 等腰三角形两底角相等；

(3) 圆被直径二等分；

(4) 半圆内接三角形必是直角三角形；

(5) 两个三角形全等的边角边定理。

这些定理看去眼熟，你们是在什么时候学到这些知识的?

生 1：好多年前啦！(众人笑)初中的时候。

师：哪块内容里面呢？

生 1：平面几何中。

师：平面几何给你们留下的最深印象是？

生 1：格式要求很严，一定要一步一步地"推"下去。

师：推？也就是要一步一步地"证明"啰？证明的好处是什么？

生 1：这样看去很清楚。

生 2：这样证明能够令人信服。

师：是啊，要知道这些定理在泰勒斯之前的上千年数学历史上从未有过证明。可以说，泰勒斯首开了命题证明的先河。那么什么是"命题证明"呢？

生 3：所谓命题证明，就是借助一些公理或真实性业已确定的命题来论证某一命题真实性的思想过程。

师：命题证明有怎样伟大的意义？

生 4：(参考自教材)它标志着人类对客观事物的认识已经从实践上升到理论，这是数学史上一次不寻常的飞跃。正是因为有了逻辑证明，数学命题的可靠性得到了保证，数学理论才能立于不败之地；数学定理之间的关系得到揭示，数学的结构体系才能建立，数学的进一步发展才有基础。

师：是的，正是因为有了证明，数学有了确定性的保证；因为有了命题证明，数学成为真理的化身；因为有了命题证明，各门学科包括物理、化学、哲学、经济学、心理学甚至伦理学……都不约而同地寻找数学的支撑。难怪爱因斯坦说，一门学科成熟的标志，在于它成功地运用了数学。从泰勒斯开始，命题证明成为希腊数学的基本精神。他不愧为古希腊数学的先行者。

注：上述交谈铺设了"证明→命题证明→数学的可靠性→数学对人类文明的贡献"推演过程，以学生平面几何的学习经验为依托，顺利实现了从概念理解向观念渗透的迈进。

3) 阶段三：毕达哥拉斯与毕达哥拉斯定理

屏幕显示毕达哥拉斯(Pythagoras)的头像(图 7.7)与毕达哥拉斯简介：毕达哥拉斯学派创始人，希腊论证数学的另一位祖师，精于哲学、数学、天文学、音乐理论，信奉"万物皆数"。

师：接过命题证明火炬的是希腊论证数学的另一位祖师——毕达哥拉斯，他与我国的孔子同一时代，早年曾游历古埃及和古巴比伦，是一位留学生，之后回家乡讲学，是一位"海归"，后来移居意大利的克罗托内，在那里创立了毕达哥拉斯学派，该学派的一个基本信条是"万物皆数"。何谓"万物皆数"？抬头看去、放眼望去，我们所处的世界无处不数学。一天，毕达哥拉斯的目光凝视着地板上

图 7.7

图 7.8

的地砖，突然，他发现了一个有趣的结论(图 7.8)：若将左图等腰三角形 1，2，3，4 进行移动拼接，可以得到右图的正方形。从边长关系看，这就是 $c^2=a^2+b^2$。既然等腰直角三角形有这个关系，自然让人联想非等腰直角三角形是否也具有这个关系。这就是著名的勾股定理！西方也称毕达哥拉斯定理。按照毕达哥拉斯的性格，应该是证明了这个定理的。至于他怎么证明的，后人作了很多合乎情理的推测，其真实情形已不可考。据说毕氏学派举行了隆重的百牛大祭，欢庆这一伟大的发现。其实，很多民族、不同文化背景的人们都研究过这个定理，勾股定理的名字也很多——如希腊也称其为“已婚妇女定理”，法国称为“驴桥问题”，阿拉伯称为“新娘的坐椅”等等。

屏幕依次显示下列三图(图 7.9)。

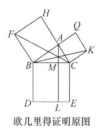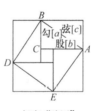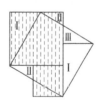

欧几里得证明原图　　　　赵爽“弦图”　　　　刘徽“青朱出入图”

图 7.9

师：为什么叫做新娘的坐椅呢？我们可以从欧几里得的一张证明原图中得到解释。勾股定理的证法可能是所有定理中最多的，美国总统伽菲尔德也证明过它。中国有着灿烂的文化和悠久的历史，我们什么时候证明了勾股定理呢？三国时期的赵爽，这就是他的“弦图”，这个图巧妙地运用了“出入相补”原理，也就是“割补法”。由于它代表了中国古代数学的特色和我国先民的聪明才智，成为 2002 年 8 月在北京召开的国际数学家大会的会徽(图 6.12)。

师：说到会徽，我们想到了东汉时期的刘徽，这是他的“青朱出入图”(图 7.9)，也用了“出入相补”原理。你们看，这两幅图(“弦图”与“青朱出入图”)构思精巧、不着一字，因此华罗庚曾建议把它作为我们与外星人交谈的语言。1972 年，美国星际飞船带着刘徽的"青朱出入图"飞向太空。现在的人们早已不再争论是谁先发现了勾股定理，是谁先证明了勾股定理，因为我们知道，勾股定理不是某个人的专利，它是人类文明的使者，是全世界人民的共同财富。

屏幕依次显示:勾股定理或毕达哥拉斯定理($a^2+b^2=c^2$)→17世纪中叶费马大定理($x^n+y^n \neq z^n$, $x, y, z \in \mathbf{N}^+$, $n>2$)→18世纪瑞士数学家欧拉→19世纪德国数学家方斯……→1995年英国数学家怀尔斯(A. Wiles)。

师:它的影响还不止在此。两千年后，法国数学家费马在阅读一本古希腊著作时，从勾股定理的结构出发，提出了猜想: $x^n+y^n=z^n$($x, y, z \in \mathbf{N}^+$, $n>2$)没有正整数解！他兴奋地在这本书上写道:"我确信这个定理是正确的，我已得到一个非常奇妙的证明，但这里空白太少，我写不下。"

一石激起千层浪，无数大数学家包括欧拉、高斯、柯西等都曾投身其中，均无功而返。三百年间人们依旧没有得到证明。费马猜想甚至出现在各国的邮票上(图7.10)，人称"费马大定理"。1987年日本数学家宣称证明了费马大定理，一个月后黯然收回。1993年的国际数学家大会上，一位年轻人宣读完论文后，突然转过身在黑板上飞快地写着什么，全场顿时安静下来，直到他走下讲台才爆发出如雷的掌声。他们看到了什么？费马大定理的证明！他就是英国数学家怀尔斯。数学中这个长达三百多年的悬案终于告破！当人们还来不及欢庆时，一个惊人的消息传来:怀尔斯的证明中存在漏洞！全世界的数学家都陷入了沉默。1995年5月权威学术刊物《数学纪事》以整期的篇幅发表了一篇论文，修补了漏洞。怀尔斯，在历经两年痛苦面壁之后，终于自己修补了这些漏洞。1995年5月，让我们记住这个令人振奋的时间。

师:同学们，一个勾股定理，千年酸甜苦辣。多少民族、多少文化、多少数学家都投身其中，他们有过痛苦迷茫，也曾遭遇困难失败，但能够前仆后继、勇往直前。我们的学习中不也遇到过困难吗？想想勾股定理吧，想想费马猜想吧！没有痛人心扉的苦，那来沁人心脾的甜？也许这就是数学的迷人之处吧。这是怀尔斯在费马墓前的照片(图7.11)，看，他的笑容多么灿烂！(学生由衷地一起鼓掌)

图7.10

图7.11

注：从勾股定理到费马大定理，无数数学家与勾股定理的多种证法、多种名称结合起来，增加了"人"的成分，彰显出勾股定理对后世数学乃至社会文化的巨大影响，突出了勾股定理的文化意蕴。

4) 阶段四：多边形数

师：我想，同学们的掌声也是送给毕达哥拉斯的。他把数学改造成自由教育的形式，广收门徒。图 7.12 是他们探讨数学的情景。信徒分为两类，一类是普通听讲者，一类是真正的学派成员即"μαθηματικοί"，翻译成英文"mathematics"，就是"数学"。因此在座各位也可以算是毕达哥拉斯学派的成员。今天我们顺着古人的足迹来感受一下他们是怎样研究数学的。

图 7.12

师：毕达哥拉斯学派常把数描绘成沙滩上的点子或小石子，按排成的形状把数分类。这些几何图形会显示出整数的某些性质。他们正是通过观察"形"来发现"数"的关系的。

教师取出一盒"石子"——可以吸附在黑板上的彩色磁粒，边说边把磁粒放上黑板。

师：他们把"∴"称为"三角形数"，"∷"称为"正方形数"，那么"⬠"可称为？

生：正五边形数。

师：(指着"∷")毕达哥拉斯学派认为"1"可以生成所有的数，因此称"●"为第一个正方形数，则"∷"是第二个正方形数，那么第三个正方形数该怎样摆放呢？

教师在学生要求下逐个放上石子，摆出图 7.13。

师：谁能摆出第三个正三角形数？

生 5 站在黑板前，先摆出图 7.14，略微思考后增加了一颗"石子"，见图 7.15。

图 7.13   图 7.14   图 7.15

师：你为什么要加最后那颗石子？

生 5：我发现这时"正三角形数"每边都有 3 个点。

师：请同学们继续摆出第四个"三角形数"和"正方形数"。

学生开始在自己的纸上画图，生 6、生 7 在黑板上很快摆出图 7.16、7.17。

图 7.16   图 7.17

师：下面请一位同学摆出第三个正五边形数。

生 8 耗时约 2 分钟，摆出图 7.18。

师：这位同学虽有周折但总体顺利。请大家思考，第四个正五边形数该怎样摆？

生 8 在黑板前捧着那盒"石子"，迅速摆上了曲曲折折的一长排，接着移动石子，左思右看，取回几颗，又放上若干……正在下面描图的学生也迫不及待地探讨起来。听到声音越来越响，教师干脆让学生进行小组讨论。巡视一周后见生 8 手上捏着一颗石子，正看着一个凌乱的图案不知所措，而生 9 则指手画脚地在向他提示着什么。教师请生 9 上台救急，他上去后很快把生 8 的石子移动了几颗，又补上几粒。生 8 似乎不愿，把其中一颗石子固执地挪回原位，生 9 抢过石子又移到刚才的位置上(见此情形，众生大笑)，两人一番小声争论后终于取得共识，摆好了图 7.19(众生点头)。正欲下，师截留了生 9，开始了下面的对话。

师：您用什么办法定出了 7.19？

生 9：刚才我们不是画过了第三个正五边形数么，第四个应该比它再多一层石子。

图 7.18   图 7.19

师：您的意思是原来有个"小"五边形，后来叠了个"中"五边形，现在要再叠上一个"大"五边形？

生 9：是的，因此可以先放好了这四个点(图 7.20 的 A, B, C, D)，大致形状也就定了。

师：当时他(生 5)也是这样放的，后来不知该怎样补足其余的石子，所以就移乱了。你在摆放的时候是如何"对齐"这些石子的呢？

生 9：点 A 应与 E, O 对齐，点 B 与 F, O 对齐，C, G, O 三点共线，D, H, O 也要三点共线(图 7.20)。

师：请你把你所认为的"线"画出来(生 9 补线如图 7.21)。

师：你又是怎样摆放剩下的 6 个点的呢?

生 9：它们应该把对应边三等分(图 7.22)。

师：我们也可以把其他几个图案的"线"连接起来。

生 10、生 11 在黑板上连接线条，如图 7.23、图 7.24。

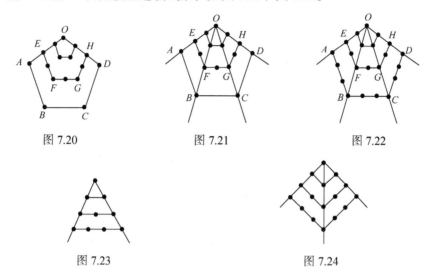

图 7.20   图 7.21   图 7.22

图 7.23   图 7.24

师：若画第五个正五边形数，请问共需准备多少颗石子，即 a_5=?

生 12：a_1=1，a_2=1+4=5，a_3=1+4+7=12，a_4=1+4+7+10=22，因此，a_5=1+4+7+10+13=35，共需准备 35 颗石子。

师：根据上述式子的特点，猜想 u_n=?

生 13：a_n=1+4+7+$\cdots$+(3n-2)=$\dfrac{n(3n-1)}{2}$。

教师记第 n 个"正三角形数"与"正方形数"分别为 b_n 与 c_n，让学生探讨这两个式子的通项，得到：$b_n=b_{n-1}+n=\dfrac{n(n+1)}{2}$，$c_n=c_{n-1}+(2n+1)=n^2$。

师：请根据黑板上这些式子的规律，猜想第 n 个"正六边形数"的递推关系和通项。

生 13 在黑板上写下 $d_n=d_{n-1}+(4n-3)=2n^2-n$。教师让学生对照教材第 15 页的图 2-2"正六边形数"验证生 13 的结论。

师：你们看，这些优美的点、优美的数、优美的线条、优美的图案、优美的规律，仿佛让我们脱离了尘世的喧嚣，进入到纯净的精神世界。毕达哥拉斯学派就是这样把数学从应用之妙上升到精神之美，把数学当作一种思想，通过数学去追求永恒的真理。

注：以"形数"为探究平台，通过点的摆放、线的描绘、图案的构架和数字规律的寻找，营造出一个师与生、生与生多元交流的学习氛围，真实再现了"毕达哥拉斯学派"成员热烈讨论数学的场景，实现了从观念渗透到精神濡染的价值提升。

5) 阶段五：不可公度

教师继续播放幻灯并同步解说。

师：指引他们的神灯是"万物皆数"。这里的数仅指正整数，老子曾说："道生一，一生二，二生三，三生万物。"是啊，即使是分数，也可以用两个正整数之比来表示，除此之外，毕达哥拉斯学派不认识也不承认有别的数。他们相信，任何量都可以表示成两个整数之比。这在几何上相当于说，对于任意给定的两条线段，总能找到第三条线段，以它为单位(即公度)能将给定的两条线段划分为整数段，即"可公度"。

师：真理之途令人神往，却也充满艰辛，毕达哥拉斯学派也不例外。过度的膜拜虽能使人坚定求索的信念，却也容易遮蔽他们的双眼。当这些数学家在大海里泛舟畅谈时，一个幽灵出现了。还是这张图(图 7.25)，这张他们曾举行百牛大

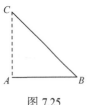

图 7.25

祭的图，给毕达哥拉斯学派带来了沉重的打击。斜边 *BC* 不能被直角边 *AB* 公度！宣布这个消息的是希帕索斯(Hippasus)。他的言论颠覆了毕达哥拉斯学派的信条，惊恐不已的成员把希帕索斯抛进了大海。此后 $\sqrt{3}$ ，$\sqrt{5}$ ，$\sqrt{7}$ 等许多无理数陆续被发现，这些怪物深深地困扰着古希腊的数学家们，引发了"第一次数学危机"。

师：古人因为 $\sqrt{2}$ 而遭此厄运，今天的人们已经能坦然接受。当我们翻开数学课本时，你们是否知道：从整数到分数，从有理数到无理数，从实数到虚数，数系曲折的发展史，正是数学追求理性精神的真实写照啊！任何宗教信仰都要服从真理，对理性的渴求最终使古希腊人勇敢地接受了这个事实，在阿基米德的著作中真实地记载了毕达哥拉斯学派证明"$\sqrt{2}$ 是无理数"的方法，同学们可以参照教材去细细品味。

注：教师略去"不可公度"的证明，重墨渲染了古希腊人摆脱宗教信仰、果敢摒弃陋规直至自我证明"不可公度量"的艰辛历程，烘托出希腊人追求理性精神的执着，暗示学生反观自我，审视当下。

6) 阶段六：结语

师：数学将向哪里去？庞加莱(H. Poincaré)曾言："若想预见数学的未来，正确的方法是研究它的历史和现状。"让我们回到这两个学派。他们研究数学的动机是不同的。伊奥尼亚学派研究数学的动机在于兴趣和实际应用，毕达哥拉斯学派则把数学从实际应用中摆脱出来，当作一种思想来追求，通过数学去追求永恒的真理。在数学中引入逻辑因素、对命题加以证明始于伊奥尼亚学派，却被毕达哥拉斯学派大大推进。

师：数学将向哪里去？让我们回到"雅典学院"。左边是专心研究的毕达哥拉斯，右边是正和四位青年讨论的欧几里得。如果说伊奥尼亚学派是理性精神的觉醒，那么毕达哥拉斯学派则是对理性精神的追问。希腊数学的下一个辉煌，将由欧几里得来创造！

播放 2004 年雅典奥运会开幕式片断，以燃烧的"奥运圣火"为背景，依次浮现人们灿烂的笑容，移入字幕"现在，理性的火炬已经点燃，希腊数学的黄金时期即将来临，那是一个涌动着智慧、思想和精神的光辉时代……"。在教师的朗诵声中，下课铃声响了。

注：教师简要总结两大学派在古希腊数学中的作用和地位，再次利用《雅典学院》油画内的人物关系，交代了"泰勒斯→毕达哥拉斯→欧几里得"的历史传递，引出了下节课题。

4. 教学说明与反思

本课以《数学史选讲》"古希腊数学"为蓝本，根据学生的学习实际，增加了大量史料，在以下三个方面作了积极的尝试。

(1) 还原历史，重温数学思想

本课教师设计的问题探究，不再依附于日常的解题技巧。与他们之前的解题经验相比，需要调动全身心的参与，在思维习惯、思考方式、观察问题、分析问题等方面作出个性化地判断，从而更有助于体验数学思想的深刻内涵。

在阶段二，教师选取了五个简单的几何定理拉近学生与泰勒斯的距离，从学生学习平面几何的经历出发，快速完成了从"推"到"证明"再到"命题证明"的递进，为下节课(欧几里得与《原本》)中重温"公理化思想"打下了铺垫。

在阶段四，教师把"形数"作为毕达哥拉斯学派研究数学的重要题材，根据社会建构理论、默会认知理论和历史发生学原理，设计了一系列的探究活动，从个别板演到分组讨论，从学生的辩论到师生的频繁对话，激活了学习共同体内部的数学交流，通过学生的"做"数学，创设了一个"人""形""数"三者水乳交融的动态的"场"。在这个"场"内，学生浸润于数学的世界，置身于当年的毕达哥拉斯时代，重演了数学"从应用之妙上升到精神之美"的历史片段，切身体验了质朴的"数形结合思想"。

(2) 串联典故，彰显数学精神

与阶段四的"做数学"不同的是，教师在阶段三、阶段五直接给出了两个重要典故——"不可公度"和"毕达哥拉斯定理"。前者在原文基础上略有删节，着力描绘古希腊人在宗教信仰与真理之间的理性抉择。后者有较多拓宽，不仅从多元文化的角度介绍了勾股定理，还延伸至"费马大定理"。那么，增加这部分内容是否会有"离题"之嫌？教学反馈结果是"学生的心被深深地打动了"。事实上，虽然费马大定理在第四讲有所涉及，但与勾股定理的联系也很密切。在这里，教师乘势而上，把触景生情的文献资料融入已被考证的历史脉络之中，生动诠释了数学家们百折不挠的求真精神。

(3) 开放系统，弘扬数学文化

作为人类文化的一个子系统，数学与人类生活有着千丝万缕的联系。在数学史教学中，置数学于广袤的"大文化"视野中，非但不会冲淡数学的痕迹，反而更能加深数学的印记。在阶段一，伴随着"雅典学院"缓缓上升，其恢弘之势引发了学生阵阵赞叹。教师适时地把学生熟悉的"画中人"与"数学"联系起来，巨幅油画顿时成为"数学是人类文化的重要组成部分"的鲜明写照。在阶段二，教师借用爱因斯坦的名言，一针见血指出数学与其他学科的关系。课始与课末的两段视频皆选自2004年雅典奥运会，前者从"文化"聚焦到"数学"，后者从"数学"回归到"文化"，首尾呼应，浑然一体。另外，被冠以各种名称的勾股定理、印着"费马大定理"的邮票……在多媒体技术的整合下，师生共享了一场数学史的文化盛宴。

本课的教学困难是关于数学史实的互动。"互动"可以很好地拓宽学生获取数学史知识的渠道，但其必须建立在参与者拥有丰富的知识储备的基础之上。实际情况是，我们的学生对数学史知之甚少，难以出现"多元争鸣"的教学场景。为避免"冷场"，执教者想方设法对数学史进行合情合理的文学加工，取得了理想的教学效果，也是一种必要的弥补。

经过实践，上述设计范式在《数学史选讲》前几讲教学中尚具有普适性，而一旦涉及现代数学如《数学史选讲》第七讲"伽罗瓦的群论"、第九讲"中国现代数学的开拓与发展"则有些勉为其难。如何使这些远离中学课程的数学史内容贴近学生，如何提高中学教师参与数学史教育的积极性，如何避免数学史课堂异化为数学解题的"战场"，尚待有识之士进一步研究。

参 考 文 献

[1] 数学课程标准研制组. 普通高中数学课程标准(实验)解读[M]. 南京: 江苏教育出版社, 2004: 292.

[2] 齐民友. 数学与文化[M]. 大连: 大连理工出版社, 2008: 1.

[3] 李士锜. 熟能生笨吗——再谈"熟能生巧"问题[J]. 数学教育学报, 1999(3): 15-18.

[4] 李士锜. 熟能生厌吗——三谈"熟能生巧"问题[J]. 数学教育学报, 2000(2): 23-27.

[5] Kline M. 西方文化中的数学[M]. 台北: 九章出版社, 1984: 8-9.

[6] 邹晓燕, 林文琴, 王文芳. 维果茨基对西方发展与教育心理学的影响述评[J]. 全球教育展望, 2001(10): 34.

[7] 张乃达. 用数学家的眼光看世界[J]. 中学数学, 2003(4): 1.

[8] 李绍亮. 树立数学文化的理念[J]. 云南教育, 2001(20): 14.

[9] 李兴怀. 试论数学文化与数学教育[J]. 宝鸡文理学院学报(自然科学版), 1997(2) : 71.

[10] 贺承业. 数学文化与数学教育[J]. 数学教育学报, 1994(2): 26.

[11] 朱梧贾. 数学文化、数学思维与数学教育[J]. 数学教育学报, 1994(2): 5.

[12] 黄秦安. 数学文化观念下的数学素质教育[J]. 数学教育学报, 2001(3): 12.

[13] 张楚廷. 数学文化与人的发展[J]. 数学教育学报, 2001(3): 1.

[14] 李善良, 单樽. 数学: 人类文化的重要组成部分[J]. 数学通讯, 2002(5)(7)(9).

[15] 张维忠. 数学文化课程—21世纪数学课程的新探索[J]. 中学数学教学参考, 1998(1-2): 29.

[16] 郑毓信. "(数学)教室文化": 数学教育的微观文化研究[J]. 数学教育学报, 2000(1): 11.

[17] 桥本吉彦, Jerry Becker, 孙连举. 数学教学中的开放式教学[J]. 数学教育学报, 2002(1): 51.

[18] 张奠宙. 中国数学双基教学[M]. 上海: 上海教育出版社, 2006: 5-6.

[19] 马明. 数学文化过程及其育人价值(上)[J]. 学科教育, 1998(7): 2.

[20] 孙维刚. 孙维刚导学高中数学[M]. 北京: 教育科学出版社, 1999: 5.

[21] 张乃达. 数学文化教育特征初探[J]. 中学数学, 2002(7): 1.

[22] 瞿高海. 课堂教学中要重视数学文化价值的作用[J]. 中学数学月刊, 2001(11): 1.

[23] 夏炎. 作为文化的数学及其教学[J]. 江苏教育, 2001(1): 3.

[24] Pappas T. 数学趣闻集锦(上)[M]. 张远南, 张昶, 译. 上海: 上海教育出版社, 1997: 2.

[25] 丁石孙, 张祖贵. 数学与教育[M]. 大连: 大连理工大学出版社. 2008: 1-2.

[26] 张维忠, 汪晓勤. 文化传统与数学教育现代化[M]. 北京: 北京大学出版社, 2006: 2.

[27] 汪晓勤. HPM: 数学史与数学教育[M]. 北京: 科学出版社. 2017: vi.

[28] 张奠宙. 数学史与数学教育创办前言[J]. 数学教学, 2002(3): 35.

[29] Wilder R. Mathematics as a Culture System[M]. Oxford: Pergamon Press, 1981.

[30] 莱斯利·P·斯特弗, 杰里·盖尔. 教育中的建构主义[M]. 高文, 等, 译. 上海: 华东师范大学出版社, 2002: 120.

[31] 刘儒德, 陈红艳. 小学生数学学习观调查研究[J]. 心理科学, 2002(2): 194.

[32] 刘振天, 杨雅文. 当代知识发展的不平衡与教育的战略选择[J]. 现代大学教育, 2001(4): 15.

[33] 张奠宙, 王振辉. 关于数学的学术形态和教育形态[J]. 数学教育学报, 2002(2): 1.

[34] 张维忠. 数学 文化与数学课程[M]. 上海: 上海教育出版社, 1999: 3.

[35] 孙小礼, 邓东皋. 数学与文化[M]. 北京: 北京大学出版社, 1990: 149.

[36] 郑毓信, 王宪昌, 蔡仲. 数学文化学[M]. 成都: 四川教育出版社, 2001: 5.

[37] 莱斯利·P·斯特弗, 杰里·盖尔. 教育中的建构主义[M]. 高文, 等, 译. 上海: 华东师范大学出版社, 2002: 118.

[38] 郑毓信. "(数学)教室文化": 数学教育的微观文化研究[J]. 数学教育学报, 2000(1): 14.

[39] 柯启瑶. 建构新的教室文化[OB/OL]. 翰林文教杂志, 2000(16).
www. worldone. com. tw/magazine/16/16_catalogue. htm.

[40] 郑毓信, 王宪昌, 蔡仲. 数学文化学[M]. 成都: 四川教育出版社, 2001: 120.

[41] 张维忠. 数学 文化与数学课程[M]. 上海: 上海教育出版社, 1999: 113-114.

[42] 张永春. 数学课程论[M]. 南宁: 广西教育出版社, 1996: 184.

[43] 钱振华. 默会理论的 SSK 意蕴[J]. 自然辩证法研究, 2003(9): 32.

[44] Polanyi M. Study of Man[M]. Chicago: The University of Chicago Press, 1958, 12.

[45] 郁振华. 波兰尼的默会认识论[J]. 自然辩证法研究, 2001(8): 5.

[46] 施良方. 学习论[M]. 北京: 人民教育出版社, 1994: 392.

[47] 戴维·B·乔纳森. 学习环境的理论基础[M]. 郑太年, 任友群, 译. 上海: 华东师范大学出版社, 2002: 4.

[48] 莱斯利·P·斯特弗, 杰里·盖尔. 教育中的建构主义[M]. 高文, 等, 译. 上海: 华东师范大学出版社, 2002: 112.

[49] 莱斯利·P·斯特弗, 杰里·盖尔. 教育中的建构主义[M]. 高文, 等, 译. 上海: 华东师范大学出版社, 2002: 129.

[50] 张永春. 数学课程论[M]. 南宁: 广西教育出版社, 1996: 286.

[51] 孙维刚. 孙维刚导学高中数学[M]. 北京: 北京教育出版社, 1999: 2.

[52] 李士錡. PME: 数学教育心理[M]. 上海: 华东师范大学出版社, 2001: 220.

[53] 罗增儒. 数学解题学引论[M]. 西安: 陕西师范大学出版社, 2001: 259.

[54] 郑毓信, 梁贯成. 认知科学建构主义与数学教育[M]. 上海: 上海教育出版社, 2002: 86.

[55] 波利亚 G. 怎样解题[M]. 上海: 上海科技教育出版社, 2002: 95.

[56] 克莱因 M. 数学: 确定性的丧失[M]. 长沙: 湖南科学技术出版社, 2002: 178.

[57] 弗赖登塔尔. 作为教育任务的数学[M]. 上海: 上海教育出版社, 1995: 58.

[58] 弗赖登塔尔. 作为教育任务的数学[M]. 上海: 上海教育出版社, 1995: 103.

[59] 莱斯利·P·斯特弗, 杰里·盖尔. 教育中的建构主义[M]. 高文, 等, 译. 上海: 华东师范大学出版社, 2002: 123.

[60] 孔企平. 数学教学过程中的学生参与[M]. 上海: 华东师范大学出版社, 2003: 18.

[61] 王芳. 概念: 在辩论中重建. 中学教研(数学)[J]. 2004(3): 19.

[62] 张奠宙, 王振辉. 关于数学的学术形态和教育形态[J]. 数学教育学报. 2002(11): 1.

[63] 弗赖登塔尔. 作为教育任务的数学[M]. 陈昌平, 唐瑞芬等译. 上海: 上海教育出版社, 1995: 109.

[64] 莱斯利·P·斯特弗, 杰里·盖尔. 教育中的建构主义[M]. 高文, 等, 译. 上海: 华东师范大学出版社, 2004: 114.

[65] 李士錡. PME: 数学教育心理[M]. 上海: 华东师范大学出版社, 2001: 4.

[66] 郑毓信. 数学教育: 从理论到实践[M]. 上海: 上海教育出版社, 2001: 206.

[67] 张维忠. 数学文化与数学课程[M]. 上海: 上海教育出版社, 1999: 3.

[68] 弗赖登塔尔. 作为教育任务的数学[M]. 上海: 上海教育出版社, 1995: 189.

[69] 张永春. 数学课程论[M]. 南宁: 广西教育出版社, 1996: 187.

[70] 孔企平, 张维忠, 黄荣金. 数学新课程与数学学习[M]. 北京: 高等教育出版社, 2003: 174.

[71] 莫里斯·克莱因. 古今数学思想(第二册)[M]. 上海: 上海科学技术出版社, 2002: 8.

[72] 中华人民共和国教育部. 普通高中数学课程标准(实验)[M]. 北京: 北京师范大学出版社, 2001: 4.

[73] 弗赖登塔尔. 作为教育任务的数学[M]. 上海: 上海教育出版社, 1995: 189.

[74] 张永春. 数学课程论[M]. 南宁: 广西教育出版社, 1996: 189.

[75] 杨宏珩. 行动研究: 以高中化学教学实行合作学习为例[OB/OL]. 科学教育, 1997. http://pei.cjjh.tc.edu.tw/sci-edu/edu_3_10_2_3.htm

[76] 莱斯利·P·斯特弗, 杰里·盖尔. 教育中的建构主义[M]. 高文, 等, 译. 上海: 华东师范大学出版社, 2002: 118.

[77] 郑毓信. 数学教育: 从理论到实践[M]. 上海: 上海教育出版社, 2001: 49.

[78] 莱斯利·P·斯特弗, 杰里·盖尔. 教育中的建构主义[M]. 高文, 等, 译. 上海: 华东师范大学出版社, 2002: 135.

[79] 戴维·H·乔纳森. 学习环境的理论基础[M]. 郑太年, 任友群, 译. 上海: 华东师范大学出版社, 2001: 46.

[80] 唐瑞芬. 数学教学理论选讲[M]. 上海: 华东师范大学出版社, 2001: 23.

[81] 杨贵荣. 浅析费马原理[J]. 思茅师范高等专科学校学报. 2006(6): 75-76.

[82] 牛顿. 自然哲学之数学原理[M]. 武汉: 陕西人民出版社, 2001: 1.

[83] 张奠宙. 数学教育随想集[M]. 上海: 华东师范大学出版社, 2013: 212.

[84] 张永春. 数学课程论[M]. 南宁: 广西教育出版社. 1996: 282.

[85] 张永春. 数学课程论[M]. 南宁: 广西教育出版社. 1996: 298.

[86] 李庆杨, 王能超, 易大义. 数值分析[M]. 武汉: 华中理工大学出版社, 1980: 19-35.

[87] 莫里斯·克莱因. 古今数学思想[M]. 上海: 上海科学技术出版社, 2002: 1.

[88] 汪晓勤. HPM 的若干研究与展望[J]. 中学数学月刊. 2012(2).

[89] 汪晓勤. HPM: 数学史与数学教育[M]. 北京: 科学出版社, 2017: 422.

[90] 人民教育出版社, 课程教材研究所, 中学数学课程教材研究开发中心. 普通高中课程标准实验教科书数学必修 1[M]. 北京: 人民教育出版社, 2007: 62-64.

[91] 人民教育出版社, 课程教材研究所, 中学数学课程教材研究开发中心. 普通高中课程标准实验教科书数学选修 2-1[M]. 北京: 人民教育出版社, 2007: 64-67.

[92] 人民教育出版社, 课程教材研究所, 中学数学课程教材研究开发中心. 普通高中课程标准实验教科书数学选修 2-1 教师教学用书[M]. 北京: 人民教育出版社. 2007: 45.

[93] 人民教育出版社, 课程教材研究所, 中学数学课程教材研究开发中心. 普通高中课程标准实验教科书数学选修 2-1[M]. 北京: 人民教育出版社. 2007: 76.

[94] 人民教育出版社, 课程教材研究所, 中学数学课程教材研究开发中心. 普通高中课程标准实验教科书数学必修 5[M]. 北京: 人民教育出版社. 2007: 97-101.

[95] 汪晓勤. 关于均值不等式的历史注记[J]. 中学教研(数学). 2005(10): 47-48.

[96] 人民教育出版社, 课程教材研究所, 中学数学课程教材研究开发中心. 普通高中课程标准实验教科书数学选修 2-2[M]. 北京: 人民教育出版社. 2007: 102-104.

[97] 项武义. 基础代数学[M]. 北京: 人民教育出版社. 2004: 4.

[98] 陈锋, 王芳. 基于旦德林双球模型的椭圆定义教学[J]. 数学教学 2012(4): 5-8, 40.

[99] 刘石洋. HPM 视角下的"任意角的三角函数"[J]. 教育研究与评论(中学教育教学), 2014(12): 33-37.

[100] 陈锋. 基于历史相似性的棱柱定义教学[J]. 教育研究与评论(中学教育教学), 2015(5): 52-57.

[101] 王芳, 刘智敏. 不等号: 从历史到课堂[J]. 中学数学月刊. 2014(2): 51-53.

[102] 沈毅, 崔允漷. 课堂观察 走向专业的听评课[M]. 上海: 华东师范大学出版社, 2008.

[103] 李文林. 数学史教程[M]. 北京: 高等教育出版社, 2003: 3.

[104] 人民教育出版社, 课程教材研究所, 中学数学课程教材研究开发中心. 普通高中课程标准实验教科书数学选修 3-1[M]. 北京: 人民教育出版社. 2007.

[105] 丁益民. 当前课改中数学史教学现状的调查分析[J]. 中学数学月刊, 2006(9): 16.

[106] 人民教育出版社, 课程教材研究所, 中学数学课程教材研究开发中心. 普通高中课程标准实验教科书数学必修 5[M]. 北京: 人民教育出版社. 2007: 72-75.

附录　教师开展 HPM 课例开发情况调查问卷

老师：您好！非常感谢您抽出时间填写本问卷。请根据您的实际情况，如实回答以下问题。本问卷仅作研究之用，您的个人信息将完全保密。

首先，请您填写以下基本信息：

1. 您的教龄是_____(年)

2. 您所开发的 HPM 课例来自于人教 A 版(必修，选修)_____教材的第_____章第____节。课例的标题是_____。

3. 在开发 HPM 课例之前，您对"HPM"(　　)

    A. 丝毫不了解　　　　　　　　　　B. 有所耳闻但不知其意

    C. 略知其意但未予关注　　　　　　D. 有所关注但未予实践

    E. 曾经实践，后来才知道是 HPM　　F. 了解 HPM 并进行过有意识的实践

4. 您开发的 HPM 课例目前所处的进度是(　　)

    A. 已完成第一次试教　　　　　　　B. 已完成第二次试教

    C. 已完成第三次试教但尚未整理　　D. 已完成并正在整理

    E. 已完成待发表　　　　　　　　　F. 已完成并发表

以下是本问卷的主要内容，共四个部分，请仔细阅读每一部分的提问，认真填写问卷。

第一部分(第一次试教)

(Ⅰ)试教前

1. 开发 HPM 课例之前，您认为"HPM"对于数学教育(　　)

    A. 没有作用　　　B. 作用不大　　　C. 作用较大　　　D. 作用很大

2. 开发 HPM 课例之前，您认为"HPM"在教学实践中(　　)

    A. 很难实施　　　B. 较难实施　　　C. 较易实施　　　D. 容易实施

    如果您选择 A 或 B，其原因是_____。

3. 在第一次试教前，您根据(　　)来确定要开发的课例(可多选，请按其影响从大到小排列)

    A. 自身任教经验　　B. 自己业余所学　　C. 在职的官方培训所知

    D. 网络资源　　　　E. 他人建议

4. 在确定课例后，您对所开发的课例(　　)

    A. 没有信心　　　B. 信心不足　　　C. 信心有所增加　　D. 有充足的信心

5. 在第一次试教的备课过程中，对于以下项目：

    A. 教材中的本课内容　　　　　　　　B. 教材中的阅读材料

    C. 《教师用书》　　　　　　　　　　D. 《教学指导意见》

    E. 《作业本》　　　　　　　　　　　F. 以往的备课材料(如教案、课件等)

    G. 网络资源　　　　　　　　　　　　H. 数学史书籍

(1) 您没有查阅的项目序号是＿＿＿＿＿＿＿＿＿＿＿＿＿＿。

(2) 已查阅的项目中，您阅读的先后顺序是＿＿＿＿＿＿＿＿＿＿＿＿＿＿＿＿。

(3) 已查阅的项目中，对您备课所产生的作用从大到小排列为＿＿＿＿＿＿＿＿＿＿。

(4) 对于选项"H.数学史书籍"，您的来源是(　　)(可多选)

    A. 图书馆　　　　　B. 自己购买　　　　C. 他人提供　　　　D. 其他

6. 在第一次试教的备课过程中，您最希望获得的帮助是(　　　)

    A. 提供本课现成的 HPM 课例　　　　B. 提供本课有关的数学史料

    C. 提供本课教学设计方面的建议　　　D. 提供其他内容的 HPM 课例

    E. 提供查找史料的方式或途径　　　　F. (自填)＿＿＿＿＿＿＿＿＿＿＿。

7. 在第一次试教的备课过程中，您希望自己能够(　　　)

    A. 尽可能多地搜集本课有关的史料

    B. 尽可能多地了解学生在数学史方面的学习需求

    C. 尽可能多地获得所教内容的(非数学史)教学知识

    D. 尽可能多了解其他教师对于本课教学的建议

8. 在第一次试教的备课过程中，您查阅史料所花费的时间大约占您备课时间的＿＿＿＿＿%。

9. 在第一次试教前，对于运用数学史的以下方式：

    A. 附加式(展示有关数学家图片、讲述逸闻趣事等)

    B. 复制式(直接采用历史上的数学问题、解法等)

    C. 顺应式(根据历史材料编制教学问题)

    D. 重构式(借鉴或重构知识的发生、发展历史)

(1) 您曾经运用过的有(　　)(可多选)，您当初运用的动机是＿＿＿＿＿＿＿＿＿＿。

(2) 您最想尝试的是(　　)您选择的理由是＿＿＿＿＿＿＿＿＿＿＿。

(Ⅱ)试教中

1. 在第一次试教过程中，"HPM"所占用的上课总时间有(　　)，您认为较为合理的时间是(　　)

    A. 5 分钟以下　　　　B. 5—10 分钟　　　　C. 10—15 分钟　　　　D. 15—20 分钟

    E. 20—25 分钟　　　　F. 25—30 分钟　　　　G. 30—35 分钟　　　　H. 35 分钟以上

    【注：此处的 HPM，包括显性的数学史，也包括(您所认为的)隐性的数学史。】

2. 在第一次试教过程中，您实际采用的史料占您所知史料的比例大约是_____%。

3. 如果您在第一次试教中运用了"附加式"，当时您采用的方式是(　　)(可多选)

  A. 直接介绍数学家(包括生平、名言或故事等)

  B. 直接介绍数学概念中名词的来源或历史演变

  C. 对数学史实进行了教学加工，使之符合当时的教学情景

  事后您觉得教学效果(　　)

  A. 不满意，准备舍弃　　　　　　　　B. 不满意，仍需较大改动

  C. 比较满意，但需适当改良　　　　　D. 很满意

4. 如果您在第一次试教中运用了"复制式"，事后您觉得教学效果(　　)

  A. 不满意，准备舍弃　　　　　　　　B. 不满意，仍需较大改动

  C. 比较满意，但需适当改良　　　　　D. 很满意

5. 如果您在第一次试教中运用了"顺应式"，事后您觉得教学效果(　　)

  A. 不满意，准备舍弃　　　　　　　　B. 不满意，仍需较大改动

  C. 比较满意，但需适当改良　　　　　D. 很满意

6. 如果您在第一次试教中运用了"重构式"，事后您觉得教学效果(　　)

  A. 不满意，准备舍弃　　　　　　　　B. 不满意，仍需较大改动

  C. 比较满意，但需适当改良　　　　　D. 很满意

7. 在第一次试教过程中，对于以下项目(仅填序号即可)：

  A. 教材中知识或技能的具体内容；　　B. 教材中知识或技能的数学本质；

  C. 教材中知识或技能的数学史料；　　D. 教材中过程或方法的具体内容；

  E. 教材中过程或方法的数学本质；　　F. 教材中过程或方法的数学史料；

  G. 学生的情感态度与价值观；H. 学生的认知困难；

  I. 学生的学习状态；

(1) 当时您特别关注了(至多填 3 项)_____；

(2) 当时您未及关注的是(至多填 3 项)_____。

(3) 当时您感到难以驾驭的是_____；

(4) 事后，您认为需要特别重视的是_____。

8. 在第一次试教过程中，您觉得课堂上运用 HPM 时(　　)

  A. 比较生硬　　　　B. 不够熟练　　　　C. 比较熟练　　　　D. 熟练且能即兴发挥

9. 在第一次试教过程中，推进教学的主要因素是(　　)

  A. 教师　　　　　　B. 学生　　　　　　C. 数学　　　　　　D. 其他

10. 在第一次试教过程中，您觉得自己的教学风格与以往相比(　　)

  A. 没有改变　　　　B. 有所改变　　　　C. 有较大改变　　　　D. 有很大改变

(Ⅲ)试教后

1. 完成第一次试教后，对所开发课例的相关数学史料，您觉得自己的了解程度是(　　)

　　A. 很不够，需要大量的充实　　　　　B. 还不够，但知道哪些方面需要继续充实

　　C. 已能满足本节课的教学需要　　　　D. 太多了，很多内容上课没有用到

2. 完成第一次试教后，对本课教材中的数学知识(包括概念、方法、思想等)，您觉得自己(　　)

　　A. 认识不深，需要继续钻研　　　　　B. 认识较深，但没有运用到教学中

　　C. 认识较深，并告诉了学生　　　　　D. 认识较深，并让学生经历知识的发生发展过程

3. 完成第一次试教后，对本课的教学方法(包括教学设计、课堂组织、教学生成等)，您觉得(　　)

　　A. 很不满意　　　　　　　　　　　　B. 不太满意

　　C. 比较满意　　　　　　　　　　　　D. 很满意

4. 完成第一次试教后，您的教学反思更侧重于(　　)

　　A. 教学设计的达成情况　　　　　　　B. 数学知识或方法的教学效果

　　C. 课堂中教师的表现　　　　　　　　D. 课堂中学生的反应

5. 回顾第一次试教的教学实情，您觉得较为成功的是(　　)(可多选，并按作用从大到小排列)

　　A. 教学设计的达成度　　　　　　　　B. 学生的参与度

　　C. 课堂组织　　　　　　　　　　　　D. 解决学生的学习困难

　　E. 体现数学的学科特点　　　　　　　F. 体现数学学习的探究性

6. 完成第一次试教后，您觉得这次 HPM 试教的不足之处在于＿＿＿＿＿＿＿＿＿。

第二部分(第二次试教)

(Ⅰ)试教前

第 1～2 题把第一部分(Ⅰ)的第 1～3 题"开发 HPM 课例之前"改为"在第二次试教前"，余同。

第 3, 4, 5, 6, 7 题把第一部分(Ⅰ)第 3, 5, 6, 7, 8 题"第一次试教"改为"第二次试教"，余同。

8. 在第二次的教学设计中，

(1) 您保留了第一次教学设计的＿＿＿＿＿＿%，保留的原因是(　　)

　　A. 有助于学生理解数学知识　　　　　B. 有助于改变学生对数学的看法

　　C. 可以提高本课的教学品位　　　　　D. ＿＿＿＿＿＿＿＿＿＿(填上您认为的其他原因)

(2) 您舍弃了第一次教学设计的＿＿＿＿＿＿%，舍弃的原因是(　　)

　　A. 内容本身可有可无　　　　　　　　B. 时间占用过多

　　C. 超纲　　　　　　　　　　　　　　D. 实施时难以驾驭

　　E. ＿＿＿＿＿＿＿＿＿＿＿＿＿＿＿(填上您认为的其他原因)

(Ⅱ)试教中

各题把第一部分(Ⅱ)的"第一次试教"改为"第二次试教"，余同。

(Ⅲ)试教后

第1～6题把第一部分(Ⅲ)的"第一次试教"改为"第二次试教"，余同。

7. 相对于第一次教学设计，您的第二次教学设计中变化最大的是(请根据您所开发的课例具体说明)_____。您所做得变动主要是为了_____。

第三部分(第三次试教)

把第二部分各题中的"第二次试教"改为"第三次试教"，余同。

第四部分

1. 如果您想进一步完善这次开发的 HPM 课例，您认为还可以从哪些方面入手？

2. 这次 HPM 课例开发对您产生了哪些影响？

3. 请谈谈您对于 HPM 课例开发的建议。

后　记

我对数学文化的研究，始于2000年发表的论文《二面角教学探讨——一个基于哲学思考的教学案例》，在2002年脱产攻读浙江师范大学教育硕士期间进行了理性思考，此后一直致力于数学文化的教育实践研究。

我始终认为，数学文化并非外来之枝叶，乃是传统之根芽，在我国自有丰沃的生长土壤。我坚信：任何无形之物，一旦与特定对象发生联系，必然会表现出相应特质，关键是看问题的角度。数学文化要与课堂教学相结合，就应探讨与教学常态化密切相关的要素，如知识与解题、思维与思想等。唯此，才能获得更强的生命力。

带着这种信念，我在课堂上进行日复一日的尝试。参加"浙派名师"培训期间，每次培训成了我积淀反思、求教大师的宝贵机会。与此同时，《中学生天地》约稿推出"算对有招""高中数学核心思想方法"两个专栏，这本直接面向广大中学生的杂志进一步检验着我的设想。

2010年，华东师范大学汪晓勤教授引领我开启了数学史应用于课堂教学的研究。在汪老师的大力支持和指导下，我和我工作室的25位青年教师开发了数十个HPM课例，亲身体会到数学史对于数学教育的重要作用和灿烂前景。

工作至今不觉已有二十五年。我既在中学为师，又在高校求学。先后师从义乌中学王振华先生、朱恒元先生和浙江省教研室张金良先生，又有幸成为华东师范大学汪晓勤教授，浙江师范大学张维忠教授、卜月华教授的学生。这本书，与其说是一份研究报告，不如说是我向各位恩师上交的一份作业。与其说是我的实践心得，不如说是我对历届亲爱学生的一次回应。在此，谨向培育我成长的教育教研部门、我工作的单位致以崇高的敬意。感谢我的同事、同学、朋友和合作伙伴。感谢科学出版社给予我这个中学一线教师分享经验的机会，感谢胡海霞编辑为拙作的辛勤付出。没有他们的倾力扶持，这本书是万万不可能成形的。

此刻，若问我对数学文化教育最深切的感受，一曰数学如"人"。数学是人创造的，必然打上人的印记；数学在不同的人眼里有不同的韵味；数学解题的力量之源是人的思维；数学知识是理性的，但知识的生成过程却是人文的。二曰学生是"人"。人有七情六欲，人的行为与观念会因时而易、因景而变；人或有功利，也有理想信念，真正激励学生的乃是数学的学科魅力和数学精神；课堂中的人，是一个学习共同体。凸显教育内容与教育对象的"人性"，是数学文化之根本，也是数学教育的意义所在。

　　陋书草成。所谓始生之物，其形必丑。识见所限，书中必有诸多差错漏洞，殷切期待同行专家指正。

　　我生长于乡土之间。儿时，村里多以织蒲篓为业。鬻篓所得，用以改善衣食。彼时情景，至今萦怀，因自号"蒲草青"。年前偶作《蒲篓吟》，借以感恩家乡，感谢父母家人，我的挚爱。

童年最记蒲草青，纤枝柔直秀色新。阡陌纵横成器容，小艺世传育乡民。

父去割草九江滨，叔伯相邀浩浩行。泥潭挥镰汗入河，积草成车始回营。

母晒蒲草在谷场，地覆罗扇墙扶林。风雨忽来妯娌唤，老小拾草汗湿巾。

冬去春来霜露寒，木槌阵阵惊儿醒。户户捶声次第起，如闻击鼓振人心。

姐姐编篓手皲裂，我亦捶草盼草平。晨编蒲篓小半只，再奔学堂读字经。

夏秋暑夜星空明，门塘绰绰编蒲影。轻拢蒲条指间跳，东妇西女笑声频。

肩挑蒲篓过溪岭，远近市集换碎银。幸有邻里相照应，早早售罄心始定。

岁月更替蒲篓稀，草编故事盛世音。莫道古风渐行远，蒲丝磐石到如今。

王　芳

2018 年 3 月 22 日于浙江省义乌中学